U0690703

融通中外视域下
新时代中国特色话语对外译介
策略研究

潘峰 著

本书为浙江省哲学社会科学重点研究基地
"浙江大学中华译学馆"课题成果（项目
编号：25zhyxg003）及上海外国语大学中
央高校基本科研业务费（项目编号：
41005081）资助成果

WUHAN UNIVERSITY PRESS
武汉大学出版社

图书在版编目(CIP)数据

融通中外视域下新时代中国特色话语对外译介策略研究 / 潘峰
著 . -- 武汉 ：武汉大学出版社，2025.9. -- ISBN 978-7-307-25054-3

Ⅰ. H315.9；D610.4

中国国家版本馆 CIP 数据核字第 2025ZT3720 号

责任编辑:吴月婵　　　责任校对:鄢春梅　　　版式设计:马　佳

出版发行：**武汉大学出版社**　（430072　武昌　珞珈山）

（电子邮箱：cbs22@ whu.edu.cn　网址：www.wdp.com.cn）

印刷:武汉中远印务有限公司

开本:720×1000　1/16　印张:15　字数:238 千字　插页:2

版次:2025 年 9 月第 1 版　　2025 年 9 月第 1 次印刷

ISBN 978-7-307-25054-3　　定价:75.00 元

潘峰

男，博士，现为上海外国语大学翻译研究院教授、博导，志远卓越学者。主要研究方向为中国特色话语翻译、语料库翻译学、国际传播、话语分析等。主持国家社会科学基金青年项目（结项优秀）以及浙江省哲学社会科学重点研究基地"浙江大学中华译学馆"一般项目等多项课题。以第一作者或通讯作者身份在SSCI、A&HCI以及CSSCI期刊上发表论文30余篇。目前担任国家社会科学基金通讯评审、教育部学位中心通讯评审，以及10余家SSCI学术期刊和国际出版社的审稿人。

目　　录

表 目 录

图 目 录

第一章 绪 论

第一节 引 言

改革开放四十多年来，我国对外开放的力度不断加大，同世界各国人民的交往也在不断深入。与此同时，世界各国人民对我国的兴趣也在不断增强，越来越多的外国人渴望了解中国，他们通过旅游、交流、学中文等正式或非正式渠道来认识中国。然而，长期以来，西方媒体在国际新闻传播领域一直占据主导地位，他们对于中国的宣传、报道一直深刻地影响着国际受众对于中国的认知。由于文化和意识形态差异等因素存在，西方媒体总是以片面、歧视甚至敌对的视角报道我国，固化西方民众对于中国的偏见和刻板印象，这既损害了我国的国际形象，也不利于我国积极地"走出去"并参与国际竞争。传统上，我们的对外宣传工作仅限于特定的领域，面对近年来国外受众快速增长的多样化需求，我们还不能很好地应对新产生的各种现象和情况，在对外宣传中还存在一定的不足。要扭转西方媒体长期以来对我国片面报道的局势，我们需要创新传播理念，加大传播力度，更加全面、客观、公正地向世界介绍中国，将中国形象生动真实地传播出去，让更多的人认识中国，了解真实且全面的中国，以构建更加积极的中国形象，在国际上传播好中国声音，提升国际传播效果，增强我国的国际话语权，打造与中国的综合国力和国际地位相匹配的国家软实力。

对于如何传播好中国声音，国家领导人一直寄予殷切希望，并在不同场合中给予了具体的指示。2013年8月19日，习近平总书记在全国宣传思想工作会议上的讲话中提出："要着力推进国际传播能力建设，创新对外宣传方式，加强话语体系建设，着力打造融通中外的新概念新范畴新表述，讲好中国故事，传播好中国声音，增强在国际上的话语权。"2016 年 2 月，在党的新闻舆论工作座谈会上，习近平总书记进一步强调："讲故事，是国际传播的最佳方式。要讲好中国特色社会主义的故事，讲好中国梦的故事，讲好中国人的故事，讲好中华优秀文化的故事，讲好中国和平发展的故事。讲故事就是讲事实、讲形象、讲情感、讲道理，讲事实才能说服人，讲形象才能打动人，讲情感才能感染人，讲道理才能影响人。"2019 年 1 月 25 日，习近平总书记在主持十九届中央政治局第十二次集体学习时明确指出："我们要把握国际传播领域移动化、社交化、可视化的趋势，在构建对外传播话语体系上下功夫，在乐于接受和易于理解上下功夫，让更多国外受众听得懂、听得进、听得明白，不断提升对外传播效果。"2021 年 5 月 31 日，在主持十九届中央政治局第三十次集体学习时，习近平总书记再次号召广大翻译和传播工作者"要加快构建中国话语和中国叙事体系，用中国理论阐释中国实践，用中国实践升华中国理论，打造融通中外的新概念、新范畴、新表述，更加充分、更加鲜明地展现中国故事及其背后的思想力量和精神力量。要加强对中国共产党的宣传阐释，帮助国外民众认识到中国共产党真正为中国人民谋幸福而奋斗，了解中国共产党为什么能、马克思主义为什么行、中国特色社会主义为什么好。要围绕中国精神、中国价值、中国力量，从政治、经济、文化、社会、生态文明等多个视角进行深入研究，为开展国际传播工作提供学理支撑"。与此同时，党的十九大报告也明确提出："推进国际传播能力建设，讲好中国故事，展现真实、立体、全面的中国，提高国家文化软实力。"党的二十大报告又进一步指出："加快构建中国话语和中国叙事体系，讲好中国故事、传播好中国声音，展现可信、可爱、可敬的中国形象。"这些政策为我们做好新时代中国特色话语的对外译介工作提供了方向引领和根本依据。

在此时代背景以及国家的大力号召下，如何构建、翻译并对外传播中国特色话语，就成为当代中国外国语言文学(尤其是翻译学)、传播学、新闻学等相关学科的重要研究课题和时代使命。学者需要根据自己的研究特长，对对外传播链条中的每一个环节进行深入研究，为实现中华民族的伟大复兴贡献自己的一份微薄力量。中国特色话语具有中国典型的政治、文化、社会和语言特征，这些话语若想被国外受众理解和接受，如何进行翻译就成了"走出去"的第一步。不同于其他类型文本的外译，中国特色话语的外译不仅涉及语言和文化层面，还关涉重要的政策层面，需要综合考虑文本的政策性、文化性和语言性。2021 年 5 月 31 日，习近平总书记在主持十九届中央政治局第三十次集体学习时强调"打造融通中外的新概念、新范畴、新表述"，所谓"融通中外"，就是要让这些中国人耳熟能详的特色话语，以外国人听得懂的方式传播出去，并被他们认可和接受。然而，翻译是一项系统性工程，针对中国特色话语的翻译，译者需要根据其特点进行专门且详尽的研究，为更好地对外传播中国声音服务。中国外文局下属的中国翻译研究院在 2022 年度中国外文局对外话语体系建设研究协调机制课题项目招标中，就针对"融通中外视域下中国核心政治话语对外翻译策略研究"进行公开招标，邀请学界共同探索翻译实践中的具体对策，这表明相关课题已成为时下的热门研究话题。本书以"新时代中国特色话语的英译"为研究对象，以打造"融通中外"的话语为指导，聚焦原文中的各种语言结构和表述，通过描述其不同的译法，系统性总结各种可行的翻译策略和处理技巧，以期为未来中国特色话语的对外译介提供参考，同时期望能够为翻译教学和学习提供一定的借鉴。

第二节 中国特色话语的内涵和特点

中国特色话语主要表现为时政话语，即"党和政府在进行国家治理过程中形成的具有特定含义的表达方式"，其载体"主要包括党和国家领导人著作、论述以及党和政府会议文件、公告文书等各类文献资料"（"中国时政话语翻译基本规范·英文"编写组，2023：2），其话题覆盖政治、经济、文化、社会、生态文明等各方面，相较而言是具有一定范围的一类特殊题材。中国特色话语是我国社会的主流话语，代表了党和政府以及人民的主流心声，能够反映当代中国现实。具体而言，中国特色话语包括但不限于以下几种类型：

第一，党的各类工作报告和决议等文件。众所周知，党的全国代表大会每五年举办一次，在会议上总书记会代表中央委员会作报告，即党代会报告，如党的二十大报告。除了每五年一次的党代会，中央委员会每年还会至少举行一次全体会议（中央全会），会议一般会产生或通过相应的决议文件，如党的十八届三中全会审议通过了《中共中央关于全面深化改革若干重大问题的决定》。此外，还会产生党章、党史等文件。

3

第二，国务院和各政府部门以及人大和政协发布的相关文件。每年的两会期间，国务院总理会代表国务院向全国人民代表大会作工作报告，即政府工作报告。此外，国务院还会针对不同的主题，定期或不定期地发布各种白皮书，代表政府立场来阐述各种问题，例如中国国防白皮书自 1998 年以来每两年发布一次。这些白皮书属于政府的重要文件，迄今为止涵盖民主政治建设、法治建设、政党制度、人权状况、军控、国防、防扩散、宗教、人口、能源、环境、知识产权、食品药品安全、互联网等问题，用于介绍我国政府在这些问题上的态度立场、原则、政策以及取得的进展，可增进国内和国际社会对于我国相关方面情况的了解。除国务院外，各部委也会发布相应的年度报告、工作总结或起草的文件等，这些也属于政府文件的重要类别，其特点是具有较多的专业化术语，比如财政部的文件可能会出现"量化宽松""通货紧缩""消费者物价指数""存款准备金率""财政赤字""财政周转金"等专业词汇。此外，还有一些其他的重要文件，比如《中华人民共和国宪法》等法律法规以及各种规划纲要等。

第三，领导人的著作或讲话。此类文件包括历届中央领导人的个人著作和他们在重要国内外场合的讲话、指示和报告等。领导人著作既反映领导人个人的政治智慧和远见卓识，也体现了党中央领导集体的智慧，是中国特色社会主义话语的重要组成部分，如《毛泽东选集》《邓小平文选》《江泽民文选》《胡锦涛文选》《习近平谈治国理政》《之江新语》等著作。此外，党和国家的领导人在国际重要交往场合和国内重要场合中的讲话，通常也反映了我们党和政府的重要政策立场，是国内外公众了解我国各方面政策情况的重要渠道。

第四，主要刊物或官方媒体等平台刊发的重要论述等。一些重要的中央机关刊物或官方媒体平台，经常会刊发党和国家领导人的文章，或者社论等，阐述中国特色社会主义道路等重要理论问题。例如，作为中共中央机关刊物的《求是》杂志，是中共中央指导全党全国工作的重要思想理论阵地，经常刊发党和国家领导人的重要文章，如 2019 年 9 月 20 日，《求是》杂志发表了习近平总书记的重要文章《在中央政协工作会议暨庆祝中国人民政治协商会议成立 70 周年大会上的讲话》。此外，作为中共中央机关报的《人民日报》是党和政府的重要宣传平台，在宣传和介绍我国政策立场上扮演重要角色，是我国对内宣传和对外交流的重要窗口，也会刊发党和国家领导人的重要论述或文章。在上述官方报纸或通讯平台上刊发的一些重要报道文章，能够代表我国政府向国际社会阐明中国观点、中国立场，是中国特色话语的重要组成部分。此外，中国特色话语还包括党和国家领导人的其他重要论述，比如报告、题词、指示、批示、信件等（"中国时政话语翻译基本规范·英文"编写组，2023：2-3）。

上述几类题材代表中国特色话语最为核心的部分，此外还有一些相对而言正式程度较低或者不构成政策性文件的话语（比如革命纪念馆或党史陈列馆的解说词、历史纪录片的解说词等），或者较低级别（如省市层面）的文件，也可以在一定程度上作为中国特色话语的构成部分，代表当代中国社会的主流话语。据中央文献翻译专家介绍，中国特色话语具有独特的逻辑架构、语体风格和表达方式，具体可以归纳为三个主要特点：①彰显中国特色，②展现时代特征，③语言高度凝练（"中国时政话语翻译基本规范·英文"编写组，2023：3-4）。这些典型特征使得中国特色话语有别于其他的文本题材，在对外译介时译者需要认真对待，这也对译者各方面的素质和能力提出了很高的要求，也是译者在翻译实践和对外传播中需要认真研究的课题。

本书聚焦于新时代以来产生的中国特色话语（主要包括党代会报告、政府工作报告、领导人讲话等）及其官方英译文，系统考察中国特色话语在词汇、句法、语义以及语篇等层面的译介策略，并初步考察重要概念英译的海外接受效果，以期为做好新时代对外传播工作提供一定的实证反馈和借鉴。

第三节　中国特色话语对外翻译概述

为了系统地向国际社会传播中国特色话语，介绍我国社会主义发展的情况，让世界更加了解中国，相当部分的中国特色话语党政文献和领导人著作都被翻译成世界上其他的主要语言，比如英语、法语、西班牙语、德语、俄罗斯语、日语等。传统上，相关文件的对外翻译工作主要由几大翻译机构专门负责，比如原中央编译局、中国外文局、外交部翻译司等。一般而言，党代会报告、政府工作报告以及全国人大常委会和全国政协常委会的工作报告的翻译是由原中央编译局（现整合进中央党史和文献研究院①）牵头组织，此外，该机构还负责一些部委（比如国家发展改革委员会、财政部等）的文件、《求是》英文版、《中华人民共和国宪法》及其修正案英文版等文件的翻译和审订相关工作（罗莹、卿学民，2020；罗莹、张士义、卿学民，2021）。在翻译过程中，原中央编译局也会借调来自外文局、新华社、外交部等机构的专业译员和资深专家，以提高翻译质量和翻译效率。此外，党和国家领导人著作的翻译、对外出版、发行工作通常是由中国外文局负责组织，外文局迄今已翻译出版了毛泽东、刘少奇、朱德、周恩来、陈云、邓小平、江泽民等中央领导人的著作（王明杰，2020：36）。例如，《习近平谈治国理政》一书就由外文局组织多个翻译团队进行翻译，并以中文、英语、法语、俄语、阿拉伯语、西班牙语、葡萄牙语、德语、日语等多语种同步出版发行。据悉，该书第一卷已出版 29 个语种，第二卷已出版 10 个语种，目前发行到 180 多个国家和地区。此外，国务院白皮书和一些党政文件（如党的十八届三中全会颁布的文件《中共中央关于全面深化改革若干重大问题的决定》），也主要由外文局牵头翻译和出版。

政治文献的翻译与其他领域不同，文学和典籍翻译通常由译者个人独立完成，实行实名制，译者也可能因此成为知名译者（如翻译了《诗经》《楚辞》《西厢记》等名著的许渊冲）。而中国特色话语的翻译通常由机构成员集体完成，即翻译学界所熟知的"机构性翻译"（institutional translation）（Mossop，1988）。机构性翻译一般具有以下几个特点：①集体性，翻译通常由团队一起完成（李晶，2020：151），可能会涉及多种专业人士，如专业译者、母语校对者、编辑人员、领域专业人士等；②匿名性，不同于个人译者在翻译完作品后可以署名，机构性翻译通常不会署以个人的姓名，而是署以机构的名称，更加强调集体的贡献；③规范性，机构性翻译通常会遵循特定的原则和规范，在一定的机构政策的指导和约束下开展，译者的创造性和自由发挥空间不如其他题材的翻译那么大；④例行化，即翻译活动的实施成了机构内例行化、常规化的实践，这种日常化实践会潜移默化地影响翻译过程中译者的具体翻译选择，比如译者会作出习惯性的或下意识的

---

① 参考网址：https://www.dswxyjy.org.cn/GB/427143/427144/.

选择（Koskinen，2008；2011）。据外文局原副局长、资深翻译专家王明杰（2020：38）透露，外文局党政文献的翻译有一套严格的工作流程，主要包括翻译、外国专家改稿、中国专家核稿和定稿、三校和通读等环节。此外，对于特别重要的文献，翻译团队还会增加额外的工序，比如举行中外专家研讨会，译者和中外专家分别通读文稿，中外专家一起逐项讨论并就关键问题作出决定（同上）。

外文局原副局长兼总编辑黄友义（2018）总结道，改革开放四十余年来，我国经历了两轮翻译高潮：第一轮翻译高潮是为改革开放服务，主要是前三十年，其特点是向外国学习，服务于"引进来"方针，主要的翻译方向是外译中，即从英语、法语、德语、日语等发达国家的语言翻译至中文，通过翻译来学习国外先进的技术、国际化的理念和新的模式等，为发展经济建设服务。第二轮翻译高潮是为中国"走出去"服务，兴起于最近十来年并将在未来持续下去。随着我国在2002 年正式实施"走出去"战略以更好地参与国际经济合作与竞争，以及在 2013年推出"一带一路"倡议，中国成为世界第二大经济体，并且经济总量每年仍以超出世界平均水平的速度不断增长，世界地位不断提高，这些都吸引了越来越多的国际关注。这一轮翻译的特点是为中国"走出去"服务，翻译内容涵盖中国文化、中国的思想和理念、中国的经济等方面，从而更好地传播中国声音，塑造积极的中国形象，为构建中国国际话语权服务。目前，我们正处于第二轮翻译高潮中，时代赋予我们崇高的使命和责任担当，要求我们翻译实践者和翻译研究学者积极参与该进程，主动承担起为中国"走出去"服务的责任。

然而，不同于外译中，中译外面临更大的困难和挑战。一般而言，国际翻译界提倡的工作方向是从外语翻译至母语，因为这样能最大程度地确保译文的质量，而不提倡从母语翻译至外语，甚至国际翻译界中的不少人认为将母语翻译成外语是一种"错误的选择"（黄友义，2011：5）。而且，中译外面临极大的人才缺口，能读懂中文的外国人本身就比较少，能够从事翻译工作并且愿意从事中译外工作的外国人就更少了，这就导致多数的中译外工作由中文母语者完成。据了解，目前全国在职翻译专业技术人员在面对巨大的翻译需求方面本身就存在短缺，而且多数在职翻译人员从事的是外译中的工作。对于高端翻译人才，黄友义（2011：5）曾指出："能够胜任中译外定稿水平的高级中译外专家在全国也不过一两百人。"这说明我们仍需要加大力量和投入来研究中译外工作，培养更多的中译外人才，尤其是能够胜任中国特色话语翻译的人才，以更好地为中国经济、中国文化、中国话语"走出去"服务。另外，"由于历史原因，中国长期大量翻译外国文学"，然而"西方出于对我们的不了解和历史偏见，长期不愿意翻译中国作品给他们的受众"（黄友义，2018：13），这就更加凸显了我们自己的译者从事中译外工作的重要性，不能寄希望于外国人去主动翻译我们的文献和作品，也无法确保他们的翻译是准确的、客观的。要想在国际上客观、全面、准确地传播中国特色话语，只能主要依靠我们自己的译者，这是我们当今身处第二轮翻译高潮中所需要面对的客观现实，需要翻译实践者和翻译研究学者共同付出努力。

不仅翻译任务本身在发生变化，中国特色话语的国际读者群体也在过去四十多年改革开放的进程中发生了深刻的变化。20 世纪 50 年代至 70 年代，中国特色话语的主要读者是少数对中国感兴趣的学者、专家和政治家等，这些特定受众由于长期研究和关注中国，对于中国的历史和政治制度、中国话语的特点等比较了解（黄友义，2018：12）。相应地，这些特定群体对于中国特色话语及其译文都具有比较好的理解力，翻译文本的可接受性并不会过多影响他们的理解。然而，随着中国改革开放的深入发展，中国逐渐成长为世界第二大经济体，越来越多的外国人开始关注中国，越来越多普通外国人的生活与中国发生交集，中国特色话语的受众面迅速扩大，从少数的专家学者扩展至广大的普通受众，这些普通受众对于中国的历史、文化、政治、地理等知识了解少，并且大多数不懂中文（王刚毅，2014）。受众群体的变化也给中译外工作提出了新的要求，不仅要将中国特色话语翻译出去，还要确保我们的译文能够被更多的普通读者听懂，并且让他们愿意听，乐于听，能够接受。习近平总书记提出要"打造融通中外的新概念、新范畴、新表述"，就是要针对更广大的国际受众，让他们能够听懂我们的特色话语，增强中国特色话语的国际影响力，并拓宽中国特色话语的国际传播面。针对新时代的对外传播工作，中国外文局局长杜占元（2023）呼吁要加强高端翻译队伍建设，"推动建设适应新时代国际传播需要的国家翻译能力"。因此，适应时代的需求、响应国家的号召是当代翻译学者义不容辞的责任。新时代的新面貌、新特征、新要求，呼吁我们要加大力度提升创新思维能力、更有针对性地研究中国特色话语对外译介中的方方面面，更好地满足新时代中国特色话语对外传播的新需求，为加强国家翻译能力建设作出贡献，为打造与国家实力相匹配的国际话语权贡献自己的一份微薄之力。

近年来，随着人工智能和信息技术等领域的深入发展以及语言资源的长期积累，机器翻译得到了长足进步并且在一些领域开始崭露头角。不少规模较大的信息技术企业都推出了机器翻译服务，翻译篇幅从词汇、短语、小句、段落到篇章，极大地满足了普通人日常生活中对于翻译服务的需求。然而，需要指出的是，这些机器翻译虽然在某些特定领域（比如技术文本）能够达到较为理想的效果，但是在多数领域的表现较差，甚至漏洞百出。对于翻译质量有着较高要求的文献以及专业化程度比较高的文体，机器翻译的结果不可以作为最终的翻译产品，只能通过人工译员才能实现高质量的翻译，达到预定的翻译效果。不过，信息技术的发展也启发了传统的翻译模式，比如虽然机器翻译不够可靠，但译员们可以借助时下流行的计算机辅助翻译工具来帮助自己确保翻译质量（如确保不同译员之间和文本中前后文之间的译法一致性）并提高翻译效率（如可以针对特定的题材建设相应的多语种翻译记忆库和翻译术语库，并在中译外的翻译过程中加以应用）。据了解，党的十九大报告翻译组就尝试在翻译过程中引入计算机辅助翻译技术，尽管技术上尚存在一些不足，却可有效地提升翻译效率（季智璇，2018）。在可见的未来，我们可以预见机器辅助翻译技术和相应的语言资源储备将会极大地促进中译外效率和质量的提高，助力中国声音的对外传播。

第四节　研究内容

本研究拟以新时代中国特色话语的英译为对象，以打造"融通中外"的话语为指导精神，系统探讨原文中的各种语言结构和表述以及它们的对外译介策略，既保证实现翻译的充分性，又能照顾到译文的可接受性，以期能助力中国声音的对外传播，提升中国话语的国际影响力。具体而言，本书涵盖从词汇、短语、小句、修辞到语气等不同语言层面的翻译，共包括八章：第一章为绪论，主要介绍本研究的时代和理论背景、中国特色话语的内涵和特点，以及中国特色话语对外翻译的现状概况。第二章为文献综述，主要回顾了当前中国特色话语翻译研究的现状，包括翻译原则的探讨、特定译名的确定、翻译策略与技巧的探讨、对外翻译的协调机制和标准化研究、中国特色话语外译的海外传播与接受，并在此基础上总结了现有研究存在的不足之处。第三章至第八章为本书的研究主体部分，第三章主要涵盖中国特色话语在词汇层面的译介策略，具体分为中国特色政治概念、中国特色文化词语、中国特色科技词汇以及中国特色话语中常见普通词汇、常用词缀、修饰语和数字缩略语的翻译等。第四章主要关注中国特色话语在句法和语篇层面的译介策略，包括短语内部逻辑关系的翻译、小句之间或句子之间关系的翻译以及篇章衔接的翻译。第五章研究中国特色话语在修辞层面的译介策略，具体关注比喻修辞、夸张修辞、重复修辞、拟人修辞等的翻译方法。第六章探讨中国特色话语对外翻译中的读者导向译介策略，具体阐述语气的翻译转换、视角立场的翻译转换和说理修辞的翻译转换。第七章关注新时代中国特色话语核心概念在海外英语学术界的接受传播情况。该章以新时代中国特色话语的三个核心概念为出发点，采取文献计量学的方法，以海外英文学术界中的传播接受为个案进行分析，致力于为中国特色话语的海外传播情况提供基于实证的反馈，也为对外翻译实践提供基于受众反馈的现实参考。第八章为本书的最后一章，总结本书研究的主要内容和启示，以及本研究的创新之处和局限性，在此基础上指出未来研究需要继续努力的方向。

第二章　中国特色话语翻译研究现状

总体来讲，关于中国特色话语对外译介中的问题、策略方法和建议等话题，前期已有不少学者从不同的角度进行分析，这些学者既包括从事中央文献翻译的资深译者，也包括各大高校中从事翻译研究的学者。他们的研究提供了非常丰富的洞见，为共同推进中国特色话语的对外译介提供了强大的助力，也为接下来的翻译研究奠定了深厚的基础。本章拟梳理回顾并总结目前关于中国特色话语的对外译介研究中所取得的主要进展，并反思当前研究中存在的一些不足和薄弱之处，在此基础上探讨未来需要继续深化的研究方向。下文将已取得的研究进展主要总结为五大类：1）翻译原则的探讨，2）特定译名的确定，3）翻译策略与技巧的探讨，4）对外翻译的协调机制和标准化研究，5）中国特色话语翻译的海外传播与接受。下面分别进行简要回顾：

第一节　翻译原则的探讨

在过去的几十年中，不少资深翻译专家曾撰文探讨中国特色话语的对外译介问题，其中不少涉及对翻译原则的探讨。原外交部翻译室副主任程镇球（1983：24）就明确指出，翻译党代会报告等政治性文章时，译者要保证译文高度忠实于原文，"不仅关键性的词句要力求译得准确，而且对任何一般性词句也都要严肃认真，做到忠实于原文的精神实质"。他同时也强调，忠实并不是要死扣原文的字面意思，出于汉英语言的差异，有时也可以进行灵活处理，以更加准确地传达原文的实质内容（程镇球，1983：25）。原中央编译局资深译审贾毓玲（2003：26）同时指出："政治文件的翻译对忠实原文的要求就更为严格，因为政治文件涉及党和国家大政方针、基本国策，一旦出现纰漏，后果严重。"此外，原外交部翻译室主任、《习近平谈治国理政》英文定稿专家徐亚男也指出："原则上，任何翻译，包括各类口译，都要力求做到信、达、雅，但是外交口译对'信'的要求比其他类型的口译更高。比如旅游口译不需要完全忠实于原文，可以进行适当解释，让译语通顺易懂。外交口译则更讲究'信'，但'信'不是死抠字眼，而是忠实于原话的意思，是要根据语境把原话的本意准确翻译出来。"（李鑫、漆薇，2023：123）关于党政文献的翻译，"忠实性要放在第一位"的原则在许多其他资深翻译专家（如陈明明，2014；黄友义，2015；王刚毅，2014）的撰文中也被反复提到，即译者通常没有太大的发挥空间，而是要以忠实原文为翻译的首要原则。

除做到忠实外，汉英翻译中的政治性考量也是一个重要原则，对此多位资深翻译专家曾反复加以强调，要求译者要懂政策，站稳立场，把好政治关。原外交部翻译室主任王弄笙（1991：6）曾指出，对外翻译中译者首先要有政治敏锐度，"对于重要的有政治含义的词句，特别是涉及方针政策词句，必须掌握好分寸"。翻译专家王平兴（2014：101）强调："从事汉英翻译特别是时事政治翻译的译者应该具备一定政治素养，对涉及国家重大利益的问题，对国家的大政方针有比较深入的了解。"这是因为，只有拥有一定的政治理论素养，了解我国的政治立场和原则，译者才能做到心中有数，在翻译的时候才能站稳立场，比如准确区分多义词的不同含义，以及一些因语境而产生且在字典上没有记录的意义，从而作出正确的翻译选择。他认为："政治考量要高于语言考虑，用老话说就是不能为了语言的'雅'而损失政治的'信'。"（同上）有时，通顺地道的、符合英语惯常用法的语言，其政治性不一定正确，译者需要特别加以注意。同样，贾毓玲（2011：78）认为，政治文献的理论性、政策性和综合性强，具有鲜明的时代特色、实践特色和民族特色。她指出，要做好汉英翻译，译员不仅需要摸索语言规律，积累相关词汇和常用的翻译技巧，还需要积极提高自身的政治理论素养，才能为准确翻译打下基础。此外，原外交部翻译室主任陈明明也指出，政治文献"往往涉及国家政策方针、发展战略、主权利益和政治立场等，具有鲜明的政治性，因此要求译者具有敏锐的政治意识，确保政治信息的准确传达"（周忠良，2020：92）。关于政治性题材翻译中要凸显政治性的原则，不少翻译专家（如程镇球，2003；童孝华，2014）曾反复论述，认为只有把握好政治标准才能做好翻译。作为长期从事党代会、中央全会、全国两会文件等党和国家重要文献翻译工作的翻译专家，中央党史和文献研究院译审王丽丽（2023：116）在论述忠实性和政治性之间的关系时指出："党政文献事关党和国家大政方针，译文必须准确无误地反映原文，忠实是译者要信守的第一准则。所谓忠实，是政治上的忠实，是历史上的忠实，也是现实中的忠实。"

近年来，国家强调中国文化"走出去"，以及打造融通中外的新概念、新范畴、新表述，翻译原则发生了一些明显变化。传统上，强调忠实性是第一要义，近年来越来越多的译者意识到对外翻译中光实现忠实还不够，还需要考虑目的语读者的需求。在此背景下，近年来对外翻译的原则的一个重要变化趋势就是平衡翻译的充分性与可接受性。新华社资深翻译专家王平兴（2008：45）认为："忠实于原文是工作的出发点，着眼于国外读者则是其归宿。忠于原文和服务读者，两者必须统一。"翻译的目的是帮助外国读者更好地了解中国的各项政策和方针，为我国的发展营造良好的国际舆论环境，起到沟通桥梁的作用。译者如果只顾忠实于原文，而不考虑外国读者的理解，译文很有可能达不到预期的翻译效果，因此考虑目的语受众感受是重要的考量。无独有偶，在分析翻译中译者如何克服"中式英语"倾向时，贾毓玲（2003：26）指出："为了政治上保险，过于拘泥于原文字句，亦步亦趋，扣得太死，易产生中式英语。"在习近平总书记提出"打造融通中外的新概念、新范畴、新表述"的号召下，贾毓玲（2015：93）认为这"会极大提高外宣文本的可译度，提升外宣翻译工作的可操作性，减少外宣翻译由于文本的内宣特色太浓而面临的巨大挑战"。此外，外交部英文专家施燕华（2009：12）在回顾我国外交翻译历史时也曾指出，近年来外交翻译的一个努力方向是"尽量用外国人听得懂、易理解的语言进行翻译，在确保忠实原文的基础上，使译文更加生动顺畅"。陈明明（2014：9）认为，党政文献翻译的准确度非常高，没有错译的问题，但是存在硬译的问题，因为译者可发挥的余地非常小，他认为生硬的翻译不利于外国人接受。从对外宣传的目的出发，他指出要想讲好中国故事，"译者要有服务受众的意识，在忠于原文思想的前提下，顺应国外读者的语言、思维和文化习惯，以国外受众喜闻乐见的话语方式，产出通顺可读的译文，以实现宣传中国的目的"。（周忠良，2020：92）徐亚男也指出："改革开放以来，外交翻译的确呈现出从'死抠原文字眼'到'精准翻译意思'的变化。表面上更加灵活变通，实际上是要求更高，要准确翻译 message，不能停留在字面上了。"（李鑫、漆薇，2023：126）这些观点均表明，进入新时期以来，我们的翻译理念和翻译目标都发生了一定的改变。

不少从事外宣翻译或出版、传播的专家，都从接受效果的角度论述了译者在翻译时考虑受众的重要性。外文局前副局长黄友义（2004：27）提出外宣翻译应当遵循"三贴近"原则，即"贴近中国发展的实际，贴近国外受众对中国信息的需求，贴近国外受众的思维习惯"。他认为，译者要认真研究外国文化和外国读者的思维方式，"善于发现和分析中外文化的细微差异和特点，时刻不忘要按照国外受众的思维习惯去把握翻译。最好的外宣翻译不是机械地把中文逐字逐句转换为外文，而是根据国外受众的思维习惯，对中文原文进行适当加工……"（同上）中国翻译协会常务副会长兼秘书长、外文局前副局长王刚毅（2014：8）评道："过去我们翻译政治文件时，通常把绝对忠实原文放在首位。我们认为这一做法已不能适应读者变化和他们新的需求。"他建议翻译时译者应更多关注国外读者，"根据他们的思维和阅读习惯改变翻译风格，使译文更贴近英语表达方式，保证文字流畅和观点准确，不必过度追求与中文的对应"。此外，国务院新闻办公室四局前副局长王雷鸣（2014：13）就如何做好中央文献的对外翻译传播工作，提出要"在表达方式上，多使用与国外受众思维、表达方式、审美情趣相对接，易于他们理解和接受的话语体系，不断增强中央文献对外传播的质量和效果"。实际上，有相关实证性历时研究表明，相较于更早期的翻译，近些年的文献外译更加注重平衡翻译中的忠实性与目的语读者的可接受性（赵祥云，2018；Pan，Kim & Li，2020；Pan & Li，2021），这说明近年来翻译原则发生了一定的改变。翻译原则在翻译中起着指导性作用，因此它们受到翻译专家和翻译学者的广泛关注不足为奇。

第二节　特定译名的确定

不少研究以中国特色话语中特定的概念或专业术语等为研究对象，探讨何种译法为最佳。其中，一些长期从事中央文献翻译的专家基于自身翻译或外事工作的经验，从实践的角度出发，讨论一些重要或敏感概念的译法问题，多数涉及政治、外交概念或一些汉语特色表达。例如，王弄笙（1991）基于自身30多年的汉英翻译实践，从注意政治敏锐性出发，阐述了"独立关税地区""中国大陆""问题"等重要概念的正确译名。此外，他还论述了针对汉语的一些特色词，比如"基本立足点""过关""三通""五讲四美三热爱"等，由于英语缺乏对应的表达，译者可以根据语境通过在英语中创造新的说法来进行翻译。针对出现的一些新词、新提法，譬如"一要吃饭，二要建设""两手抓""三条保障线"等，王弄笙(2002)指出，有时吃透原文并且用通顺易懂的英文翻译出来的方法不一定十分理想，还需要反复切磋加以磨合。同样，程镇球(2003：19)详细阐述了"华侨"和"海外侨胞"的准确译法，他指出，"海外侨胞"不应当被翻译成"overseas Chinese"，因为该译法相当于"海外华人"，包括侨居海外的中国人和华裔的外国人。而根据我国政策，只有持中国护照的华人才算华侨，因此准确来讲"海外华侨"应被译为"overseas Chinese nationals"或者"Chinese nationals residing abroad"，其中的"nationals"一词明确强调了国民身份。此外，他还具体讨论了特定语境中"独立性""吃一堑，长一智"等表达的恰当译法。中国国际广播电台翻译专家谢桥(2009)分析了国内新闻媒体对于"科学发展观"的几种译法，他认为"Scientific Outlook on Development"是当前最流行的译法并且能够反映科学发展观的深层含义，但不一定容易为外国读者所接受，反而"Scientific Approach to Development"或者"Scientific Strategy of Development"在英语世界中使用更加普遍，容易得到英语主流社会的认可。原中央编译局资深翻译童孝华(2014)以自身参与政府工作报告翻译的经历为例，论述了中文里一部分经济术语如"改革红利""科学发展""反弹"等的翻译，他指出这些术语在汉语中实际为形象性说法，不应直接翻译为技术性很强的英语术语。陈明明(2014)从中外文化差异出发，阐述了一些在中英两种文化语境中存在情感差异的概念，如"基层""精神追求"等，他还提议可以从英语中吸收一些词语用于翻译汉语的特定说法，如"控制力"。此外，还有不少党政文献翻译专家(如王刚毅，2014；王平兴，2008，2014；张颖，2019)从提升传播效果的角度出发，论述了一些典型概念的译法问题。

　　除自身从事翻译实践工作的翻译专家外，不少翻译研究学者，主要是国内高校教师、研究生等，结合翻译学或语言学等理论，阐述某个概念的英译问题。朱纯深、张峻峰(2011)回顾了"不折腾"一词的使用历史，结合语用学理论中的"陌生化"概念，讨论了政治文本英译中"零翻译"该词可能引发的陌生化效应，并由此探讨了主动把握话语解释权的重要性和可行性。朱义华(2012)从传播学视角，讨论了钓鱼岛等的正确英语称谓，强调外宣翻译工作中要具有政治意识，以更好地维护国家利益。唐义均(2013)和朱明炬(2013)就"邓小平理论"概念的英译进行了论辩，前者从词语搭配的视角出发，认为应将其译为"Deng Xiaoping's Theory/Legacy"更贴近英语读者的语言思维习惯，后者则认为政治词语的翻译要做到准确，翻译为"Deng Xiaoping Theory"没有任何问题。杨明星、李志丹(2015)提出了外交语言翻译的"政治等效"标准，并基于该标准分析了近年来我国外交新词"窜访"的译法。他们首先分析了国内外媒体和网站上对于该词的译法，如"visit""trip""tour"等，指出现有译法无法准确传递该词在汉语中的内涵和政治意义。他们随后剖析了该词在汉语外交语境中的内涵，并逐一分析了几种可能的译法及各自的缺陷，最后提出以"toutvisit"翻译"窜访"一词较好，因为该译法实现了政治等效。此外，杨明星(2015)还剖析了我国近年来的重大外交理念"新型大国关系"的英译，总结了中外官方和媒体的不同译法，指出外交部的创新译法"a new model of major country relationships"具有重要的外交战略意义，对于构建中国特色外交话语体系具有重要作用。他建议国内媒体要统一译法，不能为了所谓"国际接轨"而照搬西方的"标准"译法。

同样，杨红燕、王旭年(2020)以"新型大国关系"的六个英语译法为研究对象，结合认知语言学的认知识解相关理论，剖析了不同译法所涉及的翻译过程中的认知识解表征，认为不同译法的演变体现了译者对该术语意识形态内涵识解的不断成熟。马晴、张政(2018)利用 CCL 和 COCA 语料库，并借助语料库语言学中的词频、搭配和语义韵等概念工具，考察了"formalism"一词在不同领域中的意义，发现该词与汉语政治文本中的"形式主义"一词意义大相径庭，并且二者情感意义不对等。他们随后考察了近年来政府工作报告和党代会报告译文中关于"形式主义"的译法，发现该词的译法并不一致，认为该词不应当被翻译为英文的"formalism"或者"formality"，建议将其翻译为英文"formism"。盛美娟、王姗(2020)以时政文本中经常出现的中国国民经济学术语"宏观调控"为研究对象，通过溯源其形成和发展的历史过程，并且调查不同译法的英语母语者接受度，辨析了该术语的正确译法，建议将其翻译为"macroeconomic regulation"。此外，还有不少翻译研究学者(如吴文子，2005；唐义均，2012；杨明星，2012)从不同的理论视角出发，分析了一些重要的政治概念、外交概念或者特定说法的最佳译法，或者剖析现有各种译法的可能缺陷，这些研究对于我们确定中国特色话语的正确译名、争夺我国国际话语解释权起到了促进作用。

第三节 翻译策略与技巧的探讨

一些翻译研究学者以领导人著作的英译为例，从共时或历时的视角，借助各种理论并结合宏观语境层面和微观文本层面探讨了翻译策略或翻译方法与技巧。巫和雄(2012)以跨越了近半个世纪的《毛泽东选集》的英译活动为研究对象，结合当时的社会环境，历时地考察了英译策略的变化。研究发现《毛泽东选集》的英译方法从中华人民共和国成立前的以"意译"为主(表现为放弃追求形式对等)，转变为中华人民共和国成立后的以"直译"为主，追求形神兼备。赵祥云(2018)以翻译规范为关注点，历时考察了三代领导人著作的英译，重点关注标题、口语化风格、修辞话语、政治话语和文化负载项的翻译。研究发现《毛泽东选集》的英译策略以异化策略为主，强调形式和内容的双重忠实；《邓小平文选》的英译策略表现出一定的转折，翻译策略更加灵活，且更重视译文效果；《习近平谈治国理政》的英译策略更为多元变通，翻译方法更为灵活，以"异化为主，多元共存"，除采取异化和归化策略外，在二者之间还采取了显化翻译、简化翻译、信息重组、创译、借译等策略，目的是更注重译文读者的可接受性。梁娜(2019)以2018年《政府工作报告》英译为研究对象，具体关注以人称代词和情态动词为代表的指示性特征英译现象，通过对比译文和原文，识别了直译、结构性增译和立场性增译三种翻译策略，定量统计结果表明增译是一种频繁使用的翻译策略。陈勇(2020)同样以领导人著作的英译为研究对象，借助于批评话语分析，考察了标题、比喻、词语和注释四个方面的英译方法，发现源语规范在领导人著作英译中呈递减的趋势，但均强于目的语规范。

此外，Li 和 Li (2015)选取了20世纪70年代至21世纪头10年，三代领导人的15篇讲话或政治文本及其对应的英译文，重点关注了隐喻化、目标语适应和人际化三种目标语导向的偏移，发现译文中目标导向的偏移在历时上呈现显著增多趋势，提出我国政治话语的翻译策略表现出越来越关注目的语社会接受度的历时变化趋势。同样，Pan 和 Li（2021）以 20 世纪 90 年代至 21 世纪头 10 年我国六次党代会报告的译文为研究对象，重点关注了文化负载项和语言偏好类动词的翻译，研究结果发现，译文所采用的翻译方法在早期表现为以异化为主的直译，逐渐转变为以归化为主的意译，从注重忠实性转向在充分性与可接受性之间达到平衡，这表明我国重要政治文献的机构性翻译策略发生了较为明显的历时转变。此外，Pan、Fu 和 Li（2024）基于语料库方法，从历时的视角对比了历年党代会报告中的人称代词（尤其是主语）的英译，研究发现英译文中对于第一人称和第二人称代词的使用频率呈现出不断增长的趋势，即译者会在英译时主动增添各种人称代词。他们认为该翻译策略有助于拉近与英文读者的距离，提升译文的亲和度，利于国际读者接受，进而能更好地传播中国声音。Gu 和 Tipton（2020）基于语料库方法，从历时的角度（1998—2017 年）研究了我国三届政府总理的记者招待会的口译译文，重点关注译文通过人称代词进行的"自我指称"。研究发现，在翻译"我们"时，口译译文中第一人称复数代词的使用在历时上呈现显著增长趋势，即过去 20 年间译员在口译时愈来愈倾向于使用第一人称复数代词（we，us，our），其中以温总理的记者招待会口译为重要的分水岭。他们认为译员对自我指称使用的变化，体现了政府展现出越来越开放和透明的姿态，更加努力积极地与国内外媒体进行有效沟通。此外，Li 和 Halverson（2020）基于语料库方法，利用语料库语言学中的"词束"概念，考察了词束在政府记者会口译译文中的使用，研究发现译员主要采取简单增添、重复性增添和准重复性增添三种方法在口译中使用词束，他们认为这些译法显化了原文隐含语义，有助于听众理解。除了词汇和短语层面，修辞层面的翻译也获得了一定的关注。Song 和 Zhang（2023）主要基于定性分析，考察了政治讲话中的六种主要隐喻的英译，研究发现译文里保留了这六种隐喻，但是也作出了一定的调整，他们认为这些调整在语言上和文化上是必要的，有助于展现积极的国际形象。

　　一些中央文献翻译专家基于自身实践，阐述了句法或文本层面的翻译策略和方法。通过对比语言学知识我们可以了解到，汉语和英语的句子模式不太一样，汉语喜欢短小的句子，一小句接一小句构成流水句，而英语句子的内部关系层次更加分明，这种句法层面的差异给汉英翻译带来了一定的挑战。原中央编译局译审卢敏（2002）指出，中文文本经常会使用重复的词或短语，翻译时译者需要频繁使用代词或通过结构调整避免英文中出现重复；中文经常用两个相近的词语表达同一个意思，译者在翻译时可以进行省略。武光军(2010)分析了2010年政府工作报告英译中的迁移性冗余，指出词语冗余是汉语政治文体翻译面临的一大难题。他主要区分了句子层面的冗余(如冗余的动词、名词、修饰语等)和语篇层面的冗余，随后提出了应对迁移性冗余的相应翻译策略，如不译或少译，以贴近国外受众的思维和阅读习惯。作为《求是》英文版的定稿人，贾毓玲(2013)以《求是》英文版为例，阐述了译者如何对原文信息进行句法上的"重构"以提高译文的可读性，使之更符合国外受众的阅读习惯，从而实现预期的对外宣传功能。她主要关注了句子层面常用的翻译策略"断句"，指出汉语的政论文和政治报告中，一句话往往绵延很长，甚至一句话就构成了一个段落，而英语的句型偏短，一个句子往往只表达一个意思，句子长度有限。她随后以《求是》英文版中的各种长句为例，分类介绍如何在吃透原文意思的基础上，找到断句的切入点合理进行断句，并通过增加过渡词、连接词、代词等衔接手段，以增加英文中句子之间或句子的各个成分间关系的清晰度，提高译文可读性，满足受众的期待。童孝华(2013)以党的十八大报告的翻译为例，阐述了汉语中冗余性表述、隐含语义、重复性表达等的翻译方法和技巧。张颖(2019)认为政治文献中有些表达经常隐含一定的逻辑关系，比如"标本兼治"看似二者是并列关系实则有所侧重，译者需要采取显化翻译策略以厘清各部分之间的内在逻辑关联。她还指出，对于一些具有汉语特色的政治理念，译者可以进行阐释性翻译，对原文内涵加以解释说明。

综上所述，目前不少研究要么从偏宏观层面的翻译策略(比如归化或异化)论述了我国政治文献的英译，要么从更为具体的、微观的文本层面论述翻译方法与技巧，例如直译、意译、音译、增译、省译、阐释译法等，并且提供了丰富的案例。这些研究对于我们了解汉语政治文本的典型特征，以及英译时相应的翻译策略与方法提供了有益的参考。

第四节　对外翻译的协调机制和标准化研究

对外翻译涉及不同的专业技术人员(如原文起草专家、翻译专家、具体内容领域的专家等)、组织机构、平台渠道及层面等，且面向不同语种同时外译，是一项复杂的系统性工程。不同的组织机构、专业人员、语种之间的协调也需要进行系统性研究，以增强对外翻译的一致性、标准化和规范化，从而更好地提升中国特色话语的对外输出质量和接受效果。目前，一些学者已开展相关理论或实证研究工作，探讨对外翻译工作中的协调机制。

刘和平等（2018）以 60 个中国特色政策理念的重要术语的翻译为主要研究对象，考察英、法、日三个语种的主要国内外译平台对这些术语的译法等，以此探究各平台之间的协调性。研究发现，不同外译平台对于同一术语的译法不存在高度一致性，仅个别几家平台在部分术语外译上存在一定的一致性，这说明中国特色重要术语缺乏统一的外译机制。此外，通过研究不同国外媒体的报道，他们发现外媒对于中方译法的采纳或者照搬较少，经常采用自己的译法或者进行再加工。他们指出，各平台的译法存在不一致性，主要原因在于各外译机构的职能、任务与工作重点不同，并且受到需求、受众、灵活度、语境等因素的影响，译法会有所不同，但也说明了外译协调机制尚不完善，对于重要术语翻译缺乏统一的对外发布机制。他们同时指出，有必要加强对受众的接受性的研究。

熊道宏（2018）以党的十九大报告的翻译为例，解析了大会文件翻译工作中的答疑机制，即针对不同语种的翻译团队在翻译过程中提出的关于原文理解方面的问题进行答疑的工作。通过总结来自各个语言小组的中文理解性问题，他将这些问题大致分为了字词释义、修饰语之疑、句子成分补完、多重分句关系、时态语态五大类，并分析了产生这些问题的译者主观原因和政治语言特性的客观原因。他随后就改进政治文献翻译工作机制进行了反思，包括答疑工作和译者队伍培养工作两个方面，其中尤其反思了理想的答疑团队人员构成（应是一个 12 人团队）以及答疑过程中可能需要调动的各种材料资源。这些总结和反思工作对于做好对外翻译工作中的组织和协调工作而言具有很强的启发性意义，有助于提高对外翻译的质量和效率。

近年来，在不同的外译平台和不同的语种之间做到中国特色话语对外翻译的标准化工作已经得到了相关机构的重视，并在一些方面开展了相关的部署和实践工作。其中，中国特色话语对外翻译标准化术语库是由中国外文局、中国翻译研究院发起建设的国家级多语种（中、英、法、俄、德、意、日、韩、西、阿等）权威专业术语库，也是一个翻译资源库，内容主要涵盖习近平新时代中国特色社会主义思想的术语和中国特色文化的术语及其不同语种的对译，能够为对外传播翻译工作提供术语以及相关知识的语言资源和技术服务。魏向清、杨平(2019)依托项目"中国特色话语对外翻译标准化术语库标准研制"的课题成果，探讨了中国特色话语对外传播作为一种跨文化知识交互与融通的实践的本质，并剖析了中国特色话语的知识"地方性"与价值"普遍化"，随后指出了中国特色话语对外翻译标准化的类型特征，包括中国特色话语的"自塑"标准化和中国特色传统术语的"重塑"标准化。研究从理论层面上探讨了如何通过中国特色话语对外翻译标准化术语库的构建，确保"中国知识"话语输出时的规范和统一，这种规范化的术语翻译可以提高翻译质量，有助于提升中国特色话语的国际影响力。黄鑫宇、董晓娜(2019)以"中国特色话语对外翻译标准化术语库"的设计开发为例，阐述了该项目的数据加工标准的学理基础和需求动因。数据的标准化工作是数据库建设的核心内容之一，事关数据库服务功能的实现，明确的标准能够使得术语数据的加工更加规范，提高服务质量和效率，该标准的研制实践能够为今后类似术语数据库的开发提供一个数据加工标准化的参考。刘润泽、丁洁、刘凯(2019)同样以"中国特色话语对外翻译标准化术语库"项目的数据加工标准实践为出发点，指出在过去我国的术语库管理的标准化工作主要参考国际术语库通用的标准、原则与方法，但是在新时期中国文化走出去的背景下，国际通用的术语库管理标准并不完全适用于我国的对外翻译实践，存在一定的适用局限性。他们以该项目术语库的标准化工作的研制为基础进行反思，思索中国特色术语库对外翻译标准化工作的新思路与新方法，探索如何更好地服务于中国特色话语对外传播，该研究为术语管理标准工作的"中国化"理论思考和中国特色术语库的研制作出了一定的贡献。中央党史和文献研究院日语定稿专家卿学民(2020)以党的十九大主要文件的外文翻译工作为例，介绍了党政文献对外翻译中的组织管理工作，其中涉及翻译过程中的沟通协调机制、业务研讨机制和答疑机制等，他指出答疑机制(主要是针对译者对原文的理解上存在较大分歧的共性问题)是一项十分重要的翻译辅助机制。在总结此次大会文件翻译的成功经验时，他认为全体工作者的团结协作和翻译机构科学合理的组织管理是成功完成此次翻译任务的重要因素之一。最后，他指出党政文献的翻译是一项系统性工程，既需要各种翻译要素和与之相关的辅助要素，也需要科学的翻译流程以及周密的组织管理。

第五节　中国特色话语翻译的海外传播与接受

中国特色话语的对外传播是争夺中国国际话语权的必要路径，该路径会经历话语建构、翻译阐释和国际接受三个主要阶段。如前几节所述，目前关于对外构建中国特色话语的研究多数集中于如何进行翻译与阐释，例如如何理解源语的内容含义、如何选取恰当的译法和技巧等。近年来，也有部分翻译研究学者将视线转至第三个阶段，采取特定的方法(比如馆藏信息整理、受众访谈等)来研究中国特色话语的海外传播与接受等情况。应该说，要想打通从话语构建至海外传播的全链条，目前学者们亟须加强对第三个阶段的相关研究，即海外接受效果。原外交部翻译室主任陈明明指出：

> 不少学者从英汉对比的视角研究译文的翻译效果，过于学术化，不关注实际效果和海外受众的反应，实际上并不了解海外受众的反应。坦率地说，这样的研究是无的放矢。向海外受众讲述中国故事，传播中国声音，目的是使他们能够更好地理解和接受我们传播的内容，从而更加了解中国，认同中国，这是外宣翻译的出发点和归宿。我们讲出来的中国故事国外受众理不理解、爱不爱听，讲故事的方法对不对，使用的语言准不准确，这些都是值得研究的重要课题。(周忠良，2020：98)

窦卫霖、祝平(2009)为了研究我国官方口号译文的有效性，选取了 20 世纪70 年代末至 2007 年的 36 条官方口号的译文，通过问卷调查和后续访谈的方法，获取英语母语者对这些译文的理解程度。研究发现，对于相当高比例的口号译文，英语母语者难以理解或感到困惑，这些口号主要是涉及中国特有的事物与理念的表达。他们提出了三种造成外国受众理解困难的因素，即意识形态差异、社会文化差异和语言表达差异，并针对每种因素给出了相应的建议策略。窦卫霖(2016)以认知心理学和建构主义理论为基础，考察了"中国关键词"的英译被英语母语者接受的程度。该研究选取了 10 个具有中国特色的"中国关键词"及每个关键词的多种译法，邀请英语母语者参与问卷调查，并请他们选择最能接受的译法及其原因。研究发现，外国受众对译法的选择比较分散，翻译方法不具有决定性作用。最后，他们针对提高我国政治话语的传播效果，提出了"以我为主、重视差异、不断强化、渐被接受"的传播策略。武光军、赵文婧（2013）以2011年政府工作报告英译文为考察对象，研究了译文的可读性。该研究选取了20名具有大学本科及以上文化程度的英语母语者，对摘选的政府工作报告译文进行总体评价，并从词汇层面、句法层面和语篇层面进行评分。研究发现，英语母语者对译文总体接受度较高，尤其是对于语篇层面的理解，但是对于词汇层面和句子层面的理解还存在较大的问题。最后，从提高中文政治文献译文读者接受度的角度出发，他们分别针对词汇、句法和语篇层面给出了相应的翻译策略建议，如针对句法层面提出两点建议：1）缩短句子长度，多采用短句；2）减少重复结构的使用。同样，范勇、俞星月（2015）选取了10条有代表性的中国当代政治宣传语的官方英译文，通过调查问卷的方法，从"可理解性""可接受性""语言规范性"三个维度考察其在英语母语者中的接受效果，发现整体上接受效果较好，但也存在一些明显的问题。他们随后通过后续访谈，详细地归纳了影响上述三个方面接受效果的具体原因，并给出了相应的反思建议。

除采用调查问卷和访谈的方式外，还有些学者通过创建新闻语料库的方法来了解我国政治话语在国外主要新闻媒体中的传播。胡开宝、陈超婧（2018）考察了中国特色大国外交术语的英语译名在英国、美国、印度等国的传播与接受情况。该研究以"一带一路"这一术语为例，收集了英国、美国和印度等国主流英文媒体关于"一带一路"的新闻报道并创建语料库，从共时和历时的角度进行了考察，研究发现我国官方的最新译法"Belt and Road"逐渐替代早期英译"One Belt One Road"和美国媒体所提供的英译"New Silk Road"。该研究还利用语料库提供的关键词、索引行分析等信息考察了英国、美国、印度等国媒体对"一带一路"倡议的态度和看法。

除上述党和政府的正式文件和表述外，一些学者还研究了领导人个人著作的英文版在国际社会的传播和接受状况。张生祥、张苗群（2018）考察了《习近平谈治国理政》英文版在美国的传播现状，发现该书在美国主要通过座谈会、新闻媒体和期刊三种渠道进行传播，并且在不同的人群中引发了广泛关注。这三类数据具体包括该书发布的座谈会上美国政治精英对该书的评论（关键词和次数）、美国主流报纸对《习近平谈治国理政》的报道（篇数和报道基调）、美国知名政治/国际关系类期刊对该书的解读（篇数和解读基调）。他们最后针对提升中国国际话语权提出了三点建议。管永前（2015；2017）分别在《习近平谈治国理政》出版发行一周年和三周年之际，借助世界上最大的联机计算机图书馆中心数据库（OCLC），考察了该书在全球1万多家图书馆中的馆藏数据。研究发现，海外收藏该书英文版本的图书馆及所在国别/地区的数量都有大幅增长：收藏馆数量从153家增长到268家，所在国别/地区数量从15个增长至22个。研究还发现，海外收藏英文版本的图书馆数量最多，其次为中文版本。他还以美国为例进一步考察了馆藏分布与读者受众人群，分析了该书在美国学术圈、不同地域和社会层面的影响力。刘璇（2019）考察了习近平主席在庆祝中国改革开放40周年大会上重要讲话的英译文在中美五家主流新闻媒体报道中的采用进而分析其接受情况。研究发现，中国新闻媒体对于译文的采用频率较高，虽然存在改译和重译现象，但是译文呈现通常以原文为参照，对译文的解读持续正面；相较而言，美国新闻媒体的报道对译文采用的完整度较低，并且译文常常被剪切和拼凑并加以重构，以体现美国新闻机构的特定视角，同时还存在过度诠释译文的现象，以传递负面信息。

第六节　现有研究的不足之处

综上所述，改革开放40余年来，不管是从事翻译实践的专家，还是从事翻译研究的学者，对于中国特色话语的翻译从理论和实践两个层面上都进行了较为丰富的研究和讨论，涉及翻译中的原则、特定表达的译名确定、翻译策略和技巧、翻译的海外传播与接受等。本章对先前的研究进行了一个初步梳理，可在一定程度上为该领域的研究提供宏观参考。通过综述我们可以发现，中国特色话语的外译方面尽管取得了较为丰硕的进展，但是仍然存在不足之处，全面构建中国对外话语体系尚有不少的功课要做。

第一，需要加强"融通中外"视域下中国特色话语的外译研究。过去的几十年里，不少专家和学者讨论了相关党政文献外译的问题，但是其中不少研究并未将"融通中外"的要求置为前提条件，或者从完全忠实于原文的角度，或者仅从遵从目的语语言或文化规范的角度，探讨了文献翻译中的问题。习近平总书记提出"要着力打造融通中外的新概念、新范畴、新表述"，为推动中国文化和中国话语更好地走出去，这就要求所有的专家学者思考如何在对外翻译中国特色话语时，既做到忠实于原文，又做到外国读者可理解、可接受。中央党史和文献研究院第六研究部副主任杨雪冬指出："如果只是我们自说自话，虽然话语体系很完美，但实际达不到最好的效果。所以要有受众意识，关注读者的习惯。"（李晶，2020：152）因此，单一地以源语为导向进行忠实性翻译，可能会导致外国读者难以理解，然而纯粹以目的语为导向进行归化式翻译，可能会导致中国特色文化和要素的缺失，二者都不利于中国文化"走出去"，无法很好地构建中国的国际话语体系。在"融通中外"思想的指导下，反思如何做好中国特色话语的外译工作就成为未来研究的重点，也是提升中国国际话语权的必然要求。

第二，需要增强中国特色话语对外翻译研究的系统性和全面性。综上所述，当前不少对于文献翻译的研究，主要以个案研究为主，比如关注某个特定术语或说法，如"审访"的正确译名；或者特定语言结构，如冗余的翻译方法。研究通常摘取个别例子，不少例子具有独特性，不具有普遍性的说明意义。个案式研究虽对于深入了解某个具体问题具有自身优势（比如全面地了解该问题的方方面面），但无法获得某个领域的全观，难免"只见树木不见森林"。需要指明的是，中国特色话语外译是一项系统性的宏大工程，涉及翻译过程的方方面面，只有在进行系统性、全面性研究的基础上，才能较好地把握中国特色话语对外翻译中的内在性和规律性，为今后做好文献的翻译工作打下良好的基础。然而，当前文献中很少有相关的系统性研究，这就需要研究者在个案式研究的基础上进行归纳总结，做到从个别走向普遍。此外，在研究方法上，随着技术的进步和相关资源的丰富完善，学者们可以借助语料库、术语库等技术，获取大量丰富多样的例子，提高所讨论问题的普遍性。

第三，需要加强中国特色话语翻译的海外传播效果研究。通过文献回顾我们可知，对于中国特色话语翻译的海外传播与接受，目前只有少数几项研究，选取个别口号或个别作品为对象，研究方法仅限于比较粗浅的馆藏信息或者基于对少量母语者的问卷调查等，研究的深度和全面性远远不够，只能管中窥豹。为了更好地了解中国特色话语翻译的海外传播效果，学者们需要在研究深度和广度上继续下功夫。在研究方法上，可以采取更为多样化的测量方式，比如针对海外学术界对中国特色话语的关注可以采取文献计量学的方法，能够准确全面了解海外学术领域的研究现状；在研究对象上，可以调查更多国家、更多社会层次的海外受众，比如除了海外研究中国的专家学者和官员，还可以调查喜欢在新的社交媒体上花费更多时间的年轻受众群体。未来需要加强跨学科合作，利用更加多样化的研究方法和数据收集渠道，针对更广泛的受众，进行更加精细化和全面化的调查研究。当前研究主要是单向性的对外输出研究，并未有效研究和利用接受效果的反馈指导中国特色话语翻译的实践，因此未来需要我们做好目的语接收端的效果研究，形成反向回馈的双向循环。

鉴于上述回顾，本书拟在"融通中外"思想的指导下，系统性地探讨中国特色话语的对外翻译策略，为推进中国特色话语走出去贡献一份微薄的力量。所谓"融通中外"，就是要在翻译的"充分性"与"可接受性"（Toury，1995；2000）之间实现好平衡，不能只单纯考虑其一。Toury（1995：56）认为，可接受性翻译是指遵从目的语语言或文学规范，而遵从源语语言或文学规范则属于充分性翻译。遵从目的语规范可能意味着源语文本的某些特征会被抹除或者某些特征会被增添至目的语文本。但是，所谓的"充分性"与"可接受性"并非二元对立式的、非此即彼的关系，而是一种程度问题，即二者属于一个连续的渐进体的两极。通常来讲，某一个特定翻译可以被认为是处于这个连续的渐进体上的某个位置。既然要做到融通中外，译者就需要在这两极之间找到平衡，不能只顾充分性，也不能纯粹为了可接受性。这需要我们针对原文中不同范畴的表述作出区分，在翻译时分类处理，具体问题具体对待，而非制定笼统的、一概而论的翻译原则。某些范畴的翻译可能需要更接近充分性一端，如政策性相关的表述，因为该类表述的翻译涉及重大的政治或外交问题，不能为了目的语读者接受而随意进行改动。一些其他范畴则可以更接近可接受性一端，比如语言传统或语言规范所偏好的表达，进行目的语导向的翻译能促进国外受众接受，却并不会影响我国政策的传递。还有一些范畴可以依据情况，要么偏向可接受性翻译，要么偏向充分性翻译，比如对于文化负载项，为了传播中国文化不可完全进行归化翻译，但是有些可能引起跨文化误解的文化负载项可以进行归化式翻译，需要译者分情况对待。本书拟针对源语中的不同范畴表述，在秉持"融通中外"理念的前提下，尝试探讨并系统归纳中国特色话语对外翻译的策略和方法。

第三章　中国特色话语词汇层面译介策略

本章主要关注中国特色话语在词汇或短语层面的对外翻译策略，具体分为中国特色政治概念、中国特色文化词汇、中国特色科技词汇以及中国特色话语中的常见普通词汇、常用词缀、修饰语、数字缩略语七大类，分别探讨译者如何针对不同的原文范畴，在对外翻译时在充分性与可接受性之间作好取舍。通过第二章第六节可知，充分性与可接受性是属于一个连续的渐进体的两极，一个译文在该渐进体上可处于某个位置，或靠近充分性一端（即更加以源语为导向），或靠近可接受性一端（即更加以目的语为导向）。本研究认为，针对源语文本中不同的范畴，译者在翻译时可以进行区分对待，以更好地对外构建中国特色话语。

第一节　中国特色政治概念的翻译

政治概念有些是中外通用的，在英文中能够直接找到现成的对应词，不会对译者构成翻译困难。但也有不少政治词汇属于汉语特有词汇，"我们自己创造的、非通用的词汇"，国外读者可能难以理解，比如"生态文明""温饱工程"等（徐明强，2014：12）。因为政治概念具有较强的政策性，体现我国的核心政治理念和政治原则，具有绝对的权威性，在对外翻译时译者应以源语为导向，偏向充分性一端，不能因为存在中外语言或文化差异，为了适应目的语规范而损失原文语义。下面我们根据文献翻译专家的观点和意见，总结翻译政治概念时译者需要注意的几个原则，以实现翻译的充分性，即充分再现原文特定的政治或外交等含义。

一、统一性与传承性

对于基本纲领的概念，由于其重大的政治意义，具有语境独立性，无论何种媒介以及何种文本都应做到译名的统一性，不能因文本体裁或语境(比如口语或书面语，重要文献或普通读物)的改变而改变。然而在现实中，由于存在不同的翻译机构、不同的媒体和不同的译者，不同媒体报道或不同文本经常会使用不同的译法，国内媒体和国外媒体所使用的译法也不同，国外受众可能会产生疑惑，这在一定程度上影响了我国重要政治概念的对外传播。比如，"一带一路"概念在国内不同媒介或外国媒体中就存在多种不同的译法，有的译成"Belt and Road strategy""Belt and Road Initiative""One Belt One Road"，也有的译成"Land and Maritime Silk Road""New Silk Road"等(张颖，2019：152；胡开宝、陈超婧，2018)。此外，中国梦是党的十八大以来，习近平总书记提出的重要指导思想和重要执政理念，其英文译名在学界广受关注，有研究表明其译名在国内外不同媒体中以及前后不同的时期存在一定差异，比如有译为 Chinese Dream，但也有译为 China Dream 和 China's Dream 等(贺文照、李德凤、何元建，2017；胡开宝、张晨夏，2019)。由上可见，尽管中文名称始终如一，但对应多种译文的情况时有存在，缺乏统一标准。译名的不统一可能会影响读者的理解，比如国外读者可能会困惑"Belt and Road Initiative"和"New Silk Road Initiative"指的是不是一回事(后者一般指美国前国务卿希拉里于 2011 年 7 月提出的跨区域经济计划)，以及我国政策上前后有没有发生变化等，这在一定程度上影响了对外话语的传播。

此外，对于根本性的重大概念和理论，不同时期的翻译应做到前后一致，以体现政策的延续性，这也是做好充分性翻译的要求。原文的相同表述可以在中文读者中起到互文性的作用，相同政治概念在同一文本中频繁出现，并且在一系列类似文本中反复出现可以强化读者的印象，同时有助于构建读者的政治意识。与此类似，针对重大概念和理论，译文也应当做到互文性，在目的语读者中起到和原文相似的互文作用。比如，原中央编译局翻译专家王丽丽(2018)以党的十九大报告的英译为例，指出在翻译中央文献时，译者要有话语传承意识，翻译文本也要体现继承性和延续性。她进一步指出："党的十九大报告处处可见中国政治话语的延续，单单出自《毛泽东选集》的引用就有十余处之多。译者应当尽可能地把握我国的基本政治制度和政治理论的发展脉络、大政方针的制定和发展过程、国家领导人的语言风格等，熟悉文件发展变化的内在特点。"（王丽丽，2018：20）只有如此方能做好翻译相关工作，使翻译文本也体现话语传承。此外，中央党史和文献研究院第六研究部副主任、翻译专家杨雪冬也强调，在翻译重要概念时译者"不能简单地断裂式停止使用一个公众熟知的译法，因为改动会造成一系列的后果，甚至是意想不到的后果。所以，我们还是坚持在各语种中继续沿用原来的译法，以体现话语的统一性和规范性"（李晶，2020：150）。除了统一性和规范性，他同时指出："'传承性'之所以重要，是因为政治话语要有自我论证的能力，通过翻译的传承，可以体现话语体系的完整性、系统性和深刻性。"（李晶，2020：150-151）此外，《中国时政话语翻译基本规范·英文》一书也指出："少数已经在国际上长期广泛使用且已逐渐被外国受众接受和认可的译文（例如：已收录入欧美主流词典和权威百科全书，被相关国际组织使用等），在不影响国家利益、不带来负面影响的前提下，可按照'约定俗成'原则加以应用。"（"中国时政话语翻译基本规范·英文"编写组，2023：8）。

在对相关概念的翻译中，贾毓玲（2003：26）认为，"三个代表"对应的英语译文为"Three Represents"，汉语原文是数量词加动词的形式，英语中represent 也是动词，然而英语的数量词通常不与动词搭配，并且动词后面加上s 以体现汉语原文的复数概念也违背英语语法，听上去有些中式英语的味道。但是考虑到英语中也有 dos and don'ts 的用法，为了体现政策的延续性，译文仍应以原文为导向，保证翻译的充分性，不应在文本前后或在不同语境中进行随意改动。再例如，当"群众"一词出现在"群众路线"中时，就构成了一个基本性的政治概念，"群众路线"是我们党的生命线和根本工作路线，这一表述自1928 年党的六大之后开始使用，并一直延用至今。因此，其对应的英译"the mass line"在党的重要文献的官方翻译中也一直延用至今，未发生改变，也很好地体现了党的政策的延续性。再如，"爱国统一战线"是巩固和发展人民民主专政制度的重要保障，是中国共产党领导的多党合作和政治协商制度的基本方针，也是中国共产党和各民主党派以及无党派人士团结合作的指导方针，属于长期以来的重大政策方针。在历届党代会报告的官方英译文中，该概念的英语译名始终保持为"the patriotic united front"，英译文对外也体现了党的政策的延续性，同时能在外国读者脑海中起到强化概念的作用。以上所述均为基本性的、长期使用的政治概念，在无特殊情况下，译者在翻译时应尽量保持一致，即以源语为导向，确保翻译的充分性。

二、语境变化性与时代创新性

一些时政话语中比较常见的概念，可能具有一定的语境依赖性，其内涵意义可能随着时代或语境的变化而发生一定的改变，因而译者可以根据时代的发展或者不同的场合，选择语境上恰当(contextually appropriate)的译法。比如"大国"一词，在表达我国的外交理念"新型大国关系"时，不宜将"大国"译为"major power"或"big power"，因为"power"一词暗含强权之意，而可以将"新型大国关系"整体翻译成"a new model of major country relations"或者"a new type of relationship between major countries"，这符合我国在国际交往中所倡导的相互尊重、合作共赢的伙伴关系的理念(刘奎娟，2021：140)。与之类似的还有"强国"一词，"海洋强国"和"社会主义现代化强国"可以分别译为"a strong maritime country"和"a great modern socialist country"，这与"中国坚持独立自主的和平外交政策，主张共商、共建、共享、共赢的全球治理理念"相符合(杨望平，2018：27-28)。但是，在国际交往中的某些场合，针对一些国家无理取闹、侵犯我国正当利益等行为，"大国"一词就可以酌情翻译成"great power"，以体现我国当前作为联合国安全理事会常任理事国和世界第二大经济体的显著国际地位，达到震慑之目的。

此外，一些其他概念可能具有一定的时代特性，其内涵及英语对应的说法会随着时代的变迁发生一定的改变。为了更好地适应时代的需求，译者可以根据时代语境的发展更新相关的译文，以更好地再现原文内涵，实现翻译的充分性，又不会影响政策的延续性。王丽丽(2018：20)在解析党的十九大报告的英译时指出，针对"同胞"等一些概念的英译，"近几年来中央编译局的英文翻译团队已经开始在政府工作报告中摒弃传统的陈旧译法，采用更易于国外受众接受的上述表述"。她强调："译者在翻译中也应该紧紧扣住时代的脉搏，始终保持批判性的思维，使译文反映鲜明的时代性特征。"(王丽丽，2018：20)陈明明(2018a)也专门撰文，提出要以与时俱进的精神做好党的十九大报告的英文翻译工作，他指出译者在翻译中一定要与时俱进，摒弃过时、不准确的翻译用法。《中国时政话语翻译基本规范·英文》一书指出："实践证明，译法的创新能够有效提升外国受众的接受度和国际传播效果。"这些都提醒我们，在翻译中保持时代意识并且与时俱进，对于打造融通中外的中国特色话语非常重要。以下举几例进一步说明：

1. 群众

"群众"一词除出现在"群众路线"中构成重大政治概念外，也经常出现在一般性表达之中，比如"人民群众""广大群众""群众利益""基层群众"等，并曾被直译为"the masses"。现在，随着时代的进步，译者一般会将其翻译为"the (general) public"或"people"，因为"masses"一词在英文中通常指"（与领导或受过高等教育的人相对的）普通老百姓，民众"，与我们今天汉语里所讲的"群众"概念并不完全相符，新译法更为准确（陈明明，2018b：4）。

2. 科教兴国

该概念在20世纪90年代刚提出时曾被翻译为"the strategies of developing the country by relying on science and education"，即"兴"字被翻译为"develop"，强调通过科教来发展振兴国家。近些年来，随着我国各方面的深入发展和快速进步，党的十八大报告和党的十九大报告分别将该概念翻译为"the strategies for making China strong by developing science and education"或"the strategy for invigorating China through science and education"，强调通过科教使国家更加强大兴旺，而不再是改革开放初期的发展之意（因为经过改革开放40余年的发展，国家已经取得了巨大的进步），体现了该概念译名的与时俱进，通过译法更新，实现了翻译的充分性。

3. 当家作主

该概念过去经常被译为"(the people are) the masters of the country"或"the principal role (of the people)"，在早期，该译法可以充分体现人民作为国家主人的政治身份，"符合当时的语境"（杨望平，2018：32），是比较贴切的。随着我国改革开放的深入发展，当代社会更加强调以经济建设为中心，因此党的十九大报告和党的二十大报告分别将之翻译为"the running of the country (by the people)"和"the people's running of the country"，译法进行了创新，在新语境里更为贴切。据原中央编译局翻译专家杨望平（2018：32）所述，该译文"简洁到位，也与国际通用表述接轨，易于英美读者理解"。

4. 社会阶层

该词曾被直译为"social strata"，"strata"在英语中是较为正式的词语，意为"（社会）阶层"。党的十八大报告和党的十九大报告官方译文将之改译为"social groups"，相较而言"group"一词的含义更为中性，在当今的国际英语语境中比较常用，更容易为普通英语读者所接受。

5. 小康社会

"小康社会"一词最初描述的是一种社会理想，反映了人民对殷实、富裕的理想生活的追求。在社会主义现代化建设的初期，"小康社会"首先是实现经济和生活的富足，故该词一开始曾被译为"a society leading a fairly comfortable life"或"a well-off society"，译文比较侧重反映物质和经济方面的富足。然而，全面建成小康社会不仅仅是解决物质生活问题，还要从政治、文化、教育、生态、社会等方面满足人民的需求。党的十六大报告从经济、政治、文化、社会等方面界定了全面建设小康社会的内涵，故而从党的十七大报告的官方翻译开始，该概念均被翻译为"a moderately prosperous society"，新译法中的"prosperous"能更全面地反映中文"小康社会"的内涵，而不仅仅是物质经济方面。

6. 基层

该词直接对应的英文是"grassroots"，然而陈明明（2014：10）指出，英文的"grassroots"包含有跟政权对立的意思，"基层政权"和"基层法院"理解起来就是老百姓自发组织的法院，这有很大的问题，因此该译法不准确。为了避免歧义，现在译者一般会把"基层"翻译成"community level"或者"the primary level"，比如党的十九大报告的官方翻译就将"基层民主"译为"democracy at the primary level"。

7. 宣传

"宣传"一词在很多年前有时被翻译为propaganda或publicity，但是随着国际形势的变化，前者在英文中现在经常指政治宣传或鼓吹，通常指虚假的或夸大的消息或观点，具有很强的负面意义；另外，据陈明明（2018b：5）介绍，后者则含有忽悠之意。因而，在党的十九大报告中，原文中的"宣传党的主张"被翻译为"communicate the Party's propositions"，其中communicate一词具有中性甚至积极的语义，在此语境中非常恰当，体现了译者与时俱进的意识。此外，《中国时政话语翻译基本规范·英文》一书介绍，"宣传思想工作"一词现在普遍被译为"public communication"，"这比早期译文'publicity and theoretical work'更准确，更简洁，也更地道"。

8. 个人主义

汉语中"个人主义"一般指把个人利益放在集体利益之上，只顾自己，不顾别人的一种错误行为或思想，具有贬义色彩。该词在字面上直接对应的英文词语为"individualism"，然而"individualism"在英文中指尊重个人权利和自由的一种思想，"该词英文中性偏褒义"（陈明明，2018b：5），很显然与汉语的"个人主义"在语义上和情感色彩上并不完全对应。因此，党的十九大报告的官方翻译将"反对个人主义"翻译为"oppose self-centered behavior"，这种处理更为妥当，较好地对应了汉语原文的语义和情感色彩。

三、立场性与准确性

有些时政概念具有较强的政治或外交敏感性，尤其是在跨文化外译时，因中外意识形态差异，译者需要格外注意其译文在外语中的意义，尤其是比较微妙的、具有细微差异的隐含语义，确保选词用词符合我国的立场和国家利益，不会产生歧义，也就是在翻译中要做到准确性和立场性。这是因为，有些敏感性词语的翻译涉及的不仅仅是语言问题，还有政治问题。政治考量要高于语言考虑，用老话说就是不能为了语言的"雅"而损失政治的"信"（王弄笙，2014：101）。杨雪冬也指出，在文献的翻译过程中，尽管有些表达可以在外文中找到相应的说法，但也一定要谨慎使用，有些英语译法不能直接使用，"因为立场不同，说法也不同"（李晶，2020：151-152）。《中国时政话语翻译基本规范·英文》一书也指出，要严格区分英文中同义词的差异，针对重要表述中关键词的译文，"应多方考证，区分同义词之间的细微差别，选取最准确表达我国立场的译文，避免使用可能产生歧义的词汇或表述"。

这些都说明，翻译中的准确性和立场性要高于目的语的语法或者单纯的语言使用习惯问题，不能为了迁就目的语的使用习惯，在选词用词时不顾立场、不讲原则。例如，对于"台湾问题"这一概念，我国反复强调一个中国原则和台湾是中国领土不可分割的一部分的立场，但少数敌对国家刻意拿"台湾问题"与我国唱反调，损害我国利益，因此译者需要尤为注意该概念的译法。以下举几例说明：

1. 问题

在国际交往中，当讨论某种国际政治问题时常常使用"issue"一词，意为"an important topic that people are discussing or arguing about"，从语法上讲，该词是比较常用的搭配词，表达某种"议题"之意，即存在争议或可供商议的问题，如"伊拉克问题"可被译为"the Iraq issue"，因为各国通常认为该问题可通过商讨解决，存在商量的余地。但是在翻译"台湾问题"时，译者切不可为了符合英语使用习惯一味地照搬，这与我国的政治立场相违背，正确译法必须为"Taiwan question"，因为"question"通常指某种需要回答或存在答案的问题，对应的是"answer"，避免了英文里"issue"一词的"存在争议，可供协商"之隐含意义。

2. 少数民族

外交部翻译专家王弄笙(2002：23)介绍，由于民族问题的敏感性，该概念不可按字面意思直接被译为"minority nationalities"，因为"nationalities"一词在英语中除了表达"民族"之意外，有时也可以表达"国家"之意，为了避免产生歧义，应当翻译为"ethnic minorities"。因此，对于具有敏感性的政治概念，译者需要尤其要考虑英文用词的隐含意义，以原文为导向，保证翻译的充分性。

3. 中国大陆

关于"中国大陆"一词的准确译法，翻译专家王平兴(2014)进行了详细的论述。他指出，在表述"中国大陆"作为政治概念时，译者应当选用"the Chinese mainland"或"the mainland of China"，以避免引起误解。他指出在时事政治性翻译中，出于坚持一个中国原则的政治考量，译者必须将"中国大陆"译为"the Chinese mainland"或"the mainland of China"，以免产生误解或不正确的联想(王平兴，2014：97)。

4. 韬光养晦

"韬光养晦"是邓小平同志针对20世纪80年代末90年代初中国艰难的外交处境提出来的一个阶段性的国家战略，是当时中国外交的指导思想。然而，不少西方媒体以及由美国国防部发布的《中国军力报告》坚持把该词译为"hide our capabilities and bide our time"(隐藏实力，等待时机)，借此抹黑中国，作为宣扬所谓"中国威胁论"的依据。黄友义（2011：6）指出，"在 20 世纪 90 年代初期，中国人讲'韬光养晦'，其真实含义就是不当头，不扛旗，不称霸，低调行事，就是聚精会神搞建设，一心一意谋发展"，因此该词较为妥当的译法为"keep a low profile"，能忠实地传递原文的准确语义，真正做到了翻译的充分性。

第二节　中国文化特色词语的翻译

中国特色话语中包含丰富多样的中国文化特色表述，如典故、成语、习语、谚语等。一般而言，译者在翻译文化特色表达时可以采取以异化为主或以归化为主的翻译策略。所谓归化，是指使得译文更加符合目标语言文化的规范和习惯，在翻译中尽量调整原文的内容和形式，使其更容易被目标语言的读者理解和接受，譬如将外来语言中的习语、典故或文化特色表达方式替换为本国读者熟悉的目的语表达，以减少文化差异带来的理解障碍，目的是让译文显得更自然、流畅，以目标语读者为首要取向。所谓异化，是与归化相对的另一种翻译策略，指在翻译中尽可能地保留原文的外来词汇、句式结构、文化特色和语言风格等，有时甚至不惜牺牲译文的可读性、流畅性，以突出原文的异域色彩和文化特征，其目的是让目标语言的读者感受源语语言和文化的原汁原味，使译文读者向源语文化靠拢，以源语为主要取向。需要指出的是，异化和归化是相对而言的，无法作绝对的区分，二者之间的界线并不清晰，是一种程度问题。它们的使用并不是彼此孤立的，而是根据具体情况进行具体选择和平衡，你中有我，我中有你。有研究表明，当将弱势文化翻译至强势文化时，译者倾向于抹除源语文化特色（即采取归化策略），反之，译者则倾向于保留源语文化特色（即采取异化策略）（Venuti，1995）。

在当下我们致力于推动中国文化"走出去"，并且党的十九大报告和党的二十大报告均明确指出在要增强文化自信的背景下，译者应以传播中国文化为首要任务，不应当完全采取归化的翻译策略。因为归化翻译虽能照顾目的语读者，却会抹除中国文化特色，与传播中国文化和增强文化自信的理念相悖。然而，一味地采取异化翻译，不照顾目的语读者的理解和感受，很可能达不到传播效果，甚至可能会适得其反。黄友义指出："时代不一样了，语言在变，受众在变，过去就是为了翻译而翻译，现在不一样了，讲好中国故事，不仅是讲好的中国故事，而且是要把这件事说得圆满，说得动听，让人听进去。现在是讲好中国故事的时代，就不能那么机械地翻译了。"（尹佳，2016：78）此外，刘和平等（2018：42）对国内主要外译机构三个语种的专家进行访谈，他们的反馈意见表明不同外译机构的对外翻译原则基本一致，即"中国特色词、专业名词等依照中央编译局给出的规定进行翻译，其他内容要求尽量贴近国外读者的日常表达"。这表明对于非专业词汇，译文对于目的语读者的可接受性非常重要。鉴于此，本研究认为，由于文化特色表达在多数情况下不直接体现政策性，此时可将源语文化特色表达区分为目的语文化可接受型表达和目的语文化不可接受型表达两类，译者在翻译时可分类处理，以实现融通中外的目的。

一、目的语文化可接受型表达

由于文化之间的共通性，一些汉语文化特色表达，在英语当中也可较为方便地为英语读者所理解和接受，对于此类表达，译者在翻译时完全可以采取以异化为主的翻译策略，既可以再现原文形象生动的表达效果，也可以起到对外传播中国文化的作用，满足国外读者对于中国文化的好奇心和探索欲。中国外文局外文出版社译审刘奎娟（2021：145）指出，针对具有汉语特色的比喻等修辞手法，"为了更加接近原文风格，在能够找到对应或类似比喻的情况下，应尽量保留这种修辞手法"。例如，党的十九大报告中出现了多处汉语特色文化表达，如"打虎""拍蝇""猎狐"，均为形象化的中国特色表述，并被直译为"take out tigers""swat flies"和"hunt down foxes"。此外，习近平总书记的家常话表述"照镜子、正衣冠、洗洗澡、治治病"也被直译为"examining ourselves in the mirror, tidying our attire, taking a bath, and treating our ailments"。这些文化特色表述直接翻译为英语，不构成文化障碍并且不会造成文化冲突，可以很好地为英语读者所理解，能够实现与读者的近距离沟通。通过对日常化的生活场景的描述，译文可展现我国领导人平易近人、和蔼可亲、接地气的形象，拉近我国领导人与国外受众的心理距离。在以异化为主的总体策略下，译者具体可以采用直译法以及直译加套译等翻译方法。下面以《习近平谈治国理政》前三卷的英译举例说明：

(一)直译法

直译法是指将原文具有文化特色的文字直接按照字面的形式翻译为英语,完全或大部分地保留原文的文化特色。

  1. 原文:众人拾柴火焰高。

  译文:When everybody adds wood to the fire, the flames rise high.

  2. 原文:治大国若烹小鲜。

  译文:Governing a big country is as delicate as frying a small fish.

  3. 原文:饮水不忘挖井人。

  译文:As a Chinese saying goes, "When we drink water from the well, we should not forget those who dug it."

  4. 原文:贫瘠的土地上长不成和平的大树,连天的烽火中结不出发展的硕果。

  译文:The tree of peace does not grow on barren land, and the fruits of development are not harvested amidst the flames of war.

  5. 原文:敲锣打鼓

  译文:drum beating and gong clanging

上述五例中,"众人拾柴火焰高""治大国若烹小鲜"是传统谚语和典故,"饮水不忘挖井人"是源自人民群众的俗语,"贫瘠的土地上长不成和平的大树,连天的烽火中结不出发展的硕果"是习近平总书记的个性化表述,"敲锣打鼓"是汉语成语。这五例所涉及的文化意象均能够较好地为目的语读者所理解,并且在文化上无不可接受之处,因而在翻译它们时,译者可以采取以异化翻译为主的策略。可以看到,上述五例的译文均进行了直译,较为完整地保留了汉语原文特有的文化特色。

(二)直译加套译法

有时为了更加便于英语读者理解,译者可以将直译法与套译法结合。所谓套译，在这里指套用目的语中形式不同但语义上类似的表达，来翻译原文中具有较强文化特色的表述。在以直译为主的翻译中，译者可以部分地结合套译法，这样处理既能较好地保留源语言特点，又能使译文被目的语读者轻松理解。

1. 原文：<u>杀鸡取卵、竭泽而渔</u>式的发展是不会长久的。

译文：A development model resembling <u>killing a goose to get its golden eggs or draining the pond to catch the fish</u> cannot be sustainable.

2. 原文：<u>行百里者半九十</u>。

译文：As the Chinese saying goes, <u>the last leg of a journey marks the halfway point</u>.

例 1 中，原文的"杀鸡取卵、竭泽而渔"是两个成语，前者意为把鸡杀了以取得鸡蛋，后者意为把池塘里的水抽干了捉鱼，二者均比喻只顾眼前利益、不为长远打算的做法，暗指目光短浅，具有较强的文化特色。考虑到这两个成语呈现的意象并不难理解且不会带来文化误解，因此译者可以采取以异化为主、归化为辅的翻译策略，将异化与归化相结合。事实上，"杀鸡取卵"表达的深层含义在西方有类似的说法：《伊索寓言》其中的一篇寓言题为"The Goose that Laid the Golden Eggs"（《下金蛋的鹅》），受该寓言的影响，英语中后来形成了习语"kill the goose that lays the golden egg"。例 1 的译文部分借鉴了该英语习语，同时又整合了原文的部分形式（即将"取卵"译为"get its golden esgs"），因而属于直译与套译的结合。由于《伊索寓言》本身搜集的是民间故事，通过简短的寓言故事来体现日常生活中不易察觉的真理，非常平易近人，为人民所乐道，因而译文套用该英语习语非常地传神。此外，针对成语"竭泽而渔"，译文主要采取了直译的方法，保留了原文的两个文化意象"泽"和"渔"，完整再现了源语文化的原汁原味。

例 2 中，"行百里者半九十"也是一个成语，最早源自西汉刘向编的《战国策·秦策五》，意为步行一百里路，走过九十里，只能算是走了一半，比喻做事情越接近最后越困难、越关键，也越需要坚持。由于英语恰好有一个较为相似的表述，即"leg of a journey"，意为路程的一段，故译文套用了该表述，将九十里以后的路程虚译为"the last leg of a journey"（路程的最后一段），同时结合了直译

39

法，将原文的动词"半"译为"marks the halfway point"（标志着中点）。正如原中央编译局资源译者杨望平（2018：30）所述，该译文套用了地道的英文表述，非常形象贴切。他进一步指出，针对具有丰富内涵的古语、俗语、成语等中文表述，"如果英文中有类似的表述，而且与中文含义一致，不妨直接借用，省时省力又有效"（同上）。如上所述，该译文将直译和套译相结合，翻译得非常成功，既在一定程度上保留了源语的文化特色，又因非常地道而容易被英语读者理解、接受。

上述几例通过采取以异化为主的翻译策略，非常生动形象地再现了我国传统文化和中国人民的独特生活经验和愿望，给英文读者带来了一种异域的文化体验，凸显了跨文化交往中的文化自信，有助于实现传播中国文化的目的。

二、目的语文化不可接受型表达

汉英语言尽管存在一些有共通性的文化表述，二者仍存在部分文化上难以调和的差异。一些汉语文化特色表述若被直译为英语很容易让英文读者产生误会，甚至造成文化冲突，不仅达不到传播中国文化的目的，甚至还会带来负面的传播效果。比如，成语"挂羊头卖狗肉"中的"卖狗肉"若进行直译，可能让把狗作为日常宠物的英语读者难以接受，在他们的观念里狗是人类的好朋友，在文化层面上难以接受"卖狗肉"这一行为；"刮骨疗毒，壮士断腕"的典故成语在汉语中表达意志坚定、勇敢的意思，在政治文献中用于指自我革新的坚定决心和勇气，若直译为英语，读者可能"不能理解为什么要通过刮骨这么残忍的方式去解毒，这显然不是译文想要的宣传效果"（杨望平，2018：31）；"凿壁借光"的典故，讲的是主人公虽家贫但努力刻苦学习的故事，具有褒义，然而当代西方读者一般比较注重个人隐私，若采取直译，也可能会给英语读者留下不尊重他人隐私的感受（尹佳，2016：77）；"惊天地，泣鬼神"是汉语成语，形容非常惊人和感人，黄友义（2011：6）指出，"如果硬是译出'泣鬼神'，国外英文读者对此会产生一系列的疑问，如中国共产党员是无神论者，怎么要'感动上帝'呢?"此外，习近平总书记在谈到面对工作难题这一情形时，形象地使用了"要有明知山有虎，偏向虎山行的劲头"来鼓励广大领导干部要迎艰克难，用心用力帮助人民群众解决难题，"虎"在这里是一种比喻性说法，形容困难、危险等。该说法具有中国文化特色，中文读者较为熟悉，然而在对外翻译时，黄友义(2015：7)指出，"如果直接照字面翻译，外国受众会误以为，今天中国人还在射杀世界珍奇动物"，可能会产生跨文化误解，因而不宜进行直译。刘奎娟(2021：145)也认为，针对比喻等汉语文化特色表达，"如果生硬地将其直译过来，不仅会闹出笑话，甚至会扭曲原意"。

因此，汉语的一些文化特色表达在中文读者脑海中可能是褒义或者具有中性色彩的，然而出于文化和生活习惯上的差异，在英语读者心目中可能会产生不好的联想。这就需要我们在英译时，从跨文化的角度进行反思，通过预期英语读者的阅读感受和可能引发的效果，制定恰当的翻译策略和方法，具体可以采取省译、概括性翻译、意译、套译等方法。下文以《习近平谈治国理政》和党的二十大报告的官方翻译为例，进行解释说明：

(一)省译

当某些文化特色表述不易于目的语读者理解，甚至可能引发负面联想时，若将其省略并不影响原文语义的传达，译者可以考虑将其省去不译。

> 原文：以猛药去疴，重典治乱的决心，以刮骨疗毒，壮士断腕的勇气，坚决把党风廉政建设和反腐败斗争进行到底。(《习近平谈治国理政》)
>
> 译文：We must be firm in our determination and demonstrate great courage in carrying this campaign through to the end. Just as we would take a heavy dose of medicine to treat a serious disease, we must apply stringent laws to address disorder.

上例中，出现了"猛药去疴、重典治乱、刮骨疗毒、壮士断腕"四个成语，均作为修饰成分，分别修饰名词"决心"和"勇气"。只有前两个成语直接被翻译成了英语，而"刮骨疗毒、壮士断腕"并未翻译，译文进行了省略。这是因为译文的"demonstrate great courage"能够再现原文成语形容的"巨大勇气之意"，进行省译能够避免文化特色表述可能给目的语读者带来的负面联想。

(二)概括性翻译

概括性翻译(也可被称作泛化翻译)指在译文中以相对宽泛、概括性的语言翻译原文所包含的丰富的、具体的文化含义。概括性翻译相当于部分翻译,其优点在于能够部分地保留源语文化特色,同时又能规避文化上的冲突。

原文:以韦编三绝、悬梁刺股的毅力,以凿壁借光、囊萤映雪的劲头,努力扩大知识半径……(《习近平谈治国理政》)

译文:You should keep the perseverance and diligence in reading as related in stories of Confucius, Sun Jing and Su Qin, Kuang Heng, and Che Yin and Sun Kang.

上例中,原文出现了四个成语,分别代表四个不同的故事,并且均用作修饰语,分别修饰名词"毅力"和"劲头"。译文并未将四个成语故事直译为对应的英语,而是以故事的主人公名字分别代表四个故事,进行了概括性翻译,其优点之一是可以避免诸如"凿壁借光"等成语可能给英语读者带来的文化上的误解。另一方面,感兴趣的目的语读者可以通过查询译文注释等其他方式了解原文中所讲的故事本身,在一定程度上也可以起到传播中华优秀传统文化的作用。因此,概括性翻译可以在充分性与可接受性之间实现一定的折中。

(三)意译

意译指将原文具有典型中国文化特色的表述翻译为英语普通语言,即消解原文的文化特色,只翻译其深层次语义。在完全直译可能会造成文化误解,而省略不译会影响语义传达的情况下,译者可以考虑采取意译的翻译方法。下面举例进行说明,其中前三个例子来自《习近平谈治国理政》,第四个例子来自党的二十大报告。

1. 原文:坚持军事斗争准备的龙头地位不动摇,全面提高信息化条件下威慑和实战能力……

译文：Being "action ready" must be its major task, and it must comprehensively enhance its deterrence and combat capacity in the information age.

2. 原文：要以踏石留印、抓铁有痕的劲头抓下去，善始善终、善作善成，防止虎头蛇尾······

译文：We should fight corruption with strong determination, "leave marks when we tread on stones or grasp iron," persevere in our anti-corruption effort till we achieve final success rather than start off full of sound and fury and then taper off in a whimper.

3. 原文：一些干部惯于拍脑袋决策、拍胸脯蛮干，然后拍屁股走人，留下一屁股烂账，最后官照当照升，不负任何责任。

译文：Some officials tend to make abrupt decisions, start projects without second thoughts, and finally leave a mess behind, but they still get promoted without being held accountable.

4. 原文：确保党永远不变质、不变色、不变味。

译文：By doing so, we have ensured that the Party will never change its nature, its conviction, or its character.

例1中，"龙头地位"在汉语中是褒义词，指最重要优先的地位，这与汉语中"龙"的文化含义有关，即龙是一种能兴云降雨的神异动物，通常具有积极语义。然而若直译为英语的"dragon"可能不妥，因为在西方神话中dragon指强大和邪恶的生物，通常被用作罪恶的象征，故译文将之意译为普通表达"major task"，避免了英语读者可能产生的负面联想。例2中，汉语成语"虎头蛇尾"比喻做事先紧后松、有始无终，具有贬义色彩，若直译为英语可能会对英语读者的理解造成障碍。另外"虎"和"蛇"属于受保护的野生动物，在当今国际社会比较重视环境保护的语境下，若进行直译，英语读者可能会按照字面意义进行理解，从而发现这一表述可能会与他们的价值取向产生冲突。因而，译文消除了原文的文化色彩，采取意译的方法，只译其深层次语义即"start off full of sound and fury and then taper off in a whimper"，保证了译文的可接受性。

例 3 中，出现了具有口语化特色的多个动词短语"拍脑袋、拍胸脯、拍屁股"和名词短语"一屁股"，在汉语中非常接地气，跟老百姓使用的日常语言非常接近，亲切且形象。但是若进行直译，英语读者很难理解其中隐含的抽象语义，甚至有可能会让人产生不文明的印象，带来潜在的文化冲突。因此，官方译文针对四个短语均采用了归化翻译策略，分别意译为英语普通词语或短语"abrupt""without second thoughts"和"a mess"，虽消解了原文文化特色，却方便了英语读者的理解，在充分性与可接受性之间达到了平衡。例 4 中，原文的"不变质、不变色、不变味"是属于具有中国文化特色的说法，与汉语偏好具体、形象的语言特点和思维方式有关，其本义是用来形容食物的，但在该语境下用来比喻中国共产党，因而具有深层次的含义。很显然，由于文化差异，英语中没有类似说法，如果按照字面意思进行直译，英语读者很有可能读不出来其背后隐含的文化内涵，甚至完全无法理解。因而，译文舍表取里，变具体为抽象，采用了三个英文抽象名词"nature"（本质）、"conviction"（信念）、"character"（本性）来替代原文相对具体的用词"质""色""味"，翻译得非常到位、贴切，既照顾了译文读者的理解，又忠实于原文的精神实质，是融通中外的完美体现。

（四）套译

套译是指套用英语中具有不同形式但有相似比喻性意义的说法，来翻译汉语具有文化特色的比喻说法，是翻译文化负载表达时的一种常用译法。下面以来自党的二十大报告的一个例子进行说明。

> 原文：敢于<u>突进深水区</u>，敢于<u>啃硬骨头</u>，敢于<u>涉险滩</u>，敢于面对新矛盾新挑战……
>
> 译文：We have dared to <u>brave uncharted waters</u>, <u>take on tough problems</u>, <u>navigate potential dangers</u>, and face new issues and challenges.

上例中，原文连续出现了三个隐喻性说法，即"突进深水区""啃硬骨头""涉险滩"，均是具有中国文化特色的用语，其深层含义均超出了字面意义。第一个表达，"突进深水区"是指在改革中进入了重点阶段和攻坚阶段，也是改革中具有更大难度的阶段，如果按照字面翻译成"deep-water area/zone"，该表达在英语中则另有他义，因为在英语中"in deep water/waters"的意思是"in trouble or difficulty"，即"有麻烦，陷入困境"，与汉语原文所要表达的深层含义不同，因此直译可能会让英语读者误解（刘奎娟，2021：145）。因此，译文采取了套译的方法，将原文"深水区"翻译为英文的"uncharted waters"，即"未知的水域"，该短语是英语中现有的说法，指"that has not been visited or investigated before；not familiar"，与汉语原文中"深水区"想要表达的深层意义较为对应，该译文保留了原文的比喻修辞。第二个表达，"啃硬骨头"是与中国饮食文化有关的特色化表述，"啃骨头"在中国饮食传统中比较常见，是一个非常生动的比喻性表述，但是在西方饮食中较为少见。如果直译为"chew tough bones"，虽然可以保留原文的文化特色，也能传递原文大概的意思，"却并不符合英语的表达习惯"，"因为 chew tough bones 不是英语里现有的表达方式"（刘奎娟，2021：145），可能会给英语读者带来一定的陌生感。因此，译文为了更加符合英语的文化习惯，将之意译为更易理解的普通语言"take on tough problems"（解决棘手的问题）。第三个表达，"涉险滩"也是具有汉语文化特色的专有表达，其中"涉"指徒步渡水或乘船渡水，"险滩"指由于复杂的地形条件和不良的水流流态从而威胁船舶航行安全的地方，因此"涉险滩"在此处讲改革的语境下是一种比喻性说法，并不是真的指要去渡过危险的滩涂。由于英语中不存在类似的比喻性说法，若按字面直译（比如"cross dangerous shoals"），英语读者很有可能无法洞察其中隐含的深义（比喻性意义），而是有可能按字面意义进行解读。因此，为了避免误解并且方便读者理解，译文直取其深层次含义，将原文的文化特色表达意译为普通语言"navigate potential dangers"（应对潜在的危险）。因此，本例既使用了套译的方法，也使用了意译的方法。

通过上述分析我们可知，部分中国文化特色表述对于英语读者而言可能难以理解其深层含义，还有部分中国文化特色表述可能在文化层面上让读者难以接受或者产生负面联想，出于"融通中外"的目的，译者可以采取以归化为主的翻译策略，具体包括省译、概括性翻译、意译、套译等方法。

第三节　中国特色科技词汇的翻译

改革开放四十多年来，我国的科技领域得到了长足进步，我国成为世界上少数的科技强国之一。一批具有中国特色、中国标签的科技项目持续开花结果，产生巨大的科技影响力。与此同时，一批具有中国特色的科技名词也应运而生，用来指代我国各种重大科技成果，如空间站、深海载人潜水器、射电望远镜、暗物质粒子探测卫星、量子科学实验卫星等。这些指代前沿科技的名词近年来也经常出现在各类党政文献中，体现了党和国家对发展高新科技的重视，构成了一类中国特色表述。针对此类表述，党的十九大报告等的官方译文采取创新性的译法，将中国特色文化因素与科技名词有机地结合在一起，使译文既保留了中国元素又能为国外读者所理解，真正地做到了"融通中外"。下文通过实例进行说明：

1. 原文：天宫、蛟龙、天眼、悟空、墨子、大飞机等重大科技成果相继问世。（党的十九大报告）

译文：…the successful launch of Tiangong-2 space lab, the commissioning of the deep-sea manned submersible Jiaolong and of the five-hundred-meter aperture spherical telescope（FAST）Tianyan, the launch of the dark matter probe satellite Wukong and the quantum science satellite Mozi, and the test flight of the airliner C919.

2. 原文：中国北斗卫星导航系统（《习近平谈治国理政》第一卷）

译文：China's Beidou Navigation Satellite System

例1中，"天宫"等名词用于指代不同领域的重大科技成果，原文并未明确这些科技成果具体是什么，因为它们对中文读者来说是不言自明的。在英译文中，译者通过拼音加释译的方式，既保留了中国元素，又明确了其具体指代的科技成果，有助于在国际前沿科技领域增强中国的影响力，打造中国特色科技话语。例2中，"北斗"是中国自主建设的卫星导航定位系统的名称，是世界四大卫星导航系统之一，具有较大的国际影响力，译者同样采取音译的方式，保留了中国元素，有助于增强我国科技领域在国际舞台的声音。

第四节　中国特色话语中常见普通词汇的翻译

在中国特色话语中，存在一些不属于政治概念或文化负载词但会反复出现的高频词，因为频繁出现，属于一般意义上的普通词汇。这些词汇会出现在各种不同的上下文语境中，也因此会体现不同的语义。对于这些高频普通词汇的翻译，译员很多时候不可简单地将之译为字面上对应的英语单词，而是要根据上下文语境，选择合适的对应词。表3-1通过语料库方法(需先进行汉语文本分词处理)统计了党的十九大报告和党的二十大报告中按照词频高低排名前50位的单词(党的十九大报告和党的二十大报告中的详细高频词词表分别详见附录1和附录2)，其中有不少能够体现新时代中国特色话语中经常使用的高频普通词汇，包括动词、名词、形容词、副词等，比如"建设""坚持""全面""推进""推动""加强""增强""加快""完善""创新""基本""特色""深化"等。此外，还有一些其他常用词汇，如"必须""重视""促进""实现""贯彻""部署""抓住""取得""发挥""教育"等。

表3-1　　　　党的十九大报告和党的二十大报告中前50位高频词词表

党的十九大报告					党的二十大报告				
1~10	11~20	21~30	31~40	41~50	1~10	11~20	21~30	31~40	41~50
的	国家	推进	必须	现代化	的	体系	为	问题	经济
和	社会	特色	以	生活	和	国家	在	加快	促进
发展	在	文化	完善	工作	发展	推进	推动	特色	领导
人民	全面	体系	安全	把	坚持	全面	党	创新	不
党	制度	伟大	民主	更加	建设	加强	以	世界	必须
中国	新	加强	领导	中华民族	人民	我们	实现	文化	深化
建设	政治	改革	创新	生态	中国	现代化	政治	治理	了
社会主义	要	时代	不	不断	是	制度	时代	工作	重大
是	实现	经济	我国	了	社会主义	完善	社会	战略	国际
坚持	为	我们	推动	基本	新	安全	健全	能力	增强

外文出版社前总编辑徐明强(2014：12)指出，这些词在汉语中虽看似是普通词汇，却是具有中国特色的词汇，哪怕努力翻译成英语，"也许很接近中文原文，但对于外国人来讲，往往很难看得懂，起码看着别扭"，因为"这些词在国外的媒体上或文章里就很少见到，老百姓是不会用这些词的，他们的语料库中根本就没有这些词"。尽管如此，这些词汇是中国特色话语"走出去"背景下译者必须要面对的翻译难点之一，应当认真研究，应具体情况具体分析，为每个词语找到较为妥当的解决方案。以下选取几个代表词进行分析：

一、"重视"的翻译

"重视"是中国特色话语中经常使用的一个动词，意为认为重要而认真对待，常用于讲重视某项工作或者某件事情。

1. 原文：高度重视传播手段建设和创新，提高新闻舆论传播力、引导力、影响力、公信力。(党的十九大报告)

译文：We will maintain the right tone in public communication, give priority to improving means of communication and to creating new ones, and strengthen the penetration, guidance, influence, and credibility of the media.

2. 原文：推动城乡义务教育一体化发展，高度重视农村义务教育……(党的十九大报告)

译文：We will promote the coordinated development of compulsory education in urban and rural areas, while giving particular attention to rural areas.

3. 原文：对这些困难和问题，我们必须高度重视，进一步认真加以解决。(党的十八大报告)

译文：We must take these difficulties and problems very seriously and work harder to resolve them.

上述例1中，"重视"涉及具体要做的工作和采取的措施，即"传播手段建设和创新"，因此翻译为"give priority to"突出了所要优先去做的或处理的事情。例2中的"重视"并未明确所需要具体采取的措施或行动，此处的"重视"可能是各个方面的，包括思想上和行动上，因此翻译为"give attention to"在此处是比较妥当的。同样，例3中的"重视"更加侧重宏观层面，既可能包括思想上，也可能包括行动上，因此翻译为"take... seriously"能够基本与原文对应。

二、"建设"的翻译

"建设"也是一个高频词，既用作其本体意义如"保障性住房建设"，指具体的建设，也经常用于比喻性意义，如"思想文化建设"（即把"思想文化"比喻为一项工程）。事实上，在中国特色话语的对外译介中，很多"建设"并未被直接翻译成其对应的英文单词"build"或"construct"。下文以党的十九大报告的官方译文为例进行说明：

1. 原文：保障性住房建设稳步推进。

译文：Solid progress has been made in building government-subsidized housing projects to insure basic needs are met.

2. 原文：我们党团结带领人民完成社会主义革命，确立社会主义基本制度，推进社会主义建设……

译文：It united the people and led them in completing socialist revolution, establishing socialism as China's basic system, and advancing socialist construction.

3. 原文：我们坚持稳中求进工作总基调，迎难而上，开拓进取，取得了改革开放和社会主义现代化建设的历史性成就。

译文：We have upheld the underlying principle of pursuing progress while ensuring stability, risen to challenges, pioneered and pushed ahead, and made historic achievements in reform, opening up, and socialist modernization.

4. 原文：经济建设取得重大成就。

译文：We have made major achievements in economic development.

5. 原文：明确全面推进依法治国总目标是建设中国特色社会主义法治体系，建设社会主义法治国家。

译文：It makes clear that the overall goal of comprehensively advancing law-based governance is to <u>establish</u> a system of socialist rule of law with Chinese characteristics and build a country of socialist rule of law.

6. 原文：创新型国家建设成果丰硕……

译文：…we have seen much accomplished toward <u>making</u> China a country of innovators…

7. 原文：提出新时代党的建设总要求，突出政治建设在党的建设中的重要地位。

译文：It sets forth the general requirements for Party building in the new era and underlines the importance of political <u>work</u> in Party building.

8. 原文：实现伟大梦想，必须建设伟大工程。

译文：Realizing our great dream <u>demands</u> a great project.

9. 原文：……"一带一路"建设、京津冀协同发展、长江经济带发展成效显著。

译文：…the Belt and Road Initiative, the coordinated development of the Beijing-Tianjin-Hebei region, and the development of the Yangtze Economic Belt have all made notable progress.

由上可见，"建设"除了被翻译为"build"和"construction"外，还根据不同的语境和搭配关系被分别处理为"modernization"中的后缀-ation，以及"development""establish""make""work"和"demand"。此外，在例 9 中，译者将"建设"进行了省译，这说明，虽然"建设"一词是经常出现的高频词，在翻译时译者无需每次都将其翻译成其直接的英语对应词，这样既可以避免单调和重复(英语表达不喜重复)，又实现了语境下更恰当的表述。尤其在例 7 中，"政治建设"和"党的建设"相继出现，分别根据语境翻译成"work"和"building"，既再现了原文语义，又照顾了英语的语言习惯，较好地实现了融通中外。

三、"贯彻"的翻译

"贯彻"是政治文本中经常使用的另一个动词，指彻底实现或体现，经常和各种政策、方针、思想、理念等词语搭配使用，和英语的"implement"一词在字面上较为对应。

1. 原文：要全面<u>贯彻</u>党的教育方针……

译文：We should fully <u>implement</u> the Party's education policy...

2. 原文：坚决维护党中央权威、全面<u>贯彻</u>执行党的理论和路线方针政策……

译文：...they uphold the authority of the Central Committee and faithfully <u>follow</u> the Party's theories, lines, principles, and policies...

3. 原文：深入<u>贯彻</u>以人民为中心的发展思想……

译文：Our vision of making development people-centered has been <u>acted on</u>...

4. 原文：<u>贯彻</u>新时期好干部标准……

译文：We have <u>adopted</u> standards fitting for a new era to assess the caliber of officials...

5. 原文：必须坚定不移<u>贯彻</u>创新、协调、绿色、开放、共享的发展理念。

译文：We must <u>pursue</u> with firmness of purpose the vision of innovative, coordinated, green, and open development that is for everyone.

6. 原文：<u>贯彻</u>新发展理念，建设现代化经济

译文：<u>Applying</u> a New Vision of Development and Developing a Modernized Economy

7. 原文：坚定不移<u>贯彻</u>新发展理念……

译文：We have remained <u>committed to</u> the new development philosophy, and continue to break new ground in development.

8. 原文：善于<u>贯彻</u>新发展理念，不断开创发展新局面。

译文：We should effectively <u>put into practice</u> the new development philosophy, and continue to break new groud in development.

上述例子均来自党的十九大报告及其官方译文。可以看到，"贯彻"除了被译

成"implement"之外，还被翻译为"follow""act on""adopt""pursue""apply""commit to"和"put into practice"。这与"贯彻"的搭配词语有关，如"方针""政策""思想"。此外，例5至例8中，尽管"贯彻"均与"理念"搭配，却被译成了不同的英语词，这既与上下文语境有关，也与所出现句子的功能有关，如例6为小标题，依据语境处理成不同的英语词可有效地避免重复，增加词汇多样性，也更加符合英语的行文习惯。

四、"全面"的翻译

除了一些高频使用的动词外，还有一些形容词和副词也被高频使用，比如"全面"（见表3-1）。"全面"在汉语中既可以指"各个方面、全方位"，也可以指"完整、周密"，对应的英语词汇或短语一般为"comprehensive"或者"in all aspects"等。

以下从党的十九大报告及其官方译文进行举例说明：

1. 原文：蹄疾步稳推进全面深化改革，坚决破除各方面体制机制弊端。

译文：We have taken comprehensive steps to deepen reform swiftly but steadily, and worked with resolve to remove institutional barriers in all area.

2. 原文：决胜全面建成小康社会

译文：…secure a decisive victory in building a moderately prosperous society in all respects…

3. 原文：全面增强执政本领。

译文：Strengthening every dimension of our ability for governance.

4. 原文：党和国家事业全面开创新局面。

译文：On all fronts new advances have been made for the cause of the Party and the country.

5. 原文：构建党统一指挥、全面覆盖、权威高效的监督体系……

译文：We will establish an authoritative, efficient oversight system with complete coverage under the Party's unified command…

6. 原文：改革全面发力、多点突破、纵深推进……

译文：We have taken moves <u>across the board</u>, achieved breakthroughs in many areas, and made further progress in reform.

7. 原文：社会主义协商民主<u>全面</u>展开……

译文：…and socialist consultative democracy is <u>flourishing</u>.

8. 原文：全民健身和竞技体育<u>全面</u>发展。

译文：Fitness-for-all programs and competitive sports have seen <u>extensive</u> development.

9. 原文：国家安全<u>全面</u>加强。

译文：…and national security has been <u>fully</u> enhanced.

10. 原文：<u>全面</u>深化改革取得重大突破。

译文：We have made major breakthroughs in deepening reform.

上述例子均来自党的十九大报告及其官方翻译，可见"全面"一词被处理成了丰富多样的英语对应词，如"on all fronts""complete""across the board""flourishing""extensive"等，包含动词、形容词、副词以及介词短语。这些不同的译法与"全面"在原文语境中表达的不同具体语义有关，也与英语中与之共现的搭配词有关，比如"extensive"与"development"搭配，"complete"和"coverage"搭配。此外，有时"全面"也会被省译。比如例10中由于"全面深化改革"在上下文中多次出现，故译者此处省译了修饰语"全面"，而保留了中心词"深化改革"。相对而言，"全面"一词属于普通词汇，在翻译时译者应酌情进行处理，才能更加适应语境要求，也能在译文中增加用词的丰富性，避免过度重复，提高对英文读者的吸引力。

五、"思想"的翻译

"思想"的本义是指通过思维活动，反映在人的意识中的客观存在所产生的结果。然而，在政治话语中，"思想"还延伸出一些其他语义，如"加强思想道德建设"中的"思想"主要指"知识、智力"方面，"提高人民思想觉悟"中的"思想"主要指政治方面。这些延伸语义体现在"思想"的不同搭配词和上下文语境。

1. 原文：新时代中国特色社会主义思想和基本方略

译文：The Thought on Socialism with Chinese Characteristics for a New Era and the Basic Policy

2. 原文：全党全社会思想上的团结统一更加巩固。

译文：There is greater unity in thinking both within the Party and throughout society.

3. 原文：思想文化建设取得重大进展。

译文：We have made significant advances on the theoretical and cultural fronts.

4. 原文：深入贯彻以人民为中心的发展思想……

译文：Our vision of making development people-centered has been acted on…

5. 原文：确立新时代党的强军思想在国防和军队建设中的指导地位……

译文：…and see that Party strategy on strengthening military capabilities for the new era guides work to build national defense and the armed forces.

6. 原文：把党的政治建设摆在首位，思想建党和制度治党同向发力……

译文：…give top priority to the political work of the Party, combine efforts on ideological work and institution building…

7. 原文：加强思想道德建设

译文：Raising intellectual and moral standards

8. 原文：要提高人民思想觉悟、道德水准、文明素养……

译文：We will help our people raise their political awareness and moral standards, foster appreciation of fine culture…

9. 原文：坚决反对特权思想和特权现象。

译文：…and oppose mindsets and acts of privilege seeking.

上面的例子均选自党的十九大报告及其官方翻译。由上可见，"思想"一词在汉语中具有多义性，一个形式可表达多种具体语义。译者除了翻译为直接对应的"thought"和"thinking"外，还依据指代的具体语义翻译为"theoretical""vision""strategy""ideological""intellectual""political"和"mindsets"，在英语中的用词较为多样。这种多样化的对应词翻译，一方面更精确地反映了汉语原文中"思想"的准确和细微语义，另一方面在英语行文中也避免了该词的重复，降低了英语读者阅读时的乏味感，促进了译文的融通中外。

六、"创新"的翻译

汉语的"创新"一词具有两种基本语义，一是指创造新的，二是指首先，常对应于英语的"innovation"一词。但是，"创新"在不同的学科和领域有不同的内涵，可作动词、名词或形容词，作动词时后面可接不同的名词作宾语。在中国特色话语中，"创新"是一个频繁出现的词语，既用于本义，也有各种延伸用法，其意义范围得到极大扩展。

1. 原文：加强对中小企业创新的支持，促进科技成果转化。

译文：We will support innovation by small and medium-sized enterprises and encourage the application of advances in science and technology.

2. 原文：坚持战略思维、创新思维、辩证思维……

译文：We should adopt a strategic perspective, and develop creative thinking and a dialectical approach to thinking...

3. 原文：全党同志一定要登高望远、居安思危，勇于变革、勇于创新……

译文：All comrades must aim high and look far, be alert to dangers even in times of calm, have the courage to pursue reform and break new ground...

4. 原文：建设平安中国，加强和创新社会治理……

译文：We will continue the Peaceful China initiative, strengthen and develop new forms of social governance...

5. 原文：实践没有止境，理论创新也没有止境。

译文：Just as there are no bounds to practice, there is no end to theoretical exploration.

6. 原文：深入挖掘中华优秀传统文化蕴含的思想观念、人文精神、道德规范，结合时代要求继承创新……

译文：We will draw on China's fine traditional culture, keep alive and develop its vision, concepts, values, and moral norms...

7. 原文：增强改革创新本领……

译文：We should be good reformers and pioneers.

上述例子均选自党的十九大报告及其官方翻译。依据上文的例子我们可以得知，"创新"除了可经常被翻译为英语的"innovation"或"creativity"外，还经常翻译为其他的英语单词或短语，比如"break new ground""develop new forms""exploration""develop""pioneers"。这些不同的译法反映了汉语原文中"创新"具体的细微语义差别，比如该词既可以指"进行新的探索、摸索"，也可以指"发展、拓展"，还可以指"首先做某事、先驱、带头"等。译文中不同的译法表明译者对原文的具体含义进行了深入的研究，翻译时并不局限于实现与原文在字面上的对应，而是创造性地将原文的细微含义、由语境决定的意义用不同的英文词语生动地再现出来，既具体形象，又能够让译文读者觉得地道流畅，易于理解。

七、"精神"的翻译

《新华字典》对于"精神"一词给出了两种语义：一种指人的意识、思维活动和一般心理状态，如"精神面貌"；另一种指宗旨或主要的意义，如"领会文件的精神"。在中国特色话语中，"精神"一词经常出现，用于第二种语义的情况较多，此外还有一些属于语义引申的用法。陈明明（2018c：7）指出，"精神"一词不一定都要按字面意思直译为英语的"spirit"，而是要根据语境灵活翻译，要特别避免使用 spiritual 这一词语，因 spiritual 有很强的宗教指向。下面以党的十九大报告及其官方翻译为例进行说明：

1. 原文：更好构筑中国精神、中国价值、中国力量，为人民提供精神指引。

译文：...We should do more to foster a Chinese spirit, Chinese values, and Chinese strength to provide a source of cultural and moral guidance for our people.

2. 原文：为贯彻十八大精神，党中央召开七次全会……

译文：To put the guiding principles from our 18th National Congress into action, the Party Central Committee has held seven plenary sessions.

3. 原文：中国人民就从精神上由被动转为主动。

译文：...and the mindset of the Chinese people has changed, from passivity to taking the initiative.

4. 原文：发扬斗争精神，提高斗争本领……

译文：...we must be ready to fight, build our ability...

5. 原文：以永不懈怠的精神状态和一往无前的奋斗姿态，继续朝着实现中华民族伟大复兴的宏伟目标奋勇前进。

译文：We must keep on striving with endless energy toward the great goal of national rejuvenation.

6. 原文：弘扬民族精神和时代精神……

译文：...foster a Chinese ethos and a readiness to respond to the call of our times...

7. 原文：满足人民过上美好生活的新期待，必须提供丰富的精神食粮。

译文：To meet the people's new aspirations for a better life, we must provide them with rich intellectual nourishment.

在上述七个例子中，除了例 1 中的第一个"精神"被翻译为了"spirit"，在其余的情况下分别被翻译为"moral""guiding principles""mindset""be ready to""energy""ethos""readiness""intellectual"。这说明汉语中的"精神"一词属于意义相对宽泛的词语，不仅用于两种基本语义，还可以根据不同的上下文语境进行语义延伸，指代非常多样化、意义具有细微差别或者显著差别的语义，比如可以表示"指导方针""思维模式""活力/干劲""知识/智力"等。上述例子同时也说明了在大多数情况下"精神"一词并不对应于英语的"spirit"或"spiritual"。此外，译者充分发挥了主观能动性，将不同语境下的"精神"分别处理为不同的对应词，不拘泥于字面形式，在无法进行直译的情况下提取深层次含义，将其隐含语义翻译出来。通过灵活处理，译者既明确了不同例子中的具体含义，也在全文中避免了词汇重复，照顾到了译文读者的阅读习惯并且提高了译文的可读性。

八、其他常见词汇的译法总结

事实上，在中国特色话语中，一些普通词语的使用非常频繁，除了上述枚举的几个词语外，还有一系列其他的高频词语，譬如"发展、重大、加强、坚持、推进、推动、科学、水平、落实、文化、学习、任务、态度、教育、意见、体系、体制、理念、文明、农村、农民、思维"等均有不同程度的使用。然而，如何在不同的语境中翻译这些词语构成了一大难题乃至挑战。虽然这些汉语常见普通词汇并不难找到其英文对应，但是考虑到其高频出现，如果在一定的上下文中一味地使用同一种译法将其翻译出来，同一个词的反复出现可能会给译文读者带来枯燥、乏味的阅读感受，并且也不一定都能够准确反映原文的不同内涵。因而，如何根据其应用语境，贴切地翻译，创新不同译法，是值得研究的一大课题。我们以《习近平谈治国理政》前三卷的英译为例，统计了中国特色话语中一些其他常见普通词汇的不同译法（见表 3-2），希望能够增强译者进行相关翻译时的创新意识，同时为从事对外话语翻译的实践者提供基于实证研究的参考。

表 3-2　　　　中国特色话语中其他常见普通词汇的英文译法统计

汉语词语	英文的不同译法	总计
教育	education; education campaign; campaign; educational; (raise/heighten/…) awareness; educate; guidance; teaching; go to school; its（代 education）; educating; guiding; studying; send a message; private schools; guidance campaign; activities; guiding; 省译	19
农村	rural; rural areas; countryside; villages; agriculture; society; 省译	7
农民	farmer(s); rural people; they（代 farmers）; rural residents; people working in agriculture; rural population; farming; impoverished people; 省译	9

汉语词语	英文的不同译法	总计
人们	people; men; the public; those; all those pioneers; pioneers; our forefathers; all humanity; our people; their audience; consumers; our; their; one; us; 省译	16
领导	leader(s); leadership; officials; superiors	4
任务	task(s); mission(s); work; challenge(s); program(s); campaign(s); assignments; struggle; what has assigned to you; what we should do; tasks and missions; targets; goal; need; part; commitment; impediment; element; 省译	19
态度	attitude(s); approach; position; conviction; stance; spirit; sense; values; awareness; respond to; 省译	11
宣传	publicity; public communication; communication; dissemination; public awareness; promulgation; public discourse; promotion; 省译	9
意见	opinion(s); views; suggestions; ideas; points; thoughts; advice; comments; criticism; discontent; complaints; voices; proposals; concern; what they have to say; responses; expectations; disagree; 省译	19

表 3-2 统计了中国特色话语中一部分常见词汇的不同译法，由于篇幅和时间有限，本书并未给出每个译法所对应的原文句子。尽管如此，我们可以发现，在《习近平谈治国理政》的英译本中，针对这些中国特色话语的常见词汇，译者作出了巨大的努力，创新了不同的译法，每一个汉语词语均有很多的英语对应表达，并不完全拘泥于某一个英语对应词，譬如"教育""任务""意见"三个词的译法均达到了 19 个，"人们"的译法有 16 个。这些同一词汇的不同英语译法，有些属于近义词，而有些则语义相差较大，甚至完全看不出来它们其实源自同一个汉语词语。这提醒翻译研究者和实践者在翻译时要提高敏感意识，以更大的力度深入地研究这些汉语常见词汇的不同用法和意义，以负责任的精神、灵活的态度、巧妙的方法贴切到位地翻译好这些中国特色话语的常见词汇，同步实现译文的充分性和可接受性，更好地促进中国特色话语的对外传播。

第五节 中国特色话语中常用词缀的翻译

汉语不属于形式化语言,不像英语那样频繁借助于各种前缀或后缀形式来形成新的词语(即所谓的"构词法")。尽管如此,汉语也有一些类词缀,可用于形成新词,比如前缀型"超""准""类""反""无""可",后缀型"化""力""率""式""型""性""度""家"等(马庆株,1995;尹海良,2011)。这些汉语类词缀也具有较强的构词力,可以和很多不同词汇结合,形成意义范围非常宽泛的新词语。有些汉语类词缀在英语中可以找到意义近似对应的词缀,比如汉语的"化"大约对应英语的"-ize/ization",但也有一些类词缀较难找到英语对应词缀,比如"型"。然而,即使是能够大约找到英语对应词缀的汉语类词缀,在通过和其他词语组合构成新词后,该新词并不一定能找到英语对应词,因为该汉语类词缀对应的英语词缀并不一定能够和相应的词语组合构成新词,也即汉语的构词法和英语的构词法存在差异。比如,"马克思主义中国化"中的类词缀"化"在汉语中可以和"中国"组合构成新词,然而英语中的"-ize/ization"却并不能够和"China"通过构词法组合成新词语,即使在其他情况可以勉强创造新的英语词语,却可能不符合英语语法或不够地道。汉英语言词缀的不对应,以及经由词缀的构词法上的不同,给汉语通过类词缀产生的新词的翻译带来了较大的挑战,是做好对外话语翻译工作需要解决的一大难点。下面从中国特色话语中选取几例,说明如何做好汉语类词缀的对外翻译。

一、以"化"为后缀词语的翻译

汉语的"化"可以作为类词缀与其他词语组合产生新词,在现代汉语中具有很强的构词能力。由"化"构成的词语,既可以指某种过程,同时也可指该过程产生的结果或状态。作为类词缀,其与英语的后缀"-ize"有一定的相似之处,但并不完全一样,二者通过构词法在汉英语言中产生的新词也并不完全对应。表3-3以党的十九大报告和党的二十大报告及其官方翻译为例,说明"化"的不同译法。

表 3-3　　　　　　　　　　　　以"化"为后缀词语的译法

序号	原　　文	译　　文
1	城镇化	urbanization
2	常态化、制度化	regularize and institutionalize
3	人口老龄化	population aging
4	提高社会治理社会化、法治化、智能化、专业化水平	strengthen public participation and rule of law in social governance, and make such governance smarter and more specialized
5	社会主义民主政治制度化、规范化、法治化、程序化	improve the institutions, standards, and procedures of socialist democracy
6	马克思主义中国化的最新成果	latest achievement in adapting Marxism to the Chinese context
7	推进马克思主义中国化、时代化、大众化	adapt Marxism to China's conditions, keep it up-to-date, and enhance its popular appeal
8	坚持我国宗教的中国化方向	uphold the principle that religions in China must be Chinese in orientation
9	基本公共服务均等化	equitable access to basic public services
10	农业转移人口市民化	grant permanent urban residency to people who movefrom rural to urban areas
11	贸易和投资自由化便利化	liberalization and facilitation of trade and investment
12	开展实战化军事训练	conduct military training under combat conditions
13	解决一些基层党组织弱化、虚化、边缘化问题	address the problems that some primary-level Party organizations are weak, ineffective, and marginalized
14	全面推进国家各方面工作法治化	see that all work of the state is carried out under the rule of law
15	常态化、长效化	consistent and sustained

由上述例子可见，带有"化"的表达仅有几例被翻译为含"-ize/ization"后缀的英语词汇（如例 1 和例 2）。除此之外，汉语的"化"有时对应英语的-ing 形式（例 3），有时对应英语的比较级（例 4 中的"smarter"），也有时被翻译成英语的

"improve"一词(例5)。此外,在某些情况下,根据与其共现的汉字的语义(多为形容词特性),"化"被翻译为英语对应的形容词或者过去分词(例13中的"weak""ineffective"和"marginalized"以及例15的"consistent"和"sustained")。但是,更多的时候,"化"所体现的意义根据上下文语境被翻译成英语的不同短语,如例7中的动词短语"adapt…to, keep…up-to-date, enhance…appeal",例12中的介词短语"under…conditions",以及例14的短语"see that… be carried out under…"。这说明,针对汉语"化"的合成词,译者不能总是机械地试图将其翻译成含"-ize/ization"后缀的英语词汇,要具体问题具体分析,把该词缀传达的具体语义解释说明出来即可,单纯追求字面上的对等既不可行,有时也无法准确再现原文语义。这为我们翻译其他含有汉语类词缀的词语表达提供了启示,即在深入理解原文意义的基础上,要么通过寻找直接对应词,要么通过意译,在直接对应词缺失的情况下意译不失为好选择。

二、以"力"为后缀词语的翻译

汉语的"力"可以指①体力、力气,②力量,③能力,④威力、权势等意义。在中国特色话语中,"力"经常作为后缀与其他词语组合构成新词语,比如执行力、塑造力、感召力等。从语义上讲,"力"与英语的后缀"-ity"比较相似。然而,汉语中并不是所有由类词缀"力"构成的词语都可以在英语中找到以"-ity"为词缀构成的词语,也即二者的构词能力和造词结果在各自所对应的语言中并不对等。如何翻译好由"力"构成的词语成为了中国特色话语对外译介中的一个难点,以下以党的十九大报告及其译文进行分析(见表3-4)。

表3-4　　　　　　　　　　　以"力"为后缀词语的译法

序号	原　　文	译　　文
1	提高政府公信力和执行力	increase public trust in the government, and improve its competence
2	我国国际影响力、感召力、塑造力	China's international influence, ability to inspire, and power to shape

续表

序号	原　　文	译　　文
3	凝聚力和引领力	the ability to unite and the power to inspire the people
4	党的政治领导力、思想引领力、群众组织力、社会号召力	the Party's ability to lead politically, to guide through theory, to organize the people, and to inspire society
5	经济创新力和竞争力	the innovation capacity and competitiveness
6	提高新闻舆论传播力、引导力、影响力、公信力	strengthen the penetration, guidance, influence, and credibility of the media
7	提升文艺原创力	encourage originality (in the creation of literature and art)
8	党的创造力、凝聚力、战斗力显著增强	The Party's ability to innovate, power to unite, and energy to fight

由表 3-4 可知，在各种以"力"为词缀的词语中，"力"经常被翻译为英语的独立单词如"ability""power"（例 2 至例 4 和例 8）、"capacity"（例 5）或者"energy"（例 8），即能力、力量或者精力的意思。此外，后缀"力"还对应英语的各种后缀，包括-ce（例 1 的 competence 和例 6 的 guidance）、-ness（例 5 的 competitiveness）、-ion（例 6 的 penetration）、-ity（例 6 的 credibility 和例 7 的 originality）。另外，例 1 中的"公信力"被翻译为"public trust"可认为是省译，即未直接翻译"力"。总结可知，汉语的类后缀"力"在构成新词时，可以翻译为英语相应的由各种后缀形成的词语，也可以翻译成特定单词（ability, power, capability, energy），偶尔也可依情况进行省译。

三、以"率"为后缀词语的翻译

汉语中的"率"作为类词缀，经常表达"比值，两数之比"的意思，比如税率、概率、出勤率、增长率等，大致对应英语词汇"rate, proportion, ratio"，但也有可能表达其他意义。在中国特色话语中，"率"也经常与各种词语组合构成概念或新词语，表达多种语义，彼此间具有一定的差异。相应地，其参与的不同构词的译法也不尽相同。表 3-5 以党的十九大报告及其英译举例说明：

表 3-5 以"率"为后缀词语的译法

序号	原 文	译 文
1	贫困发生率	the poverty headcount ratio
2	利率和汇率	interest rates and exchange rates
3	城镇化率	the level of urbanization
4	森林覆盖率	forest coverage
5	提高全要素生产率	raise total factor productivity
6	劳动生产率	labor productivity
7	历史周期率	history's cycle of rise and fall
8	对世界经济增长贡献率超过百分之三十	...contributed more than 30 percent of global economic growth

由表 3-5 可见,"率"作为后缀形成的汉语词语,通常构成术语,专业性较强。在这些术语中,"率"有时会被翻译成对应的英文单词,比如"ratio"(例 1)、"rate"(例 2)或者"level"(例 3)。也有时会被翻译成由相应后缀构成的英语词语,比如-age(例 4 中的 coverage),-ity(例 5 和例 6 中的 productivity)。然而,"率"构成的词语有时会被解释性翻译,比如"历史周期率"被翻译为"history's cycle of rise and fall",通过"rise and fall"来说明"率"在此所指的含义(即兴衰交替)。此外,有些术语中的后缀"率"在翻译中会被省略,当它的语义被包含在其他词语之中时,比如例 8 中"贡献率"中的"率",其意义已经体现在英语"percent"中了,就无须再译出来,否则会在英语译文中构成冗余。由分析可见,由类后缀"率"参与构成的汉语词汇多具有专业性,其相应的译法也比较灵活且多样,这些多样化的处理既能准确反映原文的精确语义,又能迎合英语的使用习惯,比如"poverty headcount ratio"是英语的专业术语,很好地实现了融通中外。

四、以"性"为后缀词语的翻译

汉语中的"性"作为后缀,经常参与构词,此时一般表示"人或事物的本身所具有的能力、作用等"或者"性质、思想、感情等方面的表现",可对应英语的"nature""character""property"等词。研究发现,在中国特色话语中,"性"既可以参与构成种类繁多的形容词，比如"历史性胜利""结构性体制性矛盾""变革性实践""突破性进展"等，也可以参与构成名词，比如"可靠性""先进性""纯洁性"等。为了与前面研究保持一致，在本节我们仅关注"性"作为后缀构成的名词。表3-6总结了党的二十大报告中"性"字为后缀构成的各种名词及其相应的译法。

表3-6　　　　　　　　　　　　　以"性"为后缀词语的译法

序号	原　　文	译　　文
1	契合性	consistent（with）
2	韧性	resilient
3	系统性、整体性、协同性、时效性	systematic, holistic, coordinated, and responsive
4	均衡性和可及性	balanced and accessible
5	代表性	(be) represented
6	积极性	motivated
7	政治性、时代性、原则性、战斗性	politically oriented, up-to-date, principled, and effective
8	艰巨性和复杂性	difficulty and complexity
9	可靠性	reliability
10	积极性、主动性、创造性	motivation, initiative, and creativity
11	多样性、稳定性、持续性	diversity, stability, and sustainability
12	权威性	authority
13	党性	Party consciousness
14	先进性和纯洁性	advanced nature and integrity
15	人民性	people-centeredness

通过观察表3-6可知，"性"字参与构成名词时，主要有两大类译法：①翻译成英语的形容词，②翻译为英语的名词。一方面，当原文名词翻译为英语的形容词时，"性"作为后缀，既可以对应英语的各种形容词后缀，比如"-ent""-tic""-ive""-ible"，也可以对应英语的过去分词形式（即以"-ed"为结尾的词语）。另

一方面，当原文名词直接翻译为英语的名词时，"性"作为后缀，一般可对应英语名词的后缀，比如"-ity""-tion""-tive"等。但是，"性"字有时也可以翻译为英语的单个名词本身，比如其经常对应的"nature"一词（例 14），或者根据上下文语境，明确化其特定的引申意义，比如"consciousness"（例 13）和"centeredness"（例 15），此时"性"字具有丰富的内涵，并且有文化特定性，读者应掌握相应的背景知识才能准确理解，译者通常会将其明确化，有助于英语读者理解。

五、以"反"为前缀词语的翻译

汉字"反"可以和其他词语尤其是名词进行搭配，构成一个较为固定的词语如"反法西斯"，可以表达"反对"等语义，大致可对应于英语的前缀 anti-，也可以对应英语的动词 oppose，be against，fight，counter 等。在中国特色话语中，"反"字经常作为前缀与其他词语进行搭配，构成一个相对较为固定甚至程式化的用法，如"反分裂""反腐败"等，此时可认为"反"字相当于一个前缀。通过总结党的二十大报告中"反"作为前缀构成的词语及其英译，表 3-7 归纳了该前缀的不同译法。

表 3-7　　　　　　　　　　　以"反"为前缀词语的译法

序号	原　　文	译　　文
1	反分裂、反干涉	fight against separatism and counter interference
2	世界反法西斯战争	the global war against fascism
3	反腐败斗争	fight against corruption；combat corruption
4	反腐惩恶	oppose corruption and punish wrongdoing
5	推进反腐败国家立法	advance national anti-corruption legislation
6	反制裁、反干涉、反"长臂管辖"	counter foreign sanctions, interference, and long-arm jurisdiction
7	打击反中乱港乱澳势力	crack down hard on anti-China elements who attempt to create chaos in Hong Kong and Macao
8	反"独"促统	oppose "Taiwan independence" and promote reunification
9	反垄断和反不正当竞争	take action against monopolies and unfair competition

由表 3-7 可见，"反"可以和各种各样的词汇进行搭配，但通常是名词，在中国特色话语中形成相对固定、频繁出现的表达。首先，"反"可以看作词语前缀，从而翻译成英文对应的前缀"anti-"，比如"anti-corruption"等。其次，"反"还可以翻译成英语的介词"against"，比如"against fascism"（表 3-7 中的例 2）。最后，"反"最常被翻译为各种英语的动词或者动词短语，比如 fight against，counter，combat，oppose，take action against 等，这些动词或动词短语基本属于近义，在一定的上下文中变换着使用，可以保证英文行文用词的多样性。

六、以"非"为前缀词语的翻译

汉字"非"本身可以作为副词，表示"不，不是"之意，也可以经常与其他形容词进行搭配，构成相对固定的表达，此时可以看作词语前缀。在中国特色话语中，"非"字经常与其他各种词语进行搭配，构成相对正式且固定的表达，如"非公有制""非正式会议"等。根据《习近平谈治国理政》前三卷及其英译，表 3-8 大致总结了"非"作为词语前缀的不同译法。

表 3-8　　　　　　　　　　　以"非"为前缀词语的译法

序号	原　　文	译　　文
1	亚太经合组织领导人非正式会议	the 22nd APEC Economic Leaders' Meeting
2	非公有制经济	the non-public sector; the private sector of the economy
3	非传统安全	non-traditional security; unconventional security
4	非歧视的	non-discriminatory
5	非煤能源	non-coal energy sources
6	非营利	non-profit
7	非常规（货币政策）	unconventional monetary policies
8	非组织活动	unauthorized activities
9	非法收入	illicit income
10	非法牟利	illegal gains

续表

序号	原　　文	译　　文
11	非物质文化遗产	intangible cultural heritage
12	重点和非重点关系	major and minor issues
13	非国有资本	private capital
14	非基本医疗卫生服务领域	other healthcare areas
15	非首都功能	functions nonessential to its role as the capital

　　根据表 3-8，以"非"为前缀的词语主要有以下几种译法：第一，可以省略不译，比如表中的"非正式会议"并没有按照字面翻译成"unofficial meeting"，而是直接翻译成了"meeting"，"非正式"一词被省略不译，在一定程度上与"meeting"本身可以表示不那么正式的"会见，会面"有关。第二，对于以"非"为前缀的汉语词汇，译者可以采用英语对应的表达否定含义的前缀进行翻译，比如可以翻译成英语前缀 non-，un-，il-或者 in-等，具体形式取决于与其共同构词的形容词或者名词。第三，可以采取否定译法或者反译法。比如上表中，"非公有制"既可以直译为"non-public"，也可以反译为"private"；同样，"非重点"可以反译为"minor"，"非国有"可以反译为"private"，"非基本医疗卫生服务领域"可以反译为"other healthcare areas"。第四，可以采取解释性翻译，译为短语甚至短句。"非"字本身虽简洁，但有时在汉语中表达的意义比较丰富，难以用单个英语否定前缀的构词法进行对应翻译。比如，上表中的"非首都功能"，形式简洁但表达的内涵超出字面语义，因此译者将其解释性翻译为"nonessential to its role as…"。

七、以"多"为前缀词语的翻译

　　汉字"多"可以作为形容词，本义表示数量大，与"少""寡"相对，大致对应英语的 many，much 或者比较级 more。同时，"多"也可以作为前缀与其他词语（主要是名词）构成多字型新词语。在中国特色话语中，"多"经常作为前缀，参与构成相对固定的多字型新词语，例如"多层次""多渠道""多发性"等。表 3-9以党的十九大报告和党的二十大报告及其英译为例，举例说明以"多"为前缀构成的各种词语的译法。

表 3-9 以"多"为前缀词语的译法

序号	原　文	译　文
1	多层	multilevel
2	多层次	at multiple levels；at different levels；multi-tiered
3	多领域	in multiple areas
4	多支柱	multi-pillar
5	多种渠道	multiple avenues
6	多渠道	various channels；multiple channels；more channels
7	多主体	multiple suppliers；multiple sources
8	多发性问题	recurrent problems
9	多元	diversity
10	多元化	diverse channels
11	多边合作	multilateral cooperation

通过表 3-9 的归纳，我们可以发现在中国特色话语中"多"字的构词能力比较强，可以和不同的名词进行搭配构成新词语。经过总结，可以将"多"构成词语的英文译法概括为：第一，当表示"多个，许多，经常"之义时，"多"大致对应于英语 multi-、re-等前缀，所以可以翻译为由这些前缀构成的词语，如 multilevel，multi-pillar，multilateral，multi-tiered 和 recurrent。第二，可以翻译成英文中表示"多种多样的，多部分的，不同的"之义的独立单词，比如 multiple，different，various，diverse 等词语，一般为英语形容词。第三，有时"多"作为前缀在一定的上下文中表达"更多的"之义，可以翻译成英语的比较级 more，如上表中的"多渠道"在特定语境下就被译为"more channels"。

八、以"全"为前缀词语的翻译

汉字"全"可以作为形容词，表示"整个，遍，全部"之义，大致对应于英语的"whole，entire"，也可以表示"完备，完整，不缺少"之义，大致对应英语的

"complete"一词。经过研究我们发现，在中国特色话语中，"全"字经常会与各种各样的词汇(主要为名词)搭配，构成意义相对固定的新词语，此时"全"字可以被看作新构词语的前缀。这些新词语不少属于中国特色话语中的专用词语，具有领域专门性，其他领域或体裁的文本使用较少，例如"全媒体""全地域""全过程"等。表3-10总结了党的十九大报告和党的二十大报告中以"全"为前缀构成的各种词语以及它们的不同英语译法。

表3-10　　　　　　　　　　　　以"全"为前缀词语的译法

序号	原　　文	译　　文
1	全要素(生产力)	total factor（productivity）
2	全民族	all our people；the entire nation
3	全过程	at every point in the process；whole-process；in all stages
4	全方位	touch every area；in a comprehensive way；on all fronts；extensive；comprehensive；all-round；overall
5	全覆盖	no ground left unturned
6	全社会	throughout society；public
7	全周期	lifecycle
8	全域	under multi-dimensional conditions；across all domains
9	全民	everyone；public；society-wide
10	全方位、全地域、全过程	across the board, in all regions, and at all times
11	全媒体	across all forms of media

经过研究发现，对于以"全"为前缀的词语表达，大致有以下几种译法：第一，翻译成英语的相关前缀或者类后缀，如 multi-、-wide，其中"multi-"表示"多个，许多"之义，"-wide"可以看作是类后缀，参与构成形容词或者副词，表示"全……范围"，如"nationwide，Europe-wide"，与汉语"全"字的意义较为对应。上表中的"multi-dimensional，society-wide"均使用了相关译法。第二，翻译成表示"全部，所有，每个"之义的英语形容词，例如"total，all，entire，every，whole"

等，具体选择哪个取决于与其搭配的名词，如和"要素"搭配，就翻译成"total factor"；和"民族"搭配，就翻译成"entire nation"。第三，翻译成英语表示"全面的，综合的，广泛的"之义的形容词或短语，比如"comprehensive, in a comprehensive way, extensive, overall"等。第四，翻译成英语表达"遍及，在……各处"之义的介词，即"across, throughout"，构成介词短语，比如上表中的"across the board, across all forms of media, across all domains, throughout society"均使用了此类译法。第五，翻译成英语的双重否定，"全"的意义即相当于"没有……不"，上表中的"全覆盖"译为"no ground left unturned"即使用了双重否定译法。第六，在某些特定的构词中可以略去不译，比如上例中的"全社会"翻译为"public"，"全民"翻译为"public"，部分原因在于"全"字的意义已经隐含在英语的"public"之中，其中"全民"的用法之一可以表示"for everyone, for the use of people in general"之意。第七，在特定的语境中，译者可以采用延伸译法将"全"的意义加以具体化，比如上表中的"全周期"出自句子"为人民群众提供全方位、全周期健康服务"，在此语境中，实际指"整个生命周期"，因此译文将之加以具体化，译为英文词语"lifecycle"，此时"全"对应英语的"life"。通过上述分析可知，"全"作为前缀在中国特色话语中可以构成具有一定专业性的各种词语，相应地其英语译法也较为多样化，可以进行灵活处理。

九、汉语词缀的翻译方法总结

在中国特色话语中，通过各种词缀进行构词的情况经常出现，这与词缀的构词能力强有一定的关系。通过上文对汉语几种常见词缀构成的词语及其翻译方法的分析，我们发现针对这些词缀构词的翻译方法具有一定的规律性，在大多数情况下并不会将其翻译成英语的对应词缀，译法具有灵活多样性。这些翻译方法可以主要概括为：①翻译成英语由相应词缀构成的词语；②翻译成英语的特定单词；③翻译成英语的比较级；④翻译成英语的名词短语、动词短语或小句，即进行解释性翻译；⑤省译，即略去不译。系统掌握这些方法对于我们做好类似文本中的词缀造词的对外翻译具有一定的启示作用，能够避免简单的字面对应以及翻译腔。除了词缀本身的译法，上述几小节还提供了与这些前缀共现进行构词的各种词语的译法，可以为未来中国特色话语中类似表达的英译提供参考和启示。

第六节　中国特色话语中各种修饰语的翻译

本节所讲的修饰语(modifier)限定于词汇层面，主要指用于修饰名词的形容词、名词性修饰语和用于修饰动词或形容词的副词。汉语中有些修饰语表示强调、增强气势或保持格式工整，传达的命题意义不强。比如，汉语习惯在动词和形容词前加副词，但实际上加与不加区别不大，如"重要"和"十分重要"，加上"十分"只是为了读起来气势磅礴。黄友义指出：

> 中文只要出现动词就常常必须有形容词和副词，比如：认真学习、深刻领会、大力提倡、成功推进、全面贯彻……，但是英文的语言习惯是这个动词里边已经包含了形容词和副词的意思了，比如"成功地实现"，已经实现了，其实就不必再说成功了，所以在英文里"成功"就显得多余。(尹佳，2016：76-77)

他进一步指出，中文的语言传统习惯于增添这些作修饰成分的形容词和副词，"中文跟英文的差别就是，中文不能没有这些形容词和副词，如果简化成'学习好……''贯彻好……'，中文读起来就索然无味。若英译中，要主动加形容词和副词，而中译英就要减"(尹佳，2016：77)。同样，刘奎娟(2021：142)也认为，"英语中忌讳重复。如一些词的使用频率过高，会影响读者的阅读体验。使用一些长期被滥用或误用的词，也会让读者云里雾里，无法理解原文真正的意思"，因此"总体来说，词的过多重复在英文中都应尽量避免"。她进一步指出，"中文善用副词，副词的恰当使用能使文字精美、对仗工整，读起来朗朗上口。但在英文中如果大量使用副词，会使句子拖沓、累赘，反而失去了文字的美感"，她还解释道，这就是《习近平谈治国理政》的英译文中很多汉语原文动词前的副词都被省略不译的原因(刘奎娟，2021：143)。

经过对中国特色话语各类文本的仔细分析，我们总结出一些如果直译为英语可能会构成冗余修饰的名词性、形容词性和副词性的表达，具体见表3-11。需要说明的是，由于时间和能力有限，该表只是基于我们的研究发现，并不是对所有可能构成英译冗余的修饰语的完整罗列。翻译中遇到这些修饰语时，译者需要格外注意，准确判断若直译是否在英语中构成冗余以及是否需要翻译出来。但是，需要指出的是这些修饰语在英译时并不都构成冗余，而是需要具体问题具体分析，有些有实际意义的需要翻译出来，例如原中央编译局翻译专家童孝华（2013）详细分析了汉语"水平"一词什么时候该译，什么时候可以不译。

表 3-11　　　　　　　英译中可能构成语言上冗余的汉语修饰成分

类别	例　　子
名词性修饰语	生命安全、身体健康、百年奋斗目标
形容词	不必要的浪费、毫无根据的诽谤、不应有的误解、人类文明、极为可耻、财政赤字、财政收入、有利时机、严重的自然灾害、居民住房、意想不到的奇迹、美好理想、坚定的意志、充分的信心、有益成果、宝贵生命、有力保证、时不我待的紧迫意识、夙夜在公的责任意识、生动实践、伟大荣光、磅礴之力、永不懈怠的精神状态和一往无前的奋斗姿态、坚强决心、强大能力、海纳百川的宽阔胸襟、火热实践、深受欢迎
副词	认真学习、深刻领会、大力提倡、成功推进、大力度推进、全面贯彻、成功实现、成功举办、伟大复兴、圆满完成、圆满结束、热烈拥护、完全征服、胜利完成、隆重召开、隆重庆祝、完全禁止、彻底摧毁、认真解决、合理调整、有效贯彻、有效实现、学习好、贯彻好、讲好、郑重声明、充分发展、真正搞活、全面贯彻、全面推进、深刻认识、有机结合、不能有丝毫动摇、极大调动、充分尊重、奋勇当先、奋勇前进、奋力走好、快马加鞭改变、不断完善、扎实抓好、扎实推进、大融合、大联动、大共享、十分光明、十分严峻、无比广阔、牢牢掌握、举世瞩目的重大成就、进一步掌握、进一步巩固、积极回应、有效应对、真心爱才、悉心育才、倾心引才、精心用才、坚决维护、牢牢掌握

外文出版社前总编辑徐明强指出，"中文的形容词、副词太多，英文是尽量少用形容词、副词，而用动词来体现"（尹佳，2016：79）。以党的十九大报告及其英文翻译为例，原中央编译局译审王丽丽（2018：22）同样指出，政治文本中华美的描述修饰性语言经常可见，"但英语文法清晰，崇尚的是简约之美。从汉语

翻译成英语的时候就要针对两种语言的不同表达方式适当地化繁为简，大刀阔斧地删减有时反而能够让文字更有力量"。在汉英翻译时，适当地省译原文的名词性、形容词性和副词性修饰语能够使得译文读起来更地道且更加通顺。当然，表3-11 所列的修饰语在翻译时并非都需要省略，而是取决于上下文语境。下面举出部分例子进行具体分析：

一、冗余形容词性和名词性修饰语的翻译

本节所指的形容词性修饰语不一定是严格意义上的形容词，而是泛指充当了形容词功能的词语，可能是形容词，也可能是名词。在名词或代词前加上形容词性修饰语，可以凸显人或事物的某种性质、状态、特征或属性，起到突出强调和增加语势的效果。下文举例说明：

(一)省译形容词性修饰语

由于英语不习惯使用过多的修饰语，许多汉语的形容词性修饰语若直译为英语，在英语中就构成了华而不实的冗余。需要注意的是，在翻译时，哪怕汉语和英语所谓的"对应词"在语义上也不是完全对应，比如存在情感意义、语法意义或者意义范围上的差异。若英文中修饰语表达的含义已经隐含在其所修饰的名词中心词之中，译者则可以考虑省略该形容词性修饰语。

1. 原文：吸收<u>人类文明有益成果</u>，构建系统完备、科学规范、运行有效的制度体系，充分发挥我国社会主义制度优越性。(《习近平谈治国理政》第三卷)

译文：We should draw on the <u>achievements</u> of other <u>civilizations</u>, develop a set of institutions that are well conceived, fully built, procedure based, and efficiently functioning, and do full justice to the strengths of China's socialist system.

2. 原文：我们要增强政治责任感和历史使命感，坚定信心，保持定力，锐意进取，开拓创新，完成好这次全会确定的各项任务，为实现"两个一百年"奋斗目标、实现中华民族<u>伟大复兴</u>的中国梦提供<u>有力保证</u>。(《习近平谈

治国理政》第三卷)

译文：Holding a strong sense of political duty and historic responsibility, and maintaining firm confidence and resolve, we must apply an innovative spirit to accomplishing the tasks put forward at the plenary session, and <u>guarantee</u> the realization of the Two Centenary Goals and the Chinese Dream of national <u>rejuvenation</u>.

上述例 1 中，"人类文明"在汉语中属于常用表达，但是译为英语时，"civilization"一词已经暗含"人类的"之意，因此若再加上"human"就构成了冗余；此外，汉语使用"有益"形容"成果"不仅读起来颇有气势，还能突出强调，然而译为英语时，"achievement"本身就暗含"好的、有益的"之意，若加上诸如"beneficial"等词，在英文中就属于画蛇添足。同理，例 2 中，汉语原文的"复兴"前添加上修饰语"伟大"，不仅能实现四字格的结构对称，还能起到提升读者信心的效果，增加民族自豪感。然而，黄友义指出："'伟大复兴'翻译为 rejuvenation，这个词已经大得不得了了，如果再加上 great，语言听起来就不美了，所以要去掉 great，但是毫不影响外国读者的理解效果。"(尹佳，2016：77)另外，"保证"前添加"有力"一词读起来朗朗上口，还能够增加文本的确信性和权威性。然而，英语的"guarantee"一词表示"a firm promise that you will do sth or that sth will happen"，本身就具有比较强的语力和确信度，因此若再添加诸如"firm"或"strong"等词，就显得多余了。

有时，有些形容词性修饰语的含义并未体现在其所修饰的名词上，而是间接体现在与其共现的其他修饰语上，此时译者也可以考虑省译该修饰语。

3. 原文：站立在九百六十多万平方公里的<u>广袤</u>土地上，吸吮着五千多年中华民族漫长奋斗积累的文化养分……(《习近平谈治国理政》第三卷)

译文：Rooted in a land of more than 9.6 million square kilometers, nourished by a nation's culture of more than 5,000 years...

例 3 中，中心词"土地"的前面有两个形容词性的修饰语"九百六十多万平方公里"和"广袤",尽管二者在形式和语义上存在一定的差异,但是"广袤"一词的含义已经间接体现在前者之中,因为"九百六十多万平方公里"本身就隐含着非常广阔的意思,在英语中没有必要再次译出来。若把"广袤"保留下来,在英语中可能构成语义上的冗余。译文将之省译,在英语中非常简洁明了却不损害原文语义。

(二)省译名词性修饰语

与形容词性修饰语类似,有时名词也可以作为修饰语来修饰另一个充当中心词的名词。如果该名词性修饰语的意义已经被隐含在所修饰的中心词之中时,在英译时可以考虑略去不译。汉语出现这些名词性修饰语与汉语语言习惯有关,部分原因在于汉语喜欢四字格,以构成对仗工整的结构,使得行文更加正式和地道。然而,英文的行文习惯与此不同,并不追求对仗工整。

1. 原文:最大限度保护了人民生命安全和身体健康……(党的二十大报告)

译文:…we have protected the people's health and safety to the greatest extent possible.

2. 原文:三是完成脱贫攻坚、全面建成小康社会的历史任务,实现第一个百年奋斗目标。(党的二十大报告)

译文:… and we eradicated absolute poverty and finished building a moderately prosperous society in all respects, thus completing the First Centenary Goal.

上述例1中,"生命安全"和"身体健康"均构成了对仗工整的四字格结构,在原文中读起来朗朗上口。然而,在英译时译者需考虑到,"身体"的意义已经被包含在英文"health"一词中,"生命"的意义也被包含在"safety"一词中,因此英译文中译者将这两个名词性修饰语均进行了省略。同理,在例2中,原文的"奋斗目标"也构成了四字格结构,可能是考虑到"奋斗"一词的意义已经隐含在英文单词"goal"(something that you are trying to achieve)当中,译文中译者并没有选择将之直接翻译过来，既不影响理解，还实现了简洁。

(三) 宽泛化翻译

由于汉语有时喜欢选择多个不同形容词分别修饰连续出现的几个不同名词，并且汉语的形容词性修饰语在语义上通常比较具体明确，若全部直译为英语，英语行文可能会显得过于花哨，给人以浮夸、虚有其表的感觉。因此，将遇到多个不同形容词性修饰语连续使用的情况时，译者可以考虑进行概括性的宽泛化翻译。

1. 原文：这将为世界各国提供更广阔市场、更充足资本、更丰富产品、更宝贵合作契机。(《习近平谈治国理政》第二卷)

译文：All this will create a bigger market, more capital, more products and more business opportunities for other countries.

2. 原文：必须有时不我待的紧迫意识和夙夜在公的责任意识抓实、再抓实。(《习近平谈治国理政》第一卷)

译文：We should implement it with a very strong sense of urgency and responsibility.

上面例1中，原文选用了比较多样化的形容词："更广阔"形容空间宽度，"更充足"形容数量，"更丰富"形容种类，"更宝贵"形容价值，分别修饰并列的几个名词"市场、资本、产品、合作契机"，在汉语中具有形象生动、增加文采的效果。然而，若把上述形容词逐一进行直译，在英语中就显得稍微浮夸，因此译文选择了把意义宽泛的比较级形式"more"进行重复，对数量、种类、价值等维度进行统一修饰，不像汉语那样对不同属性用不同形容词进行详细区分，使译文更加简洁朴实。例2中，原文分别使用了两个汉语成语来分别修饰"紧迫意识"和"责任意识"，具有结构对称的美感和增加强调的话语功能。然而，翻译至英语时，"时不我待"表达的紧迫感已经体现在英文单词"urgency"之中，"夙夜在公"强调的勤于公务的责任意识也部分地体现在单词"responsibility"之中。因此，将二者全部按字面意思进行翻译会使得英语句子结构显得繁杂、冗长，并且读起来给人过于注重语言形式的感觉。因此，译文采取了较为简单的修饰语 "very strong" 对原文的两个四字格成语进行了泛化翻译，使得英语句子结构简单通顺，易于读者理解。可见，泛化翻译适用于原文连续多次使用不同的修饰语时或者原文修饰语具有较强的中国文化特色时。

二、冗余副词性修饰语的翻译

除形容词修饰语外，汉语还经常在动词前面添加副词作为修饰成分，能够起到增加气势之效果，使译文读起来更有滋味。在翻译至英语时，有时这些副词的意义会隐含在其所修饰的动词之中，非英语母语者有时并不容易察觉这种细微的隐含意义，但是可以借助于词典了解。针对这些情况，译者可以酌情省略该副词，使英文读起来会更加地道、通顺。

1. 原文：中国特色社会主义制度，坚持把根本政治制度、基本政治制度同基本经济制度以及各方面体制机制等具体制度有机结合起来……（《习近平谈读治国理政》第一卷）

译文：The socialist system with Chinese characteristics integrates the fundamental political system, the basic political systems, the basic economic system and other systems and mechanisms.

2. 原文：在坚持马克思主义指导地位这一根本问题上，我们必须坚定不移，任何时候任何情况下都不能有丝毫动摇。（《习近平谈治国理政》第二卷）

译文：On the issue of Marxism as the fundamental guiding thought, we shall not waver under any circumstances.

3. 原文：要极大调动和充分尊重广大科技人员的创造精神……（《习近平谈治国理政》第二卷）

译文：We should motivate and respect the creativity of scientists and engineers...

例1中，汉语的副词"有机"被用于形容动词"结合"，然而翻译为英语时，英文的"integrate"一词意为"make into a whole or make part of a whole"（使成为一个整体或成为整体的一部分），本身就隐含"有机"的意思，若前面添加"organically"，在英语中就属于画蛇添足了。例2中，副词"丝毫"用于修饰否定式的动词"不能动摇"，添加后在汉语中可以增强作者语气，表达强调之意。然而，汉语的"动摇"与英语的"waver"在语义上并不完全一样，《柯林斯词典》对"waver"一词的解释为，"If something wavers, it shakes with very slight movements or changes"，本身就蕴含"丝毫、些微"之意，若添加上诸如"slight"等词，就属于冗余了。例3中，并列的两个动词"调动"和"尊重"前分别添加上了副词性修饰语"极大"和"充分"，表明了习近平总书记支持科技发展的决心，强化了句子的命题意义和语气的传递。在翻译时，译者通过查询英文字典可知，"motivate"的解释为"If someone motivates you to do something, they make you feel determined to do it"，该词本身含有"使……有决心"之意，若添加上"greatly"就显得冗余了。同理，"respect"的意思是"to have a very good opinion of sb/sth or to admire sb/sth"，本身就包含"非常、高度"之意，若添加上"adequately"使之成为"adequately respect"，在英文中反而会给人一种虚假的感觉或者会让人产生"难道尊重还存在打折扣"的疑问，显得过犹不及。

第七节　中国特色话语中数字缩略语的翻译

所谓"数字缩略语"是指把话语中相同的语言成分（结构成分或语义成分）合并提取出来，并冠以相应的数字而构成的一种语言表述方式。数字缩略语由于其简洁、浓缩的语言特点，在交际中非常省时省力，能够用较短的语言形式表达非常丰富的内涵，进而提高交际效率，在当今社会中的使用频率越来越高。在汉语各类体裁的文本中，数字缩略语均被频繁使用，且具有多样的表现形式，如偏正式、并列式、主谓式等（李贺，2010）；在内容所指上，既有生活中的普通用语譬如"三餐""四季""五指"，也有较专业的表达比如"一个中心两个基本点""双拥""三个代表""四大发明""四书五经"等。英语中也有一些由数字构成的缩略形式，比如"3D"代表"three dimensions"，"5G"代表"fifth generation"，"B2C"代表"buyer to company"，"P2P"代表"people to people"，以及"G20"代表"Group of 20"。整体而言，不少英语的数字缩略语倾向于把词组中单词的首字母进行缩略并冠以数字进行替代，这与汉语的数字缩略语有一定的相似之处，也有一些跟语言系统相关的区别。

在中国特色话语中，数字缩略语经常被用于概括具有相同形式或者语义的多个表达，譬如"两学一做"、"两个一百年"奋斗目标、"三严三实"、"三个自信"、"四项基本原则"、"四个全面"战略布局、"五位一体"、"五个一批"工程、"八项规定"等。这些数字缩略语，一方面能够在上下文中避免出现冗余重复，形成言简意赅、精练有力的文字，另一方面也便于形成工整对仗的语言结构（比如四字格），增强话语效果，故使用频率较高。然而，由于这些数字缩略语具有中文语言的结构特点（比如"三会一课"属于并列型结构），并且带有中国文化的特色（比如"双百方针"，即百花齐放，百家争鸣），因而在原文中构成一种特有的语言范畴，大多数属于语境依赖性（context-dependent）表述，即其意义生成和理解依赖于政治语境，通常无法在其他语境中被理解。这些特点决定了它们通常在英语中难以找到直接对应的表达，因而需要我们系统研究它们的对外译介方式，以增强中国特色话语中不同范畴的对外传达和接受效果。下文以党的十八大报告、党的十九大报告和党的二十大报告及其英译为例，系统总结中国特色话语中数字缩略语的不同译法，具体包括直译法、具体译法、省译法等。需要说明的是，这些译法的划分主要以数字本身的翻译为标准，而非以其他语言构成成分为标准。

一、数字缩略语的直译法

直译法即保留原文的数字用法，直接翻译为英语对应的数字缩略语。这里的直译法并非指严格的不增不减，而是指保留原文的数字形式并且直接翻译为英语的数字缩略语，但是可能涉及对其他语言成分的增添、删减或者变动。表 3-12 总结了党的十八大报告、党的十九大报告和党的二十大报告的英译文本中采用了直译法进行翻译的汉语数字缩略语及其译文。

表 3-12   **数字缩略语的直译**

序号	原　　文	译　　文
1	"五位一体"总体布局	the Five-Sphere Integrated Plan
2	"四个全面"战略布局	the Four-Pronged Comprehensive Strategy
3	三个区分开来	the "three distinctions"
4	中央八项规定	the central Party leadership's eight-point decision on improving conduct
5	十个明确	the 10 affirmations
6	十四个坚持	the 14 commitments
7	十三个方面成就	the 13 areas of achievement
8	四项基本原则	the Four Cardinal Principles
9	三严三实	the Three Stricts and Three Earnests
10	监督执纪"四种形态"	four forms of oversight over discipline compliance
11	"两个一百年"奋斗目标	the two centenary goals
12	和平共处五项原则	the Five Principles of Peaceful Coexistence

可以看见，表3-12中汉语原文的12个数字缩略语均被直接翻译为英语对应的数字缩略语。其中，一部分表达采取了完全的字对字的翻译，无任何的增删，譬如"十个明确"翻译为"the 10 affirmations"，"十四个坚持"翻译为"the 14 commitments"；但是，也有部分表达在某些方面进行了增添或者改动，譬如"四个全面"被译为"the Four-Pronged Comprehensive Strategy"（有四个方向/四个触角的全面战略），增添了分词"pronged"（有……齿的；分……方面的）作定语，在英文中非常形象生动；此外，"八项规定"一词在直译为英语的数字缩略语时，增添了短语"on improving conduct"（改进工作作风），补充了相关背景知识作为解释，便于英语读者的理解。需要注意的是，如果数字缩略语是关于党和国家的重大政策方针时（如四项基本原则），在译为英语时通常需要将单词的首字母大写，以表明其专有名词的地位，而其他数字缩略语则不需要（如"三个区分开来"）。直译

法的优点在于能够再现原文的语言结构特点，缺点在于由于其高度抽象化可能令没有相关背景知识的读者难以理解。另外，由于汉语语法比较灵活、松散，一些数字缩略语在汉语语法中比较恰当，但是英语语法比较严格、僵硬，一些直译为英语的数字缩略语在语义上或许能够被理解，但是在语法上可能不同寻常。比如，英语中数字后面通常跟随名词，而较少跟随其他词性，表3-12 中"the Three Stricts and Three Earnests"的"strict"和"earnest"均为形容词，它们与数字搭配构成名词短语的情况在英语中比较少见。此外，"strict"和"earnest"作为形容词，其后面加上"-s"构成复数形式，在英语中也不那么常见，虽然能够被英语读者理解，但可能会带来一定的陌生感。有鉴于此，在采用直译法翻译为英语的数字缩略语时，译者需要考虑在英语中语法上是否恰当以及读者的接受度如何，否则可以考虑采用其他翻译方法。

二、数字缩略语的具体译法

具体译法指当原文的数字无法直接翻译为英文时，且原文的数字缩略语也无法或不宜转换为英语数字缩略语时，译者可以对原文数字概括的内容予以逐一展开，完整地叙述出来，即由概括浓缩转为明确具体。表3-13 统计了党的十八大报告、党的十九大报告以及党的二十大报告的英译文本中采用具体译法进行翻译的汉语数字缩略语及其译文。

表 3-13　　　　　　　　　**数字缩略语的具体译法**

序号	原　　文	译　　文
1	一府两院	people's governments, courts and procuratorates
2	两学一做	have a solid understanding of the Party Constitution, Party regulations, and related major policy addresses and to meet Party standards
3	"三农"问题	issues relating to agriculture, rural areas, and rural people
4	三通	links of mail service, transport and trade

序号	原　文	译　文
5	承包地"三权"分置制度	the system for separating the ownership rights, contract rights, and management rights for contracted rural land
6	"三会一课"制度	the system of holding Party branch general meetings, meetings of Party branch committees, Party group meetings, and Party lectures
7	增强"四个意识"	become more conscious of the need to maintain political integrity, think in big-picture terms, follow the leadership core, and keep in alignment with the central Party leadership
8	四个自信	have full confidence in the path, theory, system, and culture of socialism with Chinese characteristics
9	纠治"四风"	tackle pointless formalities, bureaucratism, hedonism, and extravagance

　　有些汉语数字缩略语的出现是由于汉语特殊的文字形式，但是这种文字形式在英语中不复存在，比如表 3-13 中的"两院"指法院和检察院，这两个词在汉语中是最后一个字重复，因而可以使用数字缩略语统一概括，但是这两个词在英语中对应的单词分别是"courts"和"procuratorates"，它们并无形式上的相同或相似性，故译文难以使用数字缩略语进行概括。同样，表 3-13 的"三农"具体指农业、农村、农民，三个词词首"农"字重复，但是它们对应的三个英语词语"agriculture, rural areas, and rural people"在形式上并无完全相同的地方，故也无法译为英语的数字缩略语。还有的汉语数字缩略语在形式上较简单，虽然也可以在形式上直译为英文对应的数字缩略语，但是由于其丰富的内涵意义，其译文可能难以为英语读者所理解。比如，"四个意识"是指政治意识、大局意识、核心意识、看齐意识，虽然可以直译为英语四个含有"consciousness"的短语，但是译文在语义上不够具体、通透，可能会给英语读者带来理解困难，故译文翻译为英语的由四个不同的动词(maintain, think, follow, keep)构成的动宾结构，进行了

解释，将其内涵进行了具体化、明确化，虽消除了原文数字缩略语的形式，却在语义传递上更加到位，也更有助于英语读者理解。

由上表还可知，原文的数字缩略语采取具体译法时，原文中重复的字或词，在译文中可以合而为一，以避免不必要的重复，譬如"三通"的"通"字翻译为英语的一个复数可数名词"links"，"四个自信"中的"自信"也仅翻译为一个不可数名词"confidence"；但是有时为了避免歧义的产生也可以在译文中进行重复，譬如"三权"中的"权"在翻译时被重复三次，即翻译为"ownership rights, contract rights, and management rights"，原因主要在于每个名词短语中的"rights"均为复数，译文若仅使用一个"rights"（即 ownership, contract, and management rights）可能会导致意义不清晰，甚至可能造成一定的歧义，因此这里的名词重复是必要的。

三、数字缩略语的省译法

在翻译汉语的数字缩略语时，译者有时可以采取省译法，省译法可分为：① 省译原文的数字，②省译原文的中心词，③省译整个数字缩略表达式。省译法使用较少，通常是为了避免在英语中产生冗余或歧义才进行省略。例如，"一带一路"倡议在刚问世时曾经被翻译为"One Belt and One Road Initiative"，但是在党的十九大报告和党的二十大报告中均被翻译为"the Belt and Road Initiative"，省译了原文的数字"一"。正如《中国社会科学》（英文版）执行主编黄语生（2015）所述，英语中的"one... one..."是一个结构，该结构中的 one 主要表达数量意义，即"每一"或"同一"的意思，比如"one person, one vote"意为"一人一票"，而"One World, One Dream"意为"同一个世界，同一个梦想"。因而，"'一带一路'译成'One Belt One Road'很容易让英文读者照此类推，产生歧义"（黄语生，2015）。他还指出，有些汉语数字缩略语中的数字带有明确的数量含义，在翻译中可以保留数字，但是"一带一路"中的数字"一"主要是为了平衡句子结构，并没有实指意义，这是汉语讲求对称平衡特点的体现。因此，党的十九大报告和党的二十大报告的官方英译中采取省略数字的译法，不仅更加简洁而且不容易产生歧义。另一方面，由于汉语的名词不区分单复数，所以汉语中数字与任何名词都可以搭配，但是若某个名词译成英文时属于英文不可数名词，则可以考虑省略数字不译（否则不符合英语语法）。例如，在下例中，汉语原文的数字缩略语所包含的名词为"自信"，所对应的英文单词"confidence"属于不可数名词，因而英译文中省略了数字"三"，但是并不影响英文读者理解，其回指的是前文中所讲到的"三个自信"，而不是特指某一个"自信"。

1. 原文：我说这话的意思是，实现我们的发展目标，实现中国梦，必须增强道路自信、理论自信、制度自信，"千磨万击还坚劲，任尔东西南北风"。而这"三个自信"需要我们对核心价值观的认定作支撑。（《习近平谈治国理政》第一卷）

译文：What I mean here is that we should enhance our confidence in the path we have chosen, in the theories we have devised and in the system we have established to reach our goal of development and make the Chinese Dream come ture. In the face of all blows, not bending low, it still stands fast. Whether from east, west , south or north the wind doth blast. Our confidence is supported by our core values.

除了省译原文的数字外，译者有时还会省译原文数字缩略语中的中心词。例如，在党的十九大报告中，针对我们党对社会主义现代化建设提出的"三步走"战略目标这一表述，译者将其翻译为"three strategic goals"，保留了数字，但是省译了数字所限定的中心词"步"和"走"，没有照字面翻译为"three-step strategic goals"，却使得译文更加简洁，也能准确传达出原文的语义。

除了省略原文中的数字或者省略中心词之外，有些情况下当数字缩略语与它们所指代的具体内容同时出现时，为了避免英译文中出现重复冗余等现象，整个数字缩略表达式都可以在英文中省略不译。例如，在下例中，原文中的"四风"实际上是对前面具体性表述（形式主义、官僚主义、享乐主义和奢靡之风）的概括性说法，是汉语特有的一种语言表达方式，属于范畴化名词(Pinkham, 2000)。因此，在翻译成英文时，译者只需要翻译出前面的具体性表述即可，该数字缩略语可以省略不译，丝毫不影响原文意思的传递。

2. 原文：不图虚名，不务虚功，坚决反对干部群众反映强烈的形式主义、官僚主义、享乐主义和奢靡之风"四风"，以身作则带领群众把各项工作落到实处。(《习近平谈治国理政》第一卷)

译文：They should not be pretentious or just pursue image-building accomplishments, and they should firmly oppose formalism, bureaucratism, hedonism and extravagance, which both government officials and the public detest. They should lead the people by example and deliver a good performance in all their work.

第八节　本 章 小 结

在本节中，我们主要分析了中国特色话语在词汇和短语层面的对外译介策略及方法，具体包括政治概念、文化负载项、中国特色科技词汇、中国特色话语中的常见普通词汇、特定词缀、冗余修饰语以及汉语数字缩略语七种原文范畴。在融通中外视域的指导下，我们针对每种汉语范畴的特点进行了深入剖析，通过选取党的十八大以来的党代会报告和《习近平谈治国理政》及其官方翻译中的实例，分析并总结了适用于每种范畴的翻译策略和方法，并给出了相应的译法。经总结发现，译者可以针对原文中的不同范畴，有针对性地采取不同的翻译原则以及策略方法，从而更好地适应融通中外的工作要求。通过系统性总结每种范畴的翻译策略和方法，本章研究希望能够为今后的中国特色话语的对外译介工作提供一定的参考，完善中国特色话语在词汇和短语表达层面的翻译规范。

第四章　中国特色话语句法及
语篇层面的译介策略

　　由对比语言学可知，汉语属于比较典型的意合型（paratactic）语言，依赖于隐性连贯和语境，注重语言的逻辑顺序或时间顺序，较少使用连接词来表明小句与小句之间或者句子与句子之间的关系。相较而言，英语主要是形合型（hypotactic）语言，句子的建构经常表现为一个小句在句法关系上并列或从属于另一个小句。英语比较喜欢使用显性衔接来表明单词、短语和小句之间的关系，频繁借助各种形式化手段，比如使用关系代词和关系副词、逻辑关系连词（包括并列关系和从属关系）以及介词等，来表明句子内部以及句子之间的关系（连淑能，2006：47-48）。汉英翻译时，译者需要将汉语的意合型表述转换成英语形合型表述，通常体现为各种显性的形式化手段的添加，为了能更好地符合英语的语言传统。出于融通中外的考虑，本研究认为意合语言与形合语言之间的转换，由于不涉及政策性，可以尽量以目标文化的语言传统或规范为落脚点，采取合理的翻译方法与手段，尽量迎合目的语读者的语言阅读习惯，即在"充分性—可接受性"的连续渐进体上尽量靠近可接受性一端。在本章中，我们并不严格在句法层面和篇章层面作出区分，因为翻译跨越两种语言，汉英翻译时经常会涉及断句以及句子的重新组合，在翻译过程中会打破和跨越原文的句子界限，为了方便起见，我们大致划分为三个类别：①短语内部逻辑关系，②小句之间或句子之间关系，③篇章衔接关系。以下分别阐述其英译策略。

第一节　短语内部逻辑关系的翻译

　　短语是低于小句层面的语言单位，通常没有主谓结构。不少汉语短语以四字格或紧缩形式存在，形式简短却意义深邃，其内部组成成分之间的关系有时较为复杂，呈隐性状态，需要深入剖析方可找出。熊道宏（2018：49）指出，由于政治语言的被建构性等特点，党政文献会通过某种程度的缩略、简写以达到行文齐整美感，能够展现报告的权威性，也有助于更好地释放政治信号，但因此也会造成修饰语的修饰范围不明确、句内成分不完整等问题，"其相对模糊的表意方式会对进行语言转换的译者造成困扰"。因此，对于内部关系不明确的短语，译者需要采取显化（explicitation）等翻译方法将原文隐性的关系明示出来。下面以党的十九大报告和党的二十大报告及其英译举例说明：

1. 共商共建共享

该短语出现的原文是"中国秉持共商共建共享的全球治理观"，是中国全球治理观念的核心内容，也是"一带一路"建设的重要原则。从表面上看，该短语的三个组成词语"共商""共建""共享"之间是并列关系，实则不然。通过深入分析我国处理国际关系的理念和原则，我们可以发现"'共商''共建'是途径，对应相互尊重、合作共赢的新型国际关系，'共享'是宗旨，对应构建人类命运共同体的总目标"（张颖，2019：151-152）。因此，党的十九大报告英译文将之翻译为"achieving shared growth through discussion and collaboration"，介词"through"的添加较好地表明了"共商"和"共建"属于方式手段，"共享"则是目的，三者之间的关系一目了然，具有层次感，这样处理英语读者更易理解。

2. 城乡区域发展

该短语出现在小句"更多依靠城乡区域发展协调互动"中，其中，"协调互动"跟随的主语并不十分明晰，因为短语"城乡区域发展"内部没有任何连接词或介词。通过仔细分析原文和语境，我们可以得知，该短语实际指的是城市和乡村之间、不同的区域与区域之间，并且"城乡区域"是修饰"发展"的，翻译成"（coordinated and mutually reinforcing）urban-rural development and development between regions"，通过连字符、并列连词"and"和介词"between"，以及名词复数形式"regions"，较为清晰地展现了原文短语中三个词语之间的内在关系。此外，第一个"and"也指明了"协调"和"互动"之间是并列的关系。译文中的语义关系更为明晰，更加符合英语形合的特点。

3. 稳中求进

该短语出现在"坚持稳中求进工作总基调"，以简化的四字格结构表达了一个完整的概念，言简意赅，但是"稳"和"进"之间的关系在字面上并非一目了然。通过分析得知，该短语指的是确保稳定的同时追求进步。译文"（upheld the underlying principle of）pursuing progress while ensuring stability"，添加了时间关系连词"while"和表进行时的动词-ing 形式，通过这些形式化手段指明了"稳"和"进"之间是时间上同步的关系，短语内部组成成分之间的关系变得更加清晰明了。

4. 勤劳守法致富

该短语出现在小句"鼓励勤劳守法致富"中，其中"勤劳守法致富"三个单词之间没有连接词或介词，语义关系呈隐性状态。译文"（encourage people to）make their money through hard work and legal means"通过增添介词"through" 明示"勤劳守法"是方式手段，"致富"是目的，此外连接词"and"也指明了"勤劳"和"守法"属于并列关系，具有同等的句法地位。通过添加连接词和介词，译文更加符合英文形合的特点，将词语之间的关系更加明确。

5. 历经磨难、不屈不挠

这两个短语出现的原句是"中华民族是历经磨难、不屈不挠的伟大民族"，二者相继出现，中间被顿号隔开，在汉语中顿号用于并列的词或并列的较短的词组中间。但是，通过语义分析可知，"历经磨难"与"不屈不挠"在意义上是一种对比，因此二者存在转折关系。译文"（it has been）through hardships and adversity but remains indomitable"，通过添加连接词 but 明示了二者之间的转折关系，此外，"and"的添加也表明了"hardships"和"adversity"之间的并列关系，对于译文读者而言层次感和逻辑性更强，便于理解。

6. 开放、包容、普惠、平衡、共赢

上述并列的几个短语源自党的十九大报告中"推动经济全球化朝着更加开放、包容、普惠、平衡、共赢的方向发展"。从形式结构上看，原文中的几个短语由顿号隔开，似乎呈并列关系。此外，个别短语虽然形式简短，却包含深刻的思想，难以在英语中找到单个的对应词，如"普惠"。通过深入的分析我们可以发现，原文在形式上看似并列的几个短语，在语义上实则隐藏着深层的目的关系。译文"make economic globalization more open, inclusive, and balanced so that its benefits are shared by all"，将原文的五个短语明晰化为目的关系，即"开放、包容、平衡"的目的是"普惠、共赢"。通过显化原文隐含的逻辑关系，译文读上去更具层次感，逻辑关系更加简单明了，降低了英语读者的阅读困难。

7. A. 各领域、各部门、各方面

B. 各主体、各方面、各环节

上述两例均源自《习近平谈治国理政》第一卷。例 A 中，原文的三个短语在字面上仿佛处于并列的关系，然而经过分析可发现三者存在一定的层次关系，即"各领域"中的"各部门、各方面"，此外，后二者之间存在一定的语义交叉。译者将之翻译为 departments in various fields，在从属关系上更为清晰可见，通过英语名词的复数对应原文的数量词"各"，同时又省译了"各方面"一词，提高了译文的可接受性。例 B 中，原文出现自"加快建立健全各主体、各方面、各环节有机互动、协同高效的国家创新体系"，三个短语在形式上并列，充当同等的句子成分，但深层次的语义关系较为复杂。英语不习惯多个句子成分并列，译为英语时句子成分会发生变化。译者将之翻译为"experts in all fields"，其中的统辖关系变得更加一目了然。

8. 新时代新征程

上例源自党的二十大报告，原文为小节的标题"新时代新征程中国共产党的使命任务"，从字面上看"新时代新征程"两个短语仿佛处于并列关系，二者之间没有使用连接词。通过对相关背景知识的了解和上下文分析，我们可知，两个短语并不是并列关系，而是存在一定的修饰关系，即"新时代里的新征程"。因而，译文通过添加介词"of"将两个短语之间的修饰关系加以明确，翻译为"The New Journey of the New Era"，内部关系由隐性变得透明。

9. 团结奋斗

该例同样来自党的二十大报告，原文出自句子"巩固全党全国各族人民团结奋斗的共同思想基础"。通过分析我们可知，两个词语在深层语义上并不是并列关系(即"团结和奋斗")，而是指在团结中进行奋斗，即"奋斗"是中心词，"团结"表示方式。因而，译者将之翻译为"strive in unity"，明确了这两个词语之间的语法关系，短语内部关系在翻译中得到明晰。

10. 牢记初心使命、开创美好未来

该例源自党的二十大报告，原文为"在新的征程上更加坚定、更加自觉地牢记初心使命、开创美好未来"，其中使用了两个顿号，前一个用于分隔两个词语，后一个分隔两个短语。众所周知，在汉语中，顿号通常用于分隔同类的、并列的事物，一般是字、短语或短句，表示一种短的停顿，但是英语中没有顿号这种标点。因此，在翻译汉语用顿号表达的语法关系时，需要转换为英语惯常表达语法关系的手段。通过仔细分析语义我们可知，第一个顿号表达一种并列关系，故可以处理为英语并列关系连词"and"，第二个顿号连接的两个短语在深层语义上表达一种类似于方式与目的的关系（即"牢记初心使命"是为了"开创美好未来"），因此可以处理为英语表达方式的介词，比如"by"。鉴于此，译者将原句翻译为"we encouraged them to create a brighter future by staying true to the Party's founding mission with greater resolve and purpose on the new journey ahead"，原文通过顿号连接的两个并列短语，被处理为英语通过介词表达的语法关系，译文显得更加主次分明、有层次感，原文偏隐性的逻辑关系在译文中通过语法手段变得更加明晰化，符合英语形合化的语言特点，有助于英语读者理解。

第二节　小句之间或句子之间关系的翻译

文本是由段落构成，段落由句子构成的。构成文本的不同句子之间，以及同一句子内部的不同小句，通常不孤立地存在，它们之间而是包含某种内在关系，或显性或隐性存在。就英语而言，句子内部不同小句之间的组合可大致分为连接（conjoining）与嵌入（embedding），或者并列（coordination）与从属（subordination），经常体现在并列关系连词、关系代词和关系副词等的使用（胡壮麟，2011：90-91）。此外，小句与小句之间、句子与句子之间也经常会使用各种逻辑关系连接词，比如条件关系、因果关系、目的关系连词等，这与英语形合化语言的特点有关。相对而言，汉语的句子内部或者短语内部各组成成分之间的关系经常并不明显，而是叠加在一起，彼此之间较少使用各种连接词，也没有英语那样的关系代词或关系副词来指明两个小句之间的语法关系，而是使用流水般的小句，句式结构较为松散。对于译者而言，做好翻译的第一步是对原文的意义进行深入的理解，在分析出原文隐含关系的基础上，再用英语形合化的语言翻译出来。因此，充分理解原文对于做好句法和语篇层面的翻译至关重要，也是意合化语言向形合化语言转换的第一步。

一、并列句的翻译

小句是比短语更高一级的语言单位，不同于短语，小句具有完整的主谓结构。所谓"并列"（coordination）关系，指的是一个小句与另一个小句并列或结合在一起，二者在语法上具有同等重要的地位。英语的并列小句之间通常会使用并列关系连词（如 and，or，but），以达到语法上连接的目的。在翻译汉语的并列小句时，译者需要注意添加并列关系连词，以符合语法要求。下文以党的十九大报告的英译为例：

1. 原文：文艺创作持续繁荣，文化事业和文化产业蓬勃发展……

译文：…art and literature are thriving, and cultural programs and industries are going strong.

2. 原文：全党全国贯彻绿色发展理念的自觉性和主动性显著增强，忽视生态环境保护的状况明显改变。

译文：As a result, the entire Party and the whole country have become more purposeful and active in pursuing green development, and there has been a clear shift away from the tendency to neglect ecological and environmental protection.

3. 原文：世界正处于大发展大变革大调整时期，和平与发展仍然是时代主题。

译文：The world is undergoing major developments, transformation, and adjustment, but peace and development remain the call of our day.

例 1 原文使用了两个具有独立主谓结构的小句讲述了两件事情，然而两个小句之间没有关系连词。通过分析我们可知，两个小句表达两件相互关联、类似的事情，语义紧密相关。因此，译文添加了并列关系连词"and"将两个小句连接起来，指明二者在句法上是并列关系，在语义上具有递进关系。同样，例 2 的原文句子较长，第一个小句和第二个小句之间也未使用任何连接词指明二者的关系。

通过语义分析可知，两个小句分别表达了两件语义紧密相关的事情，故译文添加了并列关系连词"and"，从语法上明确标记二者的并列关系。此外，例3的原文句子同样包括两个小句，前一个小句讲"大发展大变革大调整"，后一个小句讲"和平与发展"。通过分析我们可知，两个小句表达的语义具有对比关系。译文通过添加连接词"but"，表明两个小句在语法上属于并列关系，但是在语义上具有转折关系。上述几例中，译文的两个小句均属于独立小句，即可以独立存在。

二、长难复合句的翻译

在英语中，小句既可以是独立小句，也可以是非独立小句(即从属小句)。从属小句需要依附于其他的小句(即主句)而存在。英语通常借助于关系代词(如who，whom，whose，which，that)和关系副词(如when，where，why)来连接从句和主句，表明二者语法上的附属关系，此时的多个小句就构成了英语的复合句。一般来讲，英语的主句在语法上比从句更加重要。这种语法上的重要性反映在语义上就是，主句通常表达主要信息(也即作者想要突出的信息)，而从句通常表达相对次要的信息。相较而言，汉语句子中的小句关系比较松散，多以流水式的短句出现，语法关系不够透明，彼此语义上的重要性无法像英语那样通过语法特征直接观察得知。在翻译汉语较长且复杂的复合句至英语时，需要首先厘清各个小句之间的主次关系，再添加恰当的关系词将主句和从属小句联系起来，以符合英语的句子构建习惯。下文以党的十九大报告中的长难复合句的翻译为例：

1. 原文：加强社会治理制度建设，完善党委领导、政府负责、社会协同、公众参与、法治保障的社会治理体制……

译文：We will step up institution building in social governance and improve the law-based social governance model under <u>which</u> Party committees exercise leadership, government assumes responsibility, non-governmental actors provide assistance, and the public get involved.

2. 原文：必须认识到，我国社会主要矛盾的变化是关系全局的历史性变化，对党和国家工作提出了许多新要求。

译文：We must recognize <u>that</u> the evolution of the principal contradiction facing Chinese society represents a historic shift that affects the whole landscape and that creates many new demands for the work of the Party and the country.

3. 原文：人民有信仰，国家有力量，民族有希望。

译文：When the people have ideals, their country will have strength, and their nation will have a bright future.

4. 原文：完善干部考核评价机制，建立激励机制和容错纠错机制，旗帜鲜明为那些敢于担当、踏实做事、不谋私利的干部撑腰鼓劲。

译文：We will improve the performance assessment and evaluation system for officials, institute incentive mechanisms and mechanisms to allow for and address errors, and take a clear stand in supporting officials who are willing to assume responsibility, who take a down-to-earth approach in their work, and who do not seek personal gain.

例 1 的原文从表面上看只包含两个小句，然而通过仔细分析我们发现，第二个小句中还包含多个具有完整主谓结构的小句，即"党委领导、政府负责、社会协同、公众参与、法治保障"，其中使用顿号隔开，它们共同修饰第二个小句的宾语"社会治理体制"。英译文中较好地将第二个小句的主干结构"完善……社会治理体制"提取出来作为主句，同时将几个并列的、起修饰作用的小句转换成英语的从属小句，中间使用关系代词"which"表明主句和从属性小句之间的语法关系。通过句式结构调整，译者把汉语喜欢的修饰成分置于中心词前（"前饰"）的句子结构转换成英语偏好的修饰成分置于中心词后（"后饰"）的句子结构，因而更加符合英语的语序习惯。

例 2 中，汉语原文包含三个小句，但彼此之间的语法关系并非显而易见。其中第一个和第三个小句均为无主句，但隐含主语并不相同。在翻译中，译者将第一个小句明确为整句话的主句，将第二个小句通过关系代词"that"转变为该主句的宾语从句，同时在第二个小句中，再次通过"that"将第三个小句转换为附属于该小句的从句。具体而言，汉语原文的三个松散的小句，被转换成英语中分处在三个不同层面上的三个小句。通过添加关系代词转换句式结构，英语句子内部的层次感更强，小句之间的语法关系变得透明，语义更为清晰。

例 3 中，汉语原文包括三个小句，句式结构相同，均包含主谓宾成分，小句中间没有任何连接词而是使用逗号隔开。从句式结构上看，三个小句在汉语中构成了排比，似乎是并列关系。但是，通过语义分析我们可发现，后两个小句传达的语义和信息更为重要，是作者想要凸显的地方。因此，在翻译时，译者通过添加关系副词"when"将第一个小句转换为从句，而将后两个小句处理为并列关系的主句，从而使三个小句在语法上变得主次分明，语义上的轻重缓急也变得显而易见。这种语法上的处理，使得译文更加符合英语形合的特点，逻辑更加清晰，方便英语读者理解。

例 4 中，原文句子包含三个小句，其中第三个小句的内部成分比较复杂，包含三个动宾结构作为中心词"干部"的修饰成分，无法按照汉语的结构直接进行翻译。译文通过添加三个关系代词"who"，将原文的三个动宾结构转换成了英语的三个关系从句，将修饰成分从原文的中心词前转移到译文中的中心词后，英语译文中的句法关系更为清晰明了。

三、逻辑关系的翻译

所谓的逻辑关系，指的是句子内部的不同组成部分或者句子与句子之间在意义上的连接关系，主要包括因果关系、转折关系、递进关系、条件关系、时间关系、让步关系、目的关系、例证关系等。英语是形合语言，注重显性衔接，通常会采用明确的逻辑关系连接词来表明不同句子成分之间的语法和逻辑关系，比如 because，since，as，so that，in order that，if，unless，whether，as long as，in case，though，although，even if，even though，such as 等。此外，接连出现的前后句子之间通常也具有某种语义上的联系，英语会借助特定的副词、连接性短语等来表达句子与句子之间的逻辑联系，即所谓的"过渡词"（transitional words），比如 hence，therefore，consequently，thus，as a result，unfortunately，nevertheless，nonetheless，despite，however，but，in addition，furthermore，besides，moreover，afterwards，subsequently，if，supposing，for instance，for example，that is 等。这些逻辑关系连词和特定副词的大量使用是英语作为形式化语言的表现特征之一。

相比而言，尽管汉语也有各种连接词，但是使用的频率相对较低，更常借助于语序、紧缩句、四字格以及重复、对照、排比等语法或修辞手段来表达逻辑关系(连淑能，2006：48)，句子内部成分以及句子和句子之间的关系多呈隐性，依赖于读者自身的推断。汉英翻译时，译者需要准确理解和识别原文隐含的逻辑关系，可利用显化翻译策略进行明示，以照顾英语明示逻辑关系的语言特点。杨望平(2018：30)指出："中文政治文献的一个特点是长句较多，而且往往几个分句之间的逻辑关系表达并不清晰，需要读者去意会，而英文行文逻辑更趋严密。如果机械地照搬中文平行的句式，很容易让英文读者费解，有时甚至会导致译文前后文逻辑矛盾……译者需要在准确把握中文的基础上灵活翻译，或变长句为短句，或添加必要的关系连词，或调整英文句式结构与意群顺序，以使译文准确、流畅、易于理解。"同样，刘奎娟(2021：140)基于自身工作经验解析《习近平谈治国理政》的英译时，也强调"中文是隐性逻辑，句与句之间的逻辑关系不依赖于关联词等来体现。而英文是显性逻辑，句与句之间的逻辑关系依靠语法衔接、词汇衔接等方式来体现。因此，在做中译英时，译者经常需要理清隐性的逻辑关系，将其转换成显性逻辑"。

下文主要以党的十九大报告及其英文翻译为例，分别阐述不同逻辑关系的英译：

(一)时间关系(temporal relation)的翻译

时间关系指两个小句所述的内容具有某种时间上的关系，比如同时发生或者先后发生的关系等，可通过时间关系连词、时间副词或短语表示。

1. 原文：按照兜底线、织密网、建机制的要求，全面建成覆盖全民、城乡统筹、权责清晰、保障适度、可持续的多层次社会保障体系。(党的十九大报告)

译文：We will act on the policy requirements to help those most in need, to build a tightly woven safety net, and to build the necessary institutions, as we work to develop a sustainable multi-tiered social security system that covers the entire population in both urban and rural areas, with clearly defined rights and responsibilities, and support that hits the right level.

2. 原文：人民有信仰，国家有力量，民族有希望。(《党的十九大报告)

译文：When the people have ideals, their country <u>will</u> have strength, and their nation <u>will</u> have a bright future.

例 1 中，原文包含两个小句，但是由于没有使用连接词，二者之间的逻辑关系并不十分明晰。在翻译时，译者将这两个小句处理成时间关系，把第一个小句当作主句，而把第二个小句通过时间关系连词"as"转变为从句，表明两个小句中所讲述的事情同时发生，具有时间上的关系。此外，第二个小句的结构比较复杂，在中心词"社会保障体系"前面有多个动宾结构、偏正结构等作为修饰成分，译文通过添加"that"和"and"将这些修饰成分转变为从属小句，更加符合英语的句式结构。因此，通过时间关系连词"as"和关系代词"that"，译文句子内部成分的逻辑关系更具层次感，显化了原文隐含的时间关系。例 2 中，原文的三个小句结构对称、长度一样，构成了排比，三者仿佛呈并列关系。然而，通过深入分析我们可以发现，三者在语义上存在着时间关系或者条件关系，并非表面上的并列关系。译文通过添加时间关系连接词"when"，将第一个小句明确为时间上在前的事情，而通过添加两个表示将来时的情态动词"will"将后两个小句明确为时间上后发生的或者作为结果的事情，并且连接词"and"的使用表明后两个小句属于并列关系。通过对比我们可以发现，原文中三个小句的语义关系并未直接体现在字面的衔接手段上，也即并不十分明朗，符合汉语隐性连贯的特点，而译文通过添加连接词和情态词将三者之间的语义关系加以明晰化，主从关系更加明朗，更能符合英语读者的阅读习惯，读起来也更省力。

(二) 因果关系(causative relation)的翻译

因果关系指的是前后两个小句或句子之间具有原因和结果的关系。汉语中尽管也有一些表示因果关系的连接词(比如，因为、所以、因此、从而)，但是其使用频率远不如英语，很多时候汉语的因果关系是通过语序实现的(即小句出现的先后顺序)，而非关系连词，因而呈隐性状态。

1. 原文：明确新时代我国社会主要矛盾是人民日益增长的美好生活需要和不平衡不充分的发展之间的矛盾，必须坚持以人民为中心的发展思想，

不断促进人的全面发展、全体人民共同富裕……（党的十九大报告）

译文：It makes clear that the principal contradiction facing Chinese society in the new era is that between unbalanced and inadequate development and the people's ever-growing needs for a better life. We must therefore continue commitment to our people-centered philosophy of development, and work to promote well-rounded human development and common prosperity for everyone.

2. 原文：三是完成脱贫攻坚、全面建成小康社会的历史任务，实现第一个百年奋斗目标。（党的二十大报告）

译文：… and we eradicated absolute poverty and finished building a moderately prosperous society in all respects, thus completing the First Centenary Goal.

上面例1中，原文共三个小句，小句之间的逻辑关系并不非常明确，句子整体较长，难以直接翻译成英语的一句话。因此，译文对原文进行了拆分，将原文第一个小句变成译文的第一句话，而将原文第二和第三个小句变成译文的第二句话。通过深入分析发现，尽管没有任何的连接词，原文的第一个小句和后两个小句存在着隐含的因果逻辑关系。因此，英译文在第二句话中添加了副词"therefore"，表明英文的第二句话是结果，而第一句话是原因。通过断句和添加表达逻辑联系的副词，译文实现了显性的衔接。

同样，例2原文中，第一个小句和第二个小句之间没有任何连接词，二者之间的逻辑关系并未直接体现于表层形式。通过相关背景知识我们可知，"第一个百年奋斗目标"具体指"到中国共产党成立一百年时全面建成小康社会"，因此第一个小句"完成脱贫攻坚、全面建成小康社会的历史任务"与第二个小句之间实际上构成了因果关联。然而，国外读者可能并不了解此背景知识，无法在二者之间建立起关联，因而译文添加了因果关系副词"thus"，明示了两个小句之间隐含的逻辑关系，促进了英语读者的理解，有助于提升翻译的可接受性。

（三）转折关系（adversative relation）的翻译

转折关系指的是前后两个小句或句子之间在语义上具有相对或相反关系，既可以通过使用转折关系连词(如"虽然、但是、然而、不过")明示,也可以省略连词使之呈隐性状态。

1. 原文:中华民族有五千多年的文明历史,创造了灿烂的中华文明,为人类作出了卓越贡献,成为世界上伟大的民族。鸦片战争后,中国陷入内忧外患的黑暗境地,中国人民经历了战乱频仍、山河破碎、民不聊生的深重苦难。(党的十九大报告)

译文:With a history of more than 5,000 years, our nation created a splendid civilization, made remarkable contributions to mankind, and became one of the world's great nations. But with the Opium War of 1840, China was plunged into the darkness of domestic turmoil and foreign aggression; its people, ravaged by war, saw their homeland torn apart and lived in poverty and despair.

2. 原文:世界多极化、经济全球化、社会信息化、文化多样化深入发展,全球治理体系和国际秩序变革加速推进,各国相互联系和依存日益加深,国际力量对比更趋平衡,和平发展大势不可逆转。同时,世界面临的不稳定性不确定性突出……(党的十九大报告)

译文:The trends of global multi-polarity, economic globalization, IT application, and cultural diversity are surging forward; changes in the global governance system and the international order are speeding up; countries are becoming increasingly interconnected and interdependent; relative international forces are becoming more balanced; and peace and development remain irreversible trends. And yet, as a world we face growing uncertainties and destabilizing factors.

上述例1中,汉语原文共有两句话,第一句话讲中华民族的璀璨文明和贡献,第二句话讲鸦片战争后中国面临的悲惨社会状况,表面上二者分别讲述了两件不同的事,似乎无直接的关联。但是通过语义分析我们可以发现,两个句子实际形成了对比关系,属于先扬后抑。在翻译时,译者通过在两句话中间添加关系连词"but",清晰地显示两句话之间的转折逻辑关系。

同样,例2中,汉语原文的第一句话陈述当今世界发生的一些积极变化,第二句话陈述当今世界的一些负面情况，在两句话之间使用了连接词"同时"表明二者是时间关系。在译文中，译者或许意识到两句话之间具有明显语义上的对比关系，通过添加连接词"yet"将原文的时间关系转换成了英语的转折关系，使得语义上的逻辑关系更加明晰。同时，连接词"and"的使用在一定程度上表明了二者的递进关系。这种转换译法是译者努力使译文更加符合英文形合化语言特点的有益尝试。

（四）目的关系（purpose relation）的翻译

目的关系指的是前后两个或多个小句中一个小句充当其他小句的目的，英语中一般使用各种表达目的关系的连接性短语进行明示，比如 so that, so as to, in order to, in order that, with a view to。比较而言，汉语也有少数词语表目的关系，比如"以便、为了、使得"，但是更经常借助语序等手段，比如通常会把表目的的小句置于句中靠后的位置。

1. 原文：坚持百花齐放、百家争鸣，坚持创造性转化、创新性发展，不断铸就中华文化新辉煌。（党的十九大报告）

译文：We should follow the principle of letting a hundred flowers bloom and a hundred schools of thought contend, <u>and</u> encourage creative transformation and development, <u>so as to</u> add new luster to Chinese culture.

2. 原文：推进科学立法、民主立法、依法立法，以良法促进发展、保障善治。（党的十九大报告）

译文：We will carry out lawmaking in a well-conceived and democratic way and in accordance with law, <u>so that</u> good laws are made to promote development and ensure good governance.

例 1 共包含三个小句，彼此之间未使用连接性的词语或短语，语义关系呈隐性。然而，原文的结构为"坚持……坚持……不断铸就……"，通过语义分析表明，三个小句之间主要为并列关系+目的关系：前两个小句属于并列关系，表明方式、方法，第三个小句指明目的。在翻译时，译者添加了并列关系连词"and"

和目的关系短语"so as to"，清晰地呈现了三个小句之间的逻辑关系，比较符合英语的显性衔接的语言习惯。

例 2 的原文包含两个小句，二者之间没有连接成分。尽管如此，两个小句之间隐含着目的关系，体现在第一个小句的"科学立法、民主立法、依法立法"和第二个小句的"良法"之间。译文通过添加连接性短语"so that"将这种隐性的逻辑关系明确化，实现了前后两个小句在句法上的显性连接。

(五)条件关系(conditional relation)的翻译

条件关系指一个小句表达条件，另一个小句表示在这个条件下产生的结果。英语表达条件关系的连接词或短语有 if, whether, as long as, unless, provided that, on condition that 等，对应汉语的"如果、假如、假使、只要"。

原文：文化兴国运兴，文化强民族强。(党的十九大报告)

译文：Our country will thrive only if our culture thrives, and our nation will be strong only if our culture is strong.

上例中源自党的十九大报告。原文的句子属于紧缩句，通过紧凑的句式表达了深刻、有力的意义。原文包含两个小句，每个小句内部又可分为两个部分，然而两个小句之间以及小句内部的两个部分中间并未使用逻辑关系连接词，使得逻辑关系呈隐性编码。通过分析可知，两个小句之间属于并列关系，小句内部的两部分之间均属于条件关系，即如果"文化兴"那么"国运兴"。译文通过添加两个"only if"明示了小句内部的逻辑关系，并且通过添加关系连词"and"从语法上将两个小句并列起来，照顾了英语读者的阅读习惯。

(六)递进关系(progressive relation)的翻译

递进关系表示在意义上进一层的关系，相比于前面的分句，后面的分句向更重要、更宽广、更深入或更困难的方向推进，分句之间的关系是递进的。英语中有一系列表达递进关系的词或短语，比如 in addition, what's more, furthermore, apart from 等，汉语中有"此外、另外、加之"等。

原文：在采取国际最高安全标准，确保安全的前提下，抓紧启动东部沿海地区新的核电项目建设。务实推进"一带一路"能源合作，加大中亚、中东、美洲、非洲等油气的合作力度。(《习近平谈治国理政》第一卷)

译文：New nuclear projects on the coast will be launched as soon as possible, and they will be subject to the world's highest safety standards. <u>In addition</u>, China will encourage energy cooperation through the "One Belt and One Road", and expand oil and gas cooperation with countries in Central Asia, the Middle East, the Americas and Africa.

上例是习近平总书记关于能源规划、能源安全方面的重要表述。汉语原文包含两句话，第一句主要讲述启动国内核电项目的建设，第二句表述的是加大与国外的合作，二者均属于实现我国能源安全的具体举措。但是通过对比发现，第二句话讲述的内容比第一句话更加深入，是由国内推向国际，范围更广且难度更大，因此属于对第一句的递进。原文主要是依赖语序实现这种递进关系，逻辑关系需要读者自行推断出来。然而，译文通过添加连接短语"in addition"，明示了二者的递进关系，易于英语读者理解。

(七)让步关系(concessional relation)的翻译

让步关系指表意时先退一步说，然后再转入正题，其中一个分句表示某种让步，另一个分句表示转折。英语中常用的让步关系连词或短语有"although, though, despite, in spite of"等，对应于汉语的"尽管、虽然、即使、就算"等词语。

原文：经常听到这样的议论，说一些问题长期得不到解决，表现在基层，根子在上层……(《习近平谈治国理政》第一卷)

译文：We often hear voices crying out that long-standing problems cannot be solved <u>because</u> they are rooted in the upper levels, <u>although</u> the symptoms appear at the lower levels.

上例的原文共有四个小句，其中后三个小句存在一定的逻辑关系。第二个小句与最后两个小句是因果关系，第三个小句与第四个小句是让步关系，即先退一步说再转向正意。然而，原文的语义关系表现为隐性连贯，而非显性衔接。译文将原文的四个小句转换为具有多个层级的从属结构，对原文的语序进行了一定的调整，将原文第四个小句前置作为第二个小句的原因，同时添加让步关系连词"although"，明示第三个与第四个小句之间的让步关系。通过连续使用关系代词"that"、连接词"because"和"although"，译者在译文中构建了具有多个层级的句式结构，同时明确了小句之间的语法和逻辑关系。

（八）例证关系（illustration）的翻译

例证关系是逻辑关系的一种，通常以观点加例示的形式出现，前一句编码观点，紧接着下一句给出例子。英语习惯在两句中间加上表达例证关系的连接短语（比如 for instance, for example）明示二者的逻辑关系，而汉语较少使用"比如、例如"等词语。下面举例说明：

1. 原文：2000 多年来，佛教、伊斯兰教、基督教等先后传入中国，中国音乐、绘画、文学等也不断吸纳外来文明的优长。中国传统画法同西方油画融合创新，形成了独具魅力的中国写意油画，徐悲鸿等大师的作品受到广泛赞赏。(《习近平谈治国理政》第一卷)

译文：Over the last 2,000 years religions such as Buddhism, Islam and Christianity have been introduced into China, nurturing the country's music, painting and literature. China's freehand oil painting, for instance, is an innovative combination of its own traditional painting and Western oil painting, and the works by Xu Beihong and other master painters have been widely acclaimed.

2. 原文：如果种树的只管种树、治水的只管治水、护田的单纯护田，很容易顾此失彼，最终造成生态的系统性破坏。(《习近平谈治国理政》第一卷)

译文：If people only tend to their own responsibilities, for example, growing trees, regulating rivers or protecting farmland in isolation, they are prone to gaining in one area and losing in another, which eventually leads to systemic destruction of the ecology.

上例 1 中，汉语原文是 2014 年 3 月习近平总书记在联合国教科文组织总部演讲中的一段表述。原文共两句话，第一句话讲外来文明对于中国音乐、绘画、文学等领域的滋长，第二句话进一步选取了绘画领域，具体地阐述了这种中外融合为画法发展的贡献，即中国写意油画的产生，因此第二句话构成了对于第一句话观点的举例说明，即例证关系。原文中这种隐含的例证关系，在翻译时被译者加以明晰化，体现在例证关系连接短语 for instance 的添加。

例 2 中，汉语原文是习近平总书记就生态文明建设和人与自然和谐共处提出的表述。汉语原文由三个小句组成，连接词"如果"的使用清晰地表明，第一个小句和后两个小句之间是条件关系。然而通过仔细分析可知，第一个小句通过顿号罗列了三件紧密相关、较为具体的事情，实则表达了一种抽象的意义，即"如果人们只负责自己分内的事情"。在翻译时，译者通过添加小句"people only tend to their own responsibilities"将原文隐含的抽象语义予以明晰化，并作为第一个小句中的观点，随后又将原文罗列的三件具体事情作为进行说明的例子，这样二者之间就构成了例证的关系，译文随后通过添加短语"for example"进行了明示。可见，通过增译小句和逻辑关系连词，例 2 的翻译显化了隐含语义和逻辑关系。

第三节　篇章衔接关系的翻译

形合化语言的衔接不仅体现在小句与小句或句子与句子之间的连接上，还体现在一系列其他衔接手段的使用，通常是更高的层面，也即篇章性或话语性层面。这些手段包括指称、替换、省略、词汇搭配等，在英语语篇中经常结合着使用，实现多方面、多层次的衔接。

一、指称(reference)在翻译中的应用

指称是实现语篇衔接一种手段，涉及使用代词来指示其他目标对象，通常包

括指示代词(如 this，that，these，those)和人称代词(如 I，you，he，she，it，they)。英语经常借助于各种代词在上下文中形成指称的链条，实现语篇层面的紧密相连，如同编制无缝的织物，环环相扣。相比较而言，汉语的语篇对于指称的使用要少得多。下面以《习近平谈治国理政》第一卷的翻译为例，说明如何应用指称进行翻译：

1. 原文：不断实现好、维护好、发展好最广大人民根本利益，使发展成果更多更公平惠及全体人民，在经济社会不断发展的基础上，朝着共同富裕方向稳步前进。

译文：... and we should continue to fulfill, uphold and develop the fundamental interests of all the people. All these efforts will enable our people to share fully and fairly the benefits of development and move steadily towards shared prosperity on the basis of continued economic and social development.

2. 原文：一段时间以来，社会各方面就此积极建言献策，不少意见值得重视。要梳理采纳合理意见，总结我们自己的经验教训，借鉴国内外有益做法。

译文：For some time now we have solicited advice from people of all walks of life, much of which has been constructive. We must sort through these ideas and put them into practice, sum up the lessons we learn, and draw on experience from both at home and abroad.

3. 原文：中华民族历来爱好和平。近代以来，中国人民蒙受了外国侵略和内部战乱的百年苦难……

译文：China has always been a peace-loving nation. But it was subjected to a century of untold sufferings as a result of repeated foreign aggression and domestic turmoil.

例 1 中，汉语原文包含四个小句，句式较长且复杂，小句之间未使用任何代词作为指示手段。在翻译时，译者首先对原句进行了断句，将原文句子拆分为两句话，同时在第二个句子前增加用于前指的代词 these，回指第一句话所述内容，从而通过指称实现了两句话的显性衔接。例2中，原文的"意见"一词在两句话中均有出现，在汉语中属于使用重复，实现了上下文的连贯。然而，英语语篇不太喜欢重复，而习惯使用代词进行指代或使用同义词进行替换。因此，译文的第二句话中使用了"ideas"来替换第一句话的"advice"一词，属于同义替换，并且增添了指示代词"these"，通过回指说明此处的"ideas"与第一句话中"advice"和"which"具有相同所指，接下来又使用了"them"再次回指前述的"ideas"一词。因此"advice—which—these ideas—them"在上下文中形成了指称的链条，实现了显性衔接，更加符合英语的语言规范。例3中，汉语原文中两句话的主语均含有"中华"或"中国"，都对应英文单词"China"。然而在翻译中，译文在第二句话的主语使用第三人称代词"it"，用于回指第一句话的已知信息"China"，既避免了用词重复，又与前一句话实现了指称上的衔接，符合英语对主语的使用偏好。

二、替代(substitution)在翻译中的应用

替代是一种语法手段，指在新的语境中再现已知信息的方式手段，可用于避免重复和连接上下文。替代可分为名词性替代、动词性替代和小句性替代。名词性替代(nominal substitution)指以名词性替代词来替代名词或名词性短语，一些常用的名词性替代词或短语包括one, the same, the kind, the former, the latter, in this regard, another, many, much, others等。出于篇幅的限制，下面仅以名词性替代为例进行说明：

1. 原文：既重视发展问题，又重视安全问题，发展是安全的基础，安全是发展的条件……

译文：We should pay close attention to both development and security. The former is the foundation of the latter while the latter is a precondition for the former.

2. 原文：市场决定资源配置是市场经济的一般规律，市场经济本质上就是市场决定资源配置的经济。

译文：It is a general rule of the market economy that the market decides the allocation of resources, and a market economy in essence is one in which the market determines resource allocation.

3. 原文：要加强对人民群众的<u>国家安全</u>教育，提高全民<u>国家安全</u>意识。

译文：We should promote <u>national security</u> education among all the Chinese people and enhance their awareness <u>in this regard</u>.

上述例子均源自《习近平谈治国理政》第一卷。三个例子的汉语原文均通过名词的词语复现实现了上下文的衔接。考虑到英语的语言传统不喜欢重复，译文均进行了名词性替代，采取不同的替代手段（即 the former, one, in this regard）以避免重复，同时在英语中以地道的方式实现了语篇的衔接。因此，替换译法是实现英语语篇衔接的重要翻译方法。

三、省略（ellipsis）在翻译中的应用

省略指省去那些能够使得句子结构变得完整或清晰的词语或结构。省略是英语语篇常用的衔接方式之一，与英语的语言结构特点有关，既可以省略单个句子成分，也可以省略多个句子成分。尽管汉语倾向于复现同样的结构，英语倾向于从第二个相似结构开始，通过否定结构、不定式、助动词结构等进行省略。汉英翻译时，译者可充分利用英语的省略特点，实现语篇上地道的衔接。

1. 原文：环境好，则人才聚、事业兴；环境不<u>好</u>，则人才散、事业衰。

译文：When the environment is sound, talented people will gather, and our cause will thrive; but when it is <u>not</u>, they will go their separate ways, and our cause will fail.

2. 原文：精神的力量是无穷的，道德的力量也是<u>无穷的</u>。

译文：Inner strength is infinite, <u>as is</u> moral strength.

3. 原文：2008 年北京奥运会火炬在达累斯萨拉姆传递过程中，坦桑尼亚人民像欢庆自己的节日一样，载歌载舞迎接奥运圣火……

译文：When the 2008 Beijing Olympic torch relay came to Dar es Salaam, the Tanzanian people welcomed the Olympic flame with song and dance, <u>as if celebrating</u> their own festival.

上述三例均来自《习近平谈治国理政》第一卷。例 1 中，第一个小句的"环境好"和第二个小句的"环境不好"属于相似的结构。在翻译时，译者首先使用指称代词(即代词 it)，指代了第一句话已经出现的已知信息"environment"，然后使用省译法，即使用否定词"not"后略去了表语"sound"，在英语中实现了上下文的衔接。例 2 中，汉语原文的系表结构"是无穷的"前后出现了两次，译文较好地使用了英语的动词性替代，利用"as is"结构省去了第二个"infinite"一词，既实现了与上文的衔接，又做到了简洁。例 3 中，英译文中"as if"后省略了主谓结构"they were"，句式结构变得简洁明了，也和上文实现了衔接。上述三例均是巧妙利用了英语省略的语言特点，在忠实原文的基础上，实现了篇章的衔接和精练。

由上述三个小节可知，指称、替代、省略等手段在英语的行文中被频繁使用。这些手段通常不同于汉语原文的篇章组织结构，是英语形合化的具体体现，充分利用这些手段能够使得译文语篇符合英语形合的要求，在简洁的同时实现显性的衔接。这些手段在句子中经常不是孤立出现，而是被综合运用。从打造"融通中外"的中国话语的视角出发，灵活地运用这些语篇衔接手段能够使得我们的译文在"充分性—可接受性"连续渐进体上尽量靠近"可接受性"一端，在不违背忠实于原文的前提下，有利于中国特色话语的海外接受。

第四节　本章小结

本章聚焦中国特色话语在句法层面和语篇层面的译介策略。首先，我们关注了中国特色话语中一些组成成分较多、字数较长的短语，并分析如何识别短语内部成分的彼此关系以及如何进行清晰准确的翻译。随后本章关注了中国特色话语在小句或句子层面的翻译，具体涵盖并列句、长难复合句和逻辑关系的翻译策略及方法。最后，本章研究了中国特色话语在篇章层面的翻译，主要涉及英译文篇章的衔接与连贯。具体而言，我们分析了英语指称、替代、省略等语篇手段在英译文中的应用。众所周知，汉语的句式结构与英语有着极大的不同，汉语偏意合的流水句式特征以及汉语的"作者负责型"(author-responsible)表意特点给翻译带来了巨大的挑战，如何能让英语读者轻松明晰地理解原文的句意一直是值得研究的一大课题。本章基于对新时代中国特色话语的大量实例分析，希望能够给未来相关文本句子层面的翻译带来一定的参考和启示。

第五章　中国特色话语修辞层面译介策略

修辞在狭义上指语言写作时的表达手法，目的是提高文章的表达效果，涉及调整语序、使用修饰等，通过特定的语言形式，增强表达作用。一些常见的修辞手段包括比喻、拟人、夸张、排比、对偶等。中国特色话语一般具有说明和说服的双重目的，所以经常会使用到各种修辞手段以增强表达效果。此外，领导人著作由于含有个人叙事和个人特点，会经常使用一些具有个性化特色的语言，里面也经常会借助各种修辞方法。譬如，《习近平谈治国理政》使用了大量人民群众所喜闻乐见的朴实话语来阐述深刻的道理，经常借助各种修辞方式，以平易近人、人民群众所熟知的语言讲故事、讲道理。实际上，在《习近平谈治国理政》中习近平总书记使用了大量的、丰富多样的修辞手段，但是由于汉英语言差异和修辞差异，如何忠实完美地再现这些修辞性话语就成为摆在译者面前的一大难题。外文局组织的翻译团队非常出色地、高标准地完成了这项艰巨的任务，并获得了广泛的好评(王明杰，2020)。下文以《习近平谈治国理政》的英译为分析对象，系统总结各类修辞语言的翻译方法和技巧，并反思如何针对中国特色话语中的修辞语言在对外翻译时做好融通中外。

第一节　比喻修辞的翻译

比喻是一种常见的修辞格，即用与某一事物有相似之处的另一事物来解释或说明该事物。在形式上，含有本体、喻体和比喻词三个成分，根据这三个成分的异同及出现与否，比喻可进一步区分为明喻、隐喻和借喻三类。通过对比语言学可知，汉英语言在比喻语言的使用上存在巨大的差异。具体而言，汉语喜欢使用具体的、形象化的语言表述抽象的思想，常常借助比喻作为一种修辞手段来使语言变得生动活泼、接地气，这与中国人擅长具体思维的特点有关。然而，英语语言更喜欢使用模糊的、宽泛的表述，语言表达比较抽象，尤其体现在大量各种抽象名词的使用上，这与英美人的抽象思维方式有关。由于汉英语言在比喻修辞上的差异，如何准确翻译汉语的比喻，又能使得英语读者易于理解汉语具体形象的语言背后所蕴含的深刻道理，是译者需要权衡的一大难题，需要译者克服语言和文化的双重障碍。

一、明喻（simile）的翻译

所谓的"明喻"，指本体、比喻词和喻体同时出现，汉语中一些常见的比喻词有：像、好像、就像、好比、好似、恰似、如、犹如、仿佛等，英语中常见的比喻词有 like，as，seem，as if，as though 等。明喻因为有比喻词的出现，比较容易识别，在翻译时译者一般可以采取直译、转译或者省译等方式。

（一）直译为明喻

如果汉语的明喻涉及的本体和喻体能够直接为英语读者所理解，就可以直译为英语的明喻，借用英语的明喻标记词 like，as，as if，as…as 等。例 1 中，原文在强调"和平"重要性的时候，使用了明喻，出现了标记词"犹如"，译文直接使用了英语对应的明喻手法，并保留了比喻词"like"。例 2 中，习近平总书记借用一个典故警戒领导干部要常修为政之德、常思贪欲之害、常怀律己之心，该典故使用了含有比喻词"如"的两个明喻。因为该比喻对于英语读者而言理解难度不大，译者采取了直译的方法，通过两个比喻词"as if"和"as"保留了原文的明喻。这两个例子均通过直译，再现了原文生动形象的表述。

1. 原文：和平犹如空气和阳光，受益而不觉，失之则难存。（《习近平谈治国理政》第一卷）

译文：Peace, like air and sunshine, is hardly noticed when people enjoy it. But none of us can live without it.

2. 原文：要让每一个干部牢记"手莫伸，伸手必被捉"的道理。"见善如不及，见不善如探汤。"（《习近平谈治国理政》第一卷）

译文：Every official must bear the following in mind："Do not try dipping into the public coffers because a thieving hand is bound to get caught," and "Contemplating good and pursuing it, <u>as if</u> you could not reach it; contemplating evil, and shrinking from it, <u>as</u> you would from thrusting a hand into boiling water.

(二)转译为隐喻

除直译为英语的明喻外，有时候译者还可以将汉语的明喻转译为英语的隐喻。使用隐喻同样可以保留原文生动形象的语言，却可以省略比喻词。下例中，汉语原文连续使用了四个明喻，出现了两个"如"和两个"好比"。然而，如果均将其翻译为英语的明喻，可能会让比喻词多次出现，导致重复。由于英语语言不喜重复，译者在翻译第一句话的明喻时，通过系动词"is"将之转译为英语的隐喻，但是使用"like"保留了第二句话中的比喻词。这样，译文既再现了原文明喻所蕴含的中国文化特色，也照顾了英语读者的阅读习惯，在充分性与可接受性之间达成了平衡。

原文：古人说："学如弓弩，才如箭镞。"说的是学问的根基好比弓弩，才能好比箭头，只要依靠厚实的见识来引导，就可以让才能很好发挥作用。（《习近平谈治国理政》第一卷）

译文：There is an ancient Chinese saying, "Learning <u>is</u> the bow, while competence <u>is</u> the arrow. "This means that the foundation of learning is <u>like</u> a bow, while competence is <u>like</u> an arrow; only with rich knowledge can one give full play to one's competence.

(三)省译

因为汉语喜欢使用形象化语言并且喜欢重复的特点(比如一个意思可以反复表达或正着说加反着说等)，比喻性语言可以和表达类似意思的普通语言并存。但是，若直接翻译为英语可能会造成冗余，尤其是当比喻中所蕴含的语义已经隐含在其他词语之中时。此时，可以具体情况具体分析，考虑省略汉语的比喻性语言。下例中，原文第二句话出现了比喻性语言"像空气一样"和普通用语"无所不在、无时不有"，但是前者的意思已经隐含在后者之中，若直译过去，在英语中就构成了冗余表达。对此，译者进行了省译，使得译文言简意赅。

原文：要利用各种时机和场合，形成有利于培育和弘扬社会主义核心价值观的生活情景和社会氛围，使核心价值观的影响像空气一样无所不在、无时不有。(《习近平谈治国理政》第一卷)

译文：We should make use of every opportunity to make this happen, anytime and anywhere.

二、隐喻(metaphor)的翻译

隐喻是一种比较常见的比喻类型，指本体和喻体同时出现，用一种事物暗喻另一种事物(即"A 是 B")，但是使用诸如"是、成、成为、变为、变成"等系动词代替"如、像、好似"等比喻词，比明喻更加灵活。《习近平谈治国理政》中经常使用隐喻修辞，以浅显的语言表达抽象的道理，让广大普通党员和人民群众一读即知其深意，易于理解、乐于接受，是总书记语言接地气的表现，也体现了以人为本的内涵思想。通过对《习近平谈治国理政》中隐喻翻译的总结，我们可以发现中国特色话语中的隐喻可以采取四种翻译方法：①直译为英语的隐喻，②转译为英语的明喻，③简化翻译为普通语言(即非比喻)，④改译为其他形式的隐喻，下面分别介绍：

(一)直译为英语的隐喻

隐喻不仅在汉语中比较常见，在英语中也会经常出现，虽然所比喻的事物在汉英语言中并不完全一致。尽管如此，不少中国特色话语中的隐喻直接翻译为英语，也很容易能为英语读者所理解。从传播中国特色文化的目的出发，译者可以采取直译的方法保留汉语的隐喻语言特点，在确保译文可接受性的前提下尽量体现充分性。

1. 原文：第三，改革开放是<u>一个系统工程</u>，必须坚持全面改革，在各项改革协同配合中推进。(《习近平谈治国理政》第一卷)

译文：Third, reform and opening up is <u>a systematic project</u>, which should be pushed forward in an all-round way with all kinds of reforms well coordinated.

2. 原文：中国共产党是用马克思主义武装起来的政党，马克思主义是中国共产党人理想信念的<u>灵魂</u>。(《习近平谈治国理政》第三卷)

译文：The CPC is a political party armed with Marxism; Marxism is <u>the soul</u> of the ideals and convictions of Chinese Communists.

上述例 1 中，原文第一个小句是一个隐喻，使用系动词"是"将"改革开放"比喻成一项"系统工程"。由于"工程"概念在汉英语言中均较为常见，具有共通性，所以译文将汉语的隐喻直译至英语中，即"a systematic project"，可以让英语读者无障碍理解。例 2 中，汉语原文的第二个小句同样使用"是"字将"马克思主义"比喻成"灵魂"，非常形象地强调了马克思主义的重要地位。由于"灵魂"的对应词"soul"能激发英语读者产生和汉语读者类似的想象，即"事物的核心"，因此译者选择保留了该隐喻。由上可见，在考虑文化共通性的前提下，译者可以选择直译以尽量保留汉语的隐喻，以增强文化自信。

(二)转译为英语的明喻

除了将汉语的隐喻直译为英语的隐喻外，译者还可以将其转译为明确包含比喻词的明喻。实际上，有时候利用比喻词"as, like"等在英语语言组织中能更好地起到连接作用。

1. 原文：要切实执行组织纪律，不能搞特殊、有例外，各级党组织要敢抓敢管，使纪律真正成为<u>带电的高压线</u>。(《习近平谈治国理政》第一卷)

译文：Party organizations at all levels must fully observe organizational discipline, make no exceptions in this regard, and have the moral fiber to denounce and rectify violations of Party discipline to preserve it <u>as a high-tension line of deterrence</u>.

2. 原文：要坚持专群结合、依靠群众，深入开展各种形式的群防群治活动，筑起铜墙铁壁，使暴力恐怖分子成为"过街老鼠、人人喊打"。（《习近平谈治国理政》第一卷）

译文：We should enlist both professional forces and the public in the fight against terrorism, get the general public to carry out different forms of activities against terrorism, build an impregnable anti-terrorism network, and ensure that terrorists are hunted down like rats.

上述例 1 中，汉语原文将"纪律"比喻为"带电的高压线"，意指纪律红线触碰不得，但是由于未使用比喻词，所以构成了隐喻。译者在译文中明确增添了比喻词"as"，将原文的隐喻转变为英语中的明喻，同时又将"带电的"转译为英语抽象名词"deterrence"，部分地保留了汉语的比喻特色，又能让英语读者理解其深意。例 2 中，汉语原文将"暴力恐怖分子"比喻为"过街老鼠"，即人人痛恨的对象，但同样未使用比喻词，所以在原文中属于隐喻。译者在译文中在本体和喻体之间明确增添了比喻词"as"，将原文的隐喻转换为英语的明喻，同时将原文的"人人喊打"转译为英语普通短语"hunt down"。需要指出的是，英语中的"as, like"既可以作为比喻词起到比喻的作用，又可以同时充当连接词或介词，起到连接句子前后成分的作用，两者或许都是译者将原文隐喻转译为英语明喻的原因。可见，通过增添比喻词，将汉语的隐喻转译为英语的明喻也不失为一种可行的翻译方法。

此外，在党的二十大报告及其英文翻译中，我们也可找到类似的例子，即通过将原文的隐喻转译为英文的明喻，从而保留原文的比喻性说法。

3. 原文：发挥政治巡视利剑作用……（党的二十大报告）
译文：We will see that political inspections serve as a powerful tool...

例 3 中，原文将"政治巡视"比喻为"利剑"，但是未使用比喻词，因而属于隐喻。译者在译文中通过添加比喻词"as"将原文的隐喻转译为明喻。此外，译文将原文中的喻体作了一定的改动，并未直接翻译为"利剑"，而是翻译为"a powerful tool"（强大的工具），能够更加方便英语读者的理解，也能保留原文的比喻性语言特点，平衡了翻译的可接受性和充分性，有利于实现"融通中外"。

（三）简化翻译为普通语言

有些汉语隐喻性语言，具有较强的文化特色，有时将其直译为英语的隐喻，不一定恰当或者不容易为目的语读者所理解。译者可以视情况，将原文隐喻的比喻性含义通过直白的语言表述出来，即在可接受性与充分性之间作好平衡，确保在可接受性的前提下尽量接近充分性。

1. 原文：强化责任追究，不能让制度成为<u>纸老虎、稻草人</u>。（《习近平谈治国理政》第一卷）

译文：They all should strengthen the accountability system to prevent our institutions from becoming a <u>facade</u>.

2. 原文：牢记坚决听党指挥是<u>强军之魂</u>，能打仗、打胜仗是强军之要，依法治军、从严治军是<u>强军之基</u>……（《习近平谈治国理政》第一卷）

译文：China's military must never lose sight of the fact that following the Party's command is its <u>core duty</u>, to fight and win is its fundamental role, and to run the army strictly and in accordance with the law is <u>key</u> to achieving these aims.

3. 原文：坚持和发展中国特色社会主义是<u>一篇大文章</u>。（《习近平谈治国理政》第一卷）

译文：Developing Chinese socialism is <u>a great cause</u>.

4. 原文：勇做时代的弄潮儿，在实现中国梦的生动实践中<u>放飞青春梦想</u>，在为人民利益的不懈奋斗中书写人生华章！（党的十九大报告）

译文：You should ride the waves of your day; and in the course of realizing the Chinese Dream, <u>fulfill</u> your youthful dreams, and write a vivid chapter in your tireless endeavors to serve the interests of the people.

例1中，原文使用否定式将"制度"比喻成"纸老虎、稻草人"，属于隐喻。但是，尽管"纸老虎"一词曾被译为"paper tiger"，在过去的几十年里，国外特定受众对这一表述一定的接受度，但是当今世界的普通读者对其不一定熟悉。此外，这里的"纸老虎"和"稻草人"均属于喻体，在一定程度上构成了语义的反复，而英语不喜重复。《习近平谈治国理政》一书旨在让更多的国外普通读者能够理解，增大传播范围，在翻译过程中译者如果将两个喻体均翻译出来，可能对译文读者造成一定的阅读困难。因此，译文选择将二者翻译为具有概括性意义的普通词语"facade"[（虚假的）表象，外表]，言简意赅。同样，例 2 中，原文分别将"听党指挥"和"依法治军、从严治军"比喻为（强军之）"魂"和"基"，属于隐喻，具有汉语的文化特色。由于中英读者所在的政治制度和文化存在差异，此处的语义不一定容易为英语读者所理解。为了使译文语义更加明确无误，译者选择将二者分别翻译为"core duty"和"key to"，虽削弱了翻译的充分性，却较好地照顾到了译文的可接受性。

例 3 中，原文将"坚持和发展中国特色社会主义"比喻为"一篇大文章"，具备相关背景知识的中文读者能根据上下文语境推测出此处的蕴含语义。但是译者若在译文中将其直译为英语的"a great/long article"，其中想要传达的深层语义对于英语读者来说可能会让人费解，为了避免产生歧义，译者将之简化译为普通词汇"a great cause"。例 4 中，原文有两个隐喻，第一个隐喻通过使用动词"放飞"将"青春梦想"比喻为仿佛有翅膀、可以飞翔的鸟儿等有生命之物，第二个隐喻将青春"奋斗"过程比喻为书写创作的过程，人的青春就仿佛书籍中的一个章节一般，徐徐展开，其内容如何、精彩程度如何取决于个人如何进行书写。通过两个隐喻的连续使用，原文读上去非常生动、形象，对于读者而言具有很强的感染力和启发性。针对原文两个隐喻，译者在译文中采用了不同的方法进行处理：考虑到第一个隐喻属于汉语文化所特有的修辞，在英文里找不到类似的说法，译者在译文中没有按字面意思将其翻译为"release…to fly"或"let…fly"，而将之转译为普通语言，即将"放飞"翻译为英语中通常和"dream"搭配的普通动词"fulfill"，照顾到了译文读者。对于第二个隐喻，由于英语有类似的表述，即英文单词"chapter"可以表示"（人生或历史的）时期、时代、篇章"（a period of time in a person's life or in history）之意，译者考虑到该隐喻可以与英文类似表达融会贯通，于是在译文将之直译为英文的隐喻，即"write a vivid chapter"，完美再现了原文形象化的比喻，提升了译文对于英文读者的吸引力。

(四)改译为其他形式的隐喻

除进行直译、简化翻译外,对于汉语的一些隐喻,译者还可以考虑在恰当的时候将这些隐喻改译为英语中其他形式的隐喻,前提是并不会影响比喻性意义的传递。在改译中,译者可以考虑借用英语中现有的隐喻或者其他已经通过翻译进入英语的隐喻。

1. 原文:对任何地方、任何时候、任何人,凡是需要追责的,必须一追到底,决不能让制度规定成为"没有牙齿的老虎"。(《习近平谈治国理政》第三卷)

译文:Anyone who damages the environment—no matter where or when—shall face the consequences. The institutions must not become a "paper tiger".

2. 原文:落实全面从严治党政治责任,用好问责利器。(党的二十大报告)

译文:We will work to ensure that political responsibility for full and rigorous Party self-governance is fulfilled and that accountability mechanisms have real teeth.

上面例1中,"制度规定"以否定的形式被比喻为"没有牙齿的老虎",后者作为喻体常被用来比喻"外强中干的人或物",也即外表强大凶狠而实际空虚无力的人或物等。据杨雪冬等学者介绍,由于毛主席在1946年提出的著名论断"一切反动派都是纸老虎"已经被翻译入英语,即"All the reactionaries are the paper tiger",因此该论断在世界范围内逐渐流传开来,具有较高的知名度(桂田田,2015)。此处巧妙地借用了毛主席的"纸老虎"(paper tiger)这一说法来改译原文的喻体"没有牙齿的老虎",虽然比喻的形式发生了一定的改变,但是传递的比喻性意义却是相同的,并且与毛主席"纸老虎"的说法形成互文关系,英语读者更容易接受。因此,该译文既保留了原文的比喻性语言特点,也考虑到了英文读者的理解力。例2中,原文未使用任何比喻词,将问责机制比喻为"利器",因而属于隐喻。译者在译文中并未采取直译手法,将其翻译为"sharp weapon",主要原因在于该比喻性说法是汉语特有，不一定容易被英语读者理解。考虑到目的语读者的理解，译者在译文中套用了英语中的现有表达"have teeth"，意为"to have enough power or support of authority to compel obedience or punish offenders"（拥有足够的权力或权威以迫使遵从或惩罚违反者）。由于"have teeth"在英语中也是一种隐喻，因此该译文既保留了原文比喻修辞的语言风格，也能很好地被英语读者理解，较好地在充分性与可接受性之间达到了平衡，是打造融通中外话语的一个很好体现。

三、借喻（metonymy）的翻译

借喻是比喻的一种类型，是以喻体来指代本体，其中本体和比喻词都不出现，直接把甲（本体）说成乙（喻体）。在《习近平谈治国理政》中，习近平总书记非常善于运用各种借喻，是常用的修辞方式之一，经常表现为以人民群众所熟悉的家常话语阐述治国理政的理念。比如，习近平总书记曾形象地将大大小小的贪腐官员喻为"老虎"和"苍蝇"，在人民群众中广为流传，借助借喻的修辞魅力拉近了与人民群众的距离。这些借喻的使用极大地增强了习近平总书记话语的魅力，具有极大的感染力。然而，有些借喻可以在译文中得到完全翻译，有些能得到部分翻译（损失部分语义），也有些完全无法得到翻译。通过梳理，我们在《习近平谈治国理政》的译文中主要发现了以下几种主要翻译方法：①完全直译，②部分直译，③替换为英语特有的借喻，④简化翻译为非修辞性语言，⑤省略不译。

（一）完全直译为英语的借喻

由于使用汉英语言的人民在生活经验、知识领域等方面具有一定的共通性，不少汉语的借喻能够为英语读者所理解，所以为了再现汉语生动形象的特色语言，译者可以首先考虑采用完全直译的方法来翻译汉语的借喻。

1. 原文：中国将以建设性姿态参与地区事务，主持公道、伸张正义，同阿拉伯国家一道，推动通过对话找到各方关切的<u>最大公约数</u>……（《习近平谈治国理政》第一卷）

译文：China will play a constructive role in regional affairs, speak up for justice, and work with the Arab states to encourage dialogue as a way to find the greatest common denominator on issues of concern to all parties.

2. 原文：同样，我们的思想和行为也会沾上灰尘，也会受到政治微生物的侵袭，因此也需要"洗澡"，既去灰去泥、放松身心，又舒张毛孔、促进新陈代谢，做到干干净净做事、清清白白做人。(《习近平谈治国理政》第一卷)

译文：Similarly, our minds and actions can get dusty too, tainted by political microbes, so we also need to "take a bath" to rid ourselves of dust and grime, refresh our body and mind, unclog our pores, and get our metabolism working, so that we carry out our duties earnestly and uphold personal integrity.

在例1中，汉语原文使用了"公约数"这一数学领域的术语，该词原指一个能同时整除几个整数的数，公约数中最大的被称为"最大公约数"。习近平总书记借用该数学术语来比喻各方均能认可的解决方案，非常生动形象。由于数学语言和知识在各国人民中存在共通性，译者在译文中采取直译的方法能够让这一借喻为英语读者所理解。在例2中，汉语原文的一句话中连续出现了五个借喻，比如用"沾上灰尘"比喻思想和行为上的疲倦懈怠，用"政治微生物"比喻外来的、周围的不良政治现象，语言非常生动形象、非常接地气，很容易在人民群众中产生共鸣。考虑到英语读者对这些借喻所表达的生活场景非常熟悉，译者将其直接翻译为英语并不会对译文读者造成理解障碍，因此此处译者采用了完全直译的方法，完整地保留了原文的借喻色彩，充分再现了习近平总书记的语言魅力。

(二) 部分直译为英语的借喻

尽管有些借喻可以完全被翻译至英语文本中，但也有些汉语借喻中的成分具有较强的文化专有性，译者若直接将其翻译至英文可能会对译文读者造成文化冲突或者理解困难，因此不宜全部翻译过去，可以考虑保留部分文化成分。

1. 原文：回顾党的历史，我们党总是在推动社会革命的同时，勇于推动自我革命，始终坚持真理、修正错误，敢于正视问题、克服缺点，勇于刮

骨疗毒、去腐生肌。(《习近平谈治国理政》第三卷)

译文: In looking back at our Party's history, while carrying forward social revolutions it has always embarked on self-reform by upholding truth, rectifying its mistakes, facing problems squarely, overcoming its weaknesses, and <u>bracing for the pain of removing the poison to heal quickly</u>.

2. 原文: 可以说，容易的、皆大欢喜的改革已经完成了，<u>好吃的肉都吃掉了</u>，剩下的都是<u>难啃的硬骨头</u>。(《习近平谈治国理政》第一卷)

译文: It can be said that <u>the easy part of the job</u> has been done to the satisfaction of all. What is left are <u>tough bones that are hard to chew</u>.

在例1中，原文中用"刮骨疗毒、去腐生肌"比喻"勇于自我改革，纠正自身问题和错误"。在汉语中，人们了解"刮骨疗毒"的典故缘来，但是该比喻描述的场景可能让不了解中国传统文化的外国读者觉得有些残忍、血腥(杨望平，2018：31)，可能会造成文化冲突。此外，"刮骨疗毒"和"去腐生肌"语义相近，在汉语中属于近义反复，但是不符合英语的语言传统。因此，译者采用"bracing for the pain of removing the poison to heal quickly"，仅部分地再现了原文隐喻中的文化成分，在保证译文可接受性的前提下，又很好地照顾到了翻译的充分性。例2中，汉语原文形象地借用了中国人饮食习惯中的"好吃的肉"和"难啃的硬骨头"来比喻"容易完成的工作"和"较难完成的工作"，对于中文读者来说理解较容易。但是，"好吃的肉"与前文的"容易的、皆大欢喜的改革"构成了语义反复，并且该借喻可能会给饮食习惯不同的国外读者带来一定的文化隔阂，比如有不少西方人属于素食主义者等。因此，出于上述考量，译者仅翻译了后一个的借喻，部分地再现了原文借喻中的文化因素，既照顾到了译文的读者可接受性，又照顾到了中国文化的对外传播需求。

(三) 替换为英语特有的借喻

英语文本中也会经常使用一些借喻手法，但是针对同样的本体，英语有时习惯使用跟汉语不同的喻体。尽管所使用的喻体不同，英语的借喻却可能表达跟汉语借喻相类似的比喻性意义。此时，译者可以适当舍弃汉语偏好的喻体形式，采用英文读者更熟悉的喻体，能够实现相似的效果。

1. 原文：我们要坚持改革开放正确方向，敢于啃硬骨头，敢于涉险滩，敢于向积存多年的顽瘴痼疾开刀……（《习近平谈治国理政》第一卷）

译文：We will have the courage to crack the "hard nuts," navigate the uncharted waters and take on the deep-rooted problems that have piled up over the years.

2. 原文：要以最坚决的意志，最坚决的行动扫除政法领域的腐败现象，坚决清除害群之马。（《习近平谈治国理政》第一卷）

译文：We should wipe out corruption in the judicial, procuratorial and public security fields with the strongest will and the most resolute actions, and remove the bad apples from them.

上述例 1 中，原文用"敢于啃硬骨头"比喻敢于处理难以完成的任务，因为未出现本体和比喻词，故属于借喻。"啃骨头"跟中华民族的饮食习惯息息相关，属于中文读者所熟悉的生活场景，但是与西方人的饮食习惯（通常吃无骨的肉类）不太相符，若直译过去可能会给译文读者造成理解困难。因此，译者将之转译为"crack the 'hard nuts'"，其中"hard nuts"（坚果）是西方人常吃的食品，该喻体所比喻的含义能够为西方读者轻易理解。例 2 中，汉语原文使用了"害群之马"来比喻腐败分子，其中"害群之马"是汉语的成语典故，具有文化特有性，原指危害马群的马，后来常用于比喻危害集体的人。实际上，英语中有表达类似比喻义的借喻手法，即"bad apple"，该比喻源自英语谚语"a bad apple spoils the bunch"，所以后来人们用"bad apple"来比喻那些在话语或行为上危害整个群体的人。因此，例 2 属于使用英语特有的借喻来替换汉语特有的借喻。本质上讲，通过替换译法，译文保留了原文的比喻性语言，虽然表层形式发生了变化，却丝毫不伤及深层含义和修辞的美学意义，兼顾了翻译的充分性和可接受性。

(四) 简化翻译为非修辞性的普通语言

在某些情况下，如果汉语特有的借喻所具有的文化传播潜力并不太强，比如其通过修辞携带的美学价值并不突出，并且直译过去可能会给译文读者带来理解困难，译者不妨找出其指代的本体，将其简化翻译为不具有修辞性的普通语言。

1. 原文：任何外国不要指望我们会拿自己的核心利益做交易，不要指望我们会吞下损害我国主权、安全、发展利益的苦果。（《习近平谈治国理政》第一卷）

译文：No country should assume that we will trade away our core interests, nor will we accept anything that harms our sovereignty, security or development interests.

2. 原文：确保国家粮食安全，把中国人的饭碗牢牢端在自己手中。（党的十九大报告）

译文：We must ensure China's food security so that we always have control over our own food supply.

汉语经常会有各种跟"吃喝"有关的形象表达，比如"吃苦""吃透""吃得开""吃不准""吃亏""喝西北风""够……喝一壶的""糊口""饭碗"等，实则跟食物并没有什么关系，而是一种比喻性说法。例 1 中，汉语原文使用了"吞下……苦果"这个跟汉语"吃"有关的说法来比喻让人接受一些不好的结果，属于借喻。考虑到类似说法在英语中并不常见，且该例作为比喻的美学属性不强，于是译者在译文中将之翻译为"accept anything"，较好地照顾了译文的可接受性。例 2 中，汉语原文同样使用了跟"吃饭"有关的比喻性语言"饭碗"来指代我国的粮食供应。虽然该词可以被直译为英语"rice bowl"，但是考虑到西方人民吃米饭较少，且更习惯使用盘子而非装米饭的碗，若直译过去（比如"hold firmly our own rice bowl in our hands"）可能不易让国外读者理解其比喻的本体意义，带来陌生感，因此译者选择将之简化翻译为其指代的本体意义，即"food supply"。由上可见，如果原文的借喻所携带的美学属性不强，并且直译过去可能会带来理解障碍，译者可以考虑将之简化翻译为普通语言。

(五)省译

还有些汉语借喻具有比较强的文化特色，属于汉语文化语境下所独有的，通常只能被具有同样生活经验、信仰和文化背景的人理解，来自其他文化语境的读者可能很难理解。同时，由于汉语语言喜欢重复，有些原文的借喻和上下文其他的表达构成了语义反复。如果上述两种情况同时发生在某个借喻上，译者可以考虑使用省译法。

1. 原文：如果我们没有一招鲜、几招鲜，没有参与或主导新赛场建设的能力，那我们就缺少了机会。(《习近平谈治国理政》第一卷)

译文：We will not have a chance if we are not capable enough to be part, indeed a major part, of the construction team.

2. 原文：要着力加强科技创新统筹协调，努力克服各领域、各部门、各方面科技创新活动中存在的分散封闭、交叉重复等碎片化现象，避免创新中的"孤岛"现象……(《习近平谈治国理政》第一卷)

译文：We should vigorously improve coordination in scientific and technological innovation so as to avoid fragmentation and isolation, as well as overlapping and repetition in campaigns launched by departments in various fields.

3. 原文：有的是"庙里的泥菩萨，经不起风雨"，遇到矛盾惊慌失措，遇见斗争直打摆子。(《习近平谈治国理政》第三卷)

译文：They panic whenever problems and difficulties arise.

上述例1中，原文的"一招鲜、几招鲜"属于汉语特色的口语化表达，比喻擅长某一或某几种技能，很难在英语中找到对应的表达。此外，该借喻说法与随后的表达"参与或主导新赛场建设的能力"语义近似，一定程度上构成了语义反复。鉴于以上两点，译者在译文中选择了仅翻译后一种说法，省译了原文的借喻。同理，例2中，根据《现代汉语词典》①，"孤岛"在汉语中有两种意思：①远离大

---

① 中国社会科学院语言研究所词典编辑室. 现代汉语词典[D]. 第6版. 北京：商务印书馆，2012：462.

陆和其他岛屿的岛；②比喻孤立存在的事物或孤立无援的地方，属于具有汉语特色的表达。汉语原文的"孤岛"出现在引号内，明确标记其比喻性说法的性质，在此例中比喻自我封闭式的创新。此外，"创新中的'孤岛'现象"与先前小句的"分散封闭……等碎片化现象"之间的语义近似，符合汉语同义反复的语言特点。出于同样的原因，译者在译文中选择省去"孤岛"不译，这样也并不损害原文语义。例3原文的"庙里的泥菩萨，经不起风雨"属于汉语民间的俗语，其中的"菩萨"一词与汉民族的宗教信仰有关，该说法现多用来比喻虚弱不中用的人。此外，原文句尾还出现了"打摆子"这个形象说法，属于汉语方言，原意为因感染疟疾的患者发作时会抽搐颤动，现多用于比喻"无所事事，无作为，消极怠工"。原文的两个借喻说法均具有较强的汉语文化特色，难以为具有不同宗教和文化背景的国外读者所理解，并且均表达批评的负面意义。再者，经过分析我们可以发现，第一个比喻性说法与后两小句的"遇到矛盾惊慌失措，遇见斗争直打摆子"在语义上较为相近，三者在某种程度上构成了同义反复。因此，译者在译文中将原文的两个借喻性说法均省略不译，语义上简洁明了，又照顾到了目的读者的可接受性。

第二节　夸张修辞的翻译

夸张(hyperbole)是一种修辞手法，指为了达到某种表达效果，在客观事实的基础上刻意放大或缩小事物的特征、形象、状态、行为、过程、作用等方面。夸张修辞依赖丰富的想象力，用夸大性的说法形容事物，旨在表达强烈的情感，激发读者的想象力和增强话语的力量。夸张可以分为三种：①扩大夸张，②缩小夸张，③超前夸张。扩大夸张(extended hyperbole)把表现对象的形象、特征、状态、数量、作用、程度等故意往"大、多、高、强、深……"的方面说，相当于英语的"overstatement"，即对于为了表达效果的夸大性表述，读者不能仅从字面上进行理解。缩小夸张(reduced hyperbole)把表现对象的形象、特征、状态、数量、作用、程度等故意往"小、少、低、弱、浅……"的方面说，相当于英语的"understatement"，即故意使用过于节制性的措辞将事物进行轻描淡写，不充分描写其客观特征。超前夸张(premature hyperbole)指故意把尚未发生的事情提前讲出来，在时间上进行调换，比如"这药药到病除"(实际药效仍待确定)。超前夸张在汉语中使用得不多，在英语夸张中也不那么常见。

夸张作为一种修辞手法，通常是人们在思想感情格外强烈的情况下，以主观的视角对客观事物进行故意夸大或缩小的渲染描述。相较于平铺直叙的语言，夸张性语言能够表达更加深刻的思想，强化作者感情的抒发，容易唤起读者的联想，增强文章的感染力。一般而言，夸张修辞在文学作品和日常话语中应用得较多，而在政策性文件和研究报告中使用得较少。因为习近平总书记经常使用人民群众所熟悉的日常性话语，所以在《习近平谈治国理政》中，读者也会经常发现夸张性修辞。鉴于缩小夸张和超前夸张应用的频率整体上较低，本节主要关注扩大夸张的翻译。

一、直译

直译是指把原文中的夸张修辞所涉及的文化因素完全照搬到英语译文中去。

原文：过去常说"上面千条线，下面一根针"……（《习近平谈治国理政》第三卷）

译文：In the past, it was said that "thousands of threads of instruction come from above, but there is only one needle".

上例中，"上面千条线"属于扩大夸张的说法，刻意夸大数量，用于形容来自上级的指令繁多。同时，"下面一条针"属于缩小夸张的说法，刻意缩小数量，形容下级精力和时间有限。这句话是习近平总书记对治国理政过程中出现问题的反思，也是对党员干部的谆谆告诫。译文基本完全再现了原文的夸张性修辞，再现了原文作者所抒发的强烈感情。

二、直译与意译结合

该译法指将原文夸张修辞中的部分因素直译至英语译文，同时可结合意译法将原文部分因素蕴含的意思翻译至译文。

原文：有句话说得好，没有比人更高的山，没有比脚更长的路。(《习近平谈治国理政》第一卷)

译文：As someone aptly put it, "No mountain is too high for a man to scale and no road too long for a man to walk".

上例中，原文使用了扩大夸张的手法，即"人比山高，脚比路长"，分别夸大高度和长度。译文部分地再现了原文夸张修辞中的因素，即"山高"和"路长"，但与此同时在两个小句中分别添加了动词"scale"和"walk"以及"too...to..."结构，即进行了部分意译。尽管译文在英语中并不构成夸张修辞，却较大程度地保留了原文修辞的因素，也很好地适应了英语的表达习惯，属于直译与意译的结合。

三、意译

所谓的意译，指过滤原文特有的夸张修辞，而采用普通语言将原文传递的语义翻译过去。对于一些汉语的夸张修辞，译者若采取直译法，其译文可能读起来别扭或者不易被读者理解，甚至可能会让读者产生负面联想，此时译者可以考虑采用意译的方法。

1. 原文：革命理想高于天。(《习近平谈治国理政》第一卷)

译文：Our revolutionary ideals are of the greatest importance.

2. 原文：要坚持依法办事，让遵法守纪者扬眉吐气，让违法失德者寸步难行。(《习近平谈治国理政》第三卷)

译文：We must do everything in accordance with the law, and ensure that law-abiding people feel proud and valued and that law-breakers and unethical individuals suffer the consequences of their wrongdoing.

例1中，"高于天"属于扩大夸张的说法，对高度进行了刻意夸大，用于突出对革命理想重要性的情感。译者若采用直译手法，英语读者可能难以理解译文所要真实表达的意思，因此这里译者采用了普通语言"of the greatest importance"进行了意译，去掉了原文的夸张修辞。例2中，原文的"寸步难行"属于缩小夸张的说法，刻意缩小行走的距离，用于凸显对于"违法失德者"的痛恨和坚决处理的态度。与此同时，此处的"寸步难行"还涉及比喻，即将处境困难比喻成"走路困难"。然而，直译的译文可能会让英文读者产生误解，比如国外读者可能会认为即使违法失德者从人权上讲也有某种程度的行动的自由，尽管原文只是使用了一种比喻和夸张的手法，但并不是字面意义上的要让他人"寸步难行"。因此，译者采取了意译的方法，将原文要表达的真实语义通过普通语言翻译出来，淡化了原文的夸张修辞。需要指出的是，意译的方法会损失原文通过夸张修辞增强作者特殊感情或者加强语气的效果，并且会降低读者产生的共鸣。只有在无法进行直译的情况下，为了确保译文的可接受性，译者可以采取一种补充性的翻译方法。

四、省译

省译指翻译时完全省略原文的夸张修辞，适用于两种情况同时发生时：第一，某个夸张修辞直接翻译至英语时可能会造成理解困难或文化上不恰当；第二，该夸张修辞所传递的语义已经被包含在周围的词语中，去掉并不影响语义。

原文：口号喊得震天响、行动起来轻飘飘，把说的当做了，把做了当做成了。(《习近平谈治国理政》第三卷)

译文：They shout slogans but take few concrete actions. They make promises that they never act upon, or start things but do not see them through.

上例中，原文"震天响"属于扩大夸张，刻意夸大了声音的强度，因为声音再大也不可能震得天响，该夸张说法传达了强烈的修辞效果。英语中没有类似的夸张性说法，若直译过去可能会让英语读者感到费解。此外，"震天响"所传递的"声音很大"的意思已经隐含在英语单词"shout"中，因为该词意为"to say something in a loud voice"，若再把"震天响"照搬过去可能造成英语译文表达的冗余。鉴于上述两点，译者采取了省译的翻译方法，省略了汉语的夸张修辞，虽然牺牲了部分修辞效果，却简洁易懂，利于国外读者的阅读理解。

第三节　重复修辞的翻译

重复可以作为一种修辞手法，是指为了突出某种语义或为了强调某种感情，重复某个词语(如异形同义重复"能源资源""松劲歇脚""蹄疾步稳")、某个句子或者某种结构(如"不敢腐、不能腐、不想腐""同时发力、同向发力、综合发力"),即需要连续使用两次以上。当人们对于某件事情怀有强烈感触时,往往会一而再、再而三地反复诉说,这种结构相似、整齐的语言能够给读者带来审美体验,产生阅读上的快感。在《习近平谈治国理政》一书中,语言运用非常具有艺术性,生动朴实却又处处洋溢着熠熠的文采,闪烁着智慧的光芒。除了大量使用明喻、隐喻、借喻、夸张等修辞手法,习近平总书记还非常善于借助重复作为一种修辞来增强话语的魅力和感染力。"政治话语重复辞格的功能包括语篇功能、修辞功能、美学功能和社会功能",在《习近平谈治国理政》中重复辞格的使用具有"突显执政理念、治国方略、思想观念、价值取向、行为准则等,具有引导话语受众了解并接受国家核心政治理念及政治行为的作用"(邓中敏、曾剑平,2020:137)。重复可以连续(比如"坚持学习、学习、再学习"),也可以有间隔("住房问题既是民生问题也是发展问题")。实际上,重复具有多种多样的表现形式,也可以出现在不同的语言层次(词语、短语、小句)和句子成分(主语、谓语、宾语)上,《习近平谈治国理政》中包含着丰富的表现形式。本研究根据形式和意义的联系,将重复分为三种:①同形近义重复,②异形近义重复,③上下义重复。

一、同形近义重复的翻译

同形近义重复指相同的形式(且相同/相似语义)前后反复出现,在文章中较易识别。通过归纳,我们将同形近义重复的译法主要总结为四大类:①重复译法,②合并省略译法,③替代译法,④阐释性译法,其中有些大类又可以进一步细分为小的类别。

(一)重复译法

重复译法指在遇到汉语原文的重复修辞时,译者可以通过直译将汉语原文的重复照搬至英语译文中,也可以借助英语固有的重复进行翻译,同样可以达到重复的修辞效果。尽管英语语言传统整体上偏好语言的简洁性,但也有使用重复修辞的时候。在翻译时,译者通过适当的重复,可以保留原文的语气与气势,再现原文对特定主题的强调。

1. 原文：作风问题本质上是党性问题。(《习近平谈治国理政》第二卷)

译文：The conduct issue is, in nature, an issue of Party spirit.

2. 原文：只有改革开放才能发展中国、发展社会主义、发展马克思主义。(《习近平谈治国理政》第三卷)

译文：… only with reform and opening can we develop China, develop socialism, and develop Marxism.

3. 原文：既尽力而为，又量力而行，一件事情接着一件事情办，一年接着一年干。(《习近平谈治国理政》第三卷)

译文：We will do everything in our capacity, and work away at issue by issue, year in and year out.

4. 原文：这是中国共产党和中国人民团结奋斗赢得的历史性胜利，是彪炳中华民族发展史册的历史性胜利，也是对世界具有深远影响的历史性胜利。(党的二十大报告)

译文：These were historic feats—feats accomplished by the Communist Party of China and the Chinese people striving in unity, feats that will be forever recorded in the Chinese nation's history, and feats that will profoundly influence the world.

例1中，原文的名词"问题"一词前后出现了两次，属于间隔重复，通过重复强调了该词，即该"问题"的重要性。译文通过两次使用"issue"一词，而非使用不定代词(比如"one")，再现了原文的重复辞格，在译文中凸显了作风作为一个"问题"的重要性。例2中，动词"发展"前后出现了三次，通过该重复强调了"改革开放"的重要性和多重作用。在翻译时，尽管英语并不习惯在同一句话中连续多次使用同一个动词，译文仍然使用了三次"develop"，再现了原文的动宾结构重复。尽管具有一些中国表达的味道，该重复译法却能够符合英语语法，起到了在英语中突出该理念的作用。例3中，原文的"一件事情接着一件事情办，一年接着一年干"属于结构性重复，既存在于小句内部(如"一件事情""一年")，又存在于小句之间(即"接着……接着……")。译者在译文中利用了英语现有的重复性结构短语"issue by issue"和"year in and year out"，非常地道、传神，既再现了原文的语义，又再现了原文的重复修辞以及通过修辞所传递的决心和毅力。可见，重复译法既可以通过再现原文的重复词语或结构，也可以通过英语既有的重复表达(不一定完全对应于原文的重复形式)来实现。除了名词性重复、动词性重复和名词短语重复，同形近义重复还可以发生在系动词和表语组成的系表结构上，例如例4的"是……的历史性胜利"在原文中重复了三次。译文通过三个并列的补语从句"feats that…"复现了原文的重复结构，同时也再现了原文通过结构重复所实现的强调凸显之意，丝毫未牺牲翻译的充分性，却同步实现了译文的可接受性。

(二)合并省略译法

由于英语语言整体上并不喜欢重复性表达，过多的重复可能会给译文读者带来冗余、啰唆的感受。尽管适当的重复有利于再现原文的修辞效果，但是更多的时候面对原文的重复表达，出于"融通中外"的考虑，译者需要尽可能适应英语读者的阅读习惯，进行适应性翻译。其中一种常用的翻译方法是对原文的重复部分进行合并，从第二个重复开始进行省略，即合并省略译法。根据被省略成分的不同，合并省略译法可以进一步划分为：省略主语、省略谓语、省略宾语、省略表语、省略中心词、省略修饰语和省略否定成分等。

1. 省略主语

当多个小句共用同一主语或者一个小句存在多个主语时，由于英语一个小句通常只有一个主语，译者可以将原文的主语或主语中重复的部分进行合并。

1)原文：一切文明成果都值得尊重，一切文明成果都要珍惜。(《习近平谈治国理政》第一卷)

译文：All achievements of civilizations deserve our respect and must be cherished.

2)原文：精神懈怠危险、能力不足危险、脱离群众危险、消极腐败危险更加尖锐地摆在全党面前……(《习近平谈治国理政》第一卷)

译文：… the perils of mental laxity, mediocrity, isolation from the people, passivity and corruption have become increasingly serious.

在例 1 中，原文的两个小句共享同一主语"一切文明成果"，构成了小句间主语的重复。例 2 中，原文句子存在四个并列的主语，这四个主语共享同一个中心词"危险"，构成了主语的部分性重复。由于英语语言偏好简洁性，例 1 的译文将两个小句的主语进行了合并，例 2 中译文通过介词短语将原文的四个主语使用同一个中心词"peril"合并在一起。

2. 省略谓语

谓语性重复通常涉及动词的重复，通过在几个小句中不断重复某个动词，可以起到突出某种动作或行为的目的，强调了采取某种行动的重要性和必要性。

1）原文：我们之所以决定这次三中全会研究全面深化改革问题，不是<u>推进</u>一个领域改革，也不是<u>推进</u>几个领域改革，而是<u>推进</u>所有领域改革……（《习近平谈治国理政》第一卷）

译文：We decided to focus on the question of <u>continuing</u> the reform comprehensively at the plenary session—not the reform of one or several fields, but of all areas.

2）原文：<u>加强</u>党性修养，<u>加强</u>品格陶冶。（《习近平谈治国理政》第一卷）

译文：…<u>strengthen</u> one's commitment to the Party and moral refinement.

3）原文：按照打仗的要求搞建设、抓准备，确保部队召之即<u>来</u>、<u>来</u>之能<u>战</u>、<u>战</u>之必胜。（《习近平谈治国理政》第一卷）

译文：We should promote our military development and preparedness to meet the needs of war, being <u>ready</u> to <u>fight</u> at all times and in all conditions.

上述例 1 中，原文的后三个小句使用了同样的谓语动词"推进"和同样的宾语"领域改革"，以及先否定后肯定的叙事方式，强调了该动词所表达的行动，具有增强语势的效果。例 2 中，原文的两个小句连续使用了动词"加强"，突出了该行动的必要性。考虑到英语较少在多个小句中重复使用同一个谓语，两例的译文均将原文的重复性谓语进行了合并，仅使用一个谓语动词统辖多个宾语成分，适应英语的表达习惯。例 3 中，原文的画线部分构成了首尾连接重复，均为动词性重复，读起来很有气势、朗朗上口，极大地加深了读者印象。然而，英语中出于语法的要求，很难复现汉语多个小句的首尾连接重复，故译文对原文的重复进行了省略翻译。尽管如此，译文增加的介词短语"at all times"和"in all conditions"构成了部分重复，在一定程度上弥补了前面对原文首尾连接重复的省译，体现了译者平衡充分性与可接受性的不懈努力。

3. 省略宾语

宾语重复一般为名词性重复，主要分为两种：一种是同一个谓语后接多个包含部分相同词语的宾语，另一种是多个不同谓语后接同一个宾语。

1）原文：坚定不移推进理论创新、实践创新、制度创新以及其他各方面创新……（《习近平谈治国理政》第二卷）

译文：We must advance innovation in theory, practice and systems, and in many other areas…

2）原文：在实践中认识真理、检验真理、发展真理。（《习近平谈治国理政》第二卷）

译文：…discover, test and advance truth through practice.

上述例 1 中，原文的谓语动词"推进"后面统辖四个宾语，这四个宾语均含有同一个名词"创新"，原文通过多次重复强调了"创新"的重要意义。例 2 中，原文含有三个并列的动宾结构，尽管谓语动词不相同，但是宾语均是"真理"，通过相似结构和同一词语的重复，凸显了"真理"的重要性。两例的原文中，重复均作为修辞方式，起到了增强读者印象的效果。考虑到单一的简单重复在英文中构成了冗余，译文均通过合并相同成分，进行了省译。

4. 省略表语

表语属于主语补足语，是用于说明主语的身份、性质、特征和状态的词语或小句。有时汉语原文的多个不同主语共享同一个表语，构成了表语的重复。

原文：实践发展永无止境，认识真理永无止境，理论创新永无止境。（《习近平谈治国理政》第二卷）

译文：There is no end to practice, to seeking truth, and to theoretical innovation.

上例中，原文共有三个小句，这三个小句结构相似，主语不同，却共享同样的表语"永无止境"。原文通过重复三次表语成分，达到了强调该性质或状态的目的，以此激励人们要不断探索、不断进步。译文通过采用一个 there be 结构，转换了句型，统辖了原文中充当主语的三个成分，避免了重复，比较符合英文的行文规范。

5. 省略中心词

有些重复的词语或结构同时充当多种句法成分，比如主语和表语，因此本研究并不把此类重复归纳为上述四类中的任何一类，而是单独归为中心词重复。

原文：住房问题既是民生问题也是发展问题……(《习近平谈治国理政》第一卷)

译文：Housing is an issue related not only to the people's livelihood but also the development of our country.

上例中，"问题"一词被重复了三次，其中第一次为主语的一部分，第二次和第三次为表语的一部分。鉴于"问题"在所在名词短语中作为中心词，我们将其称为中心词重复。译者通过变换主语，将"housing"转化为主语，将"issue"作为表语，仅使用一次，避免了在译文中重复使用该词。消除重复虽然会在一定程度弱化原文的强调效果，却更适应英文读者的阅读习惯。

6. 省略修饰语

有些重复成分不属于主语、谓语、宾语、表语或者中心词的任何一个，而是属于名词性短语中的修饰成分，我们将之称为修饰语重复，这种重复在《习近平谈治国理政》中也经常出现。

1)原文：扩大人民有序政治参与，保证人民依法实行民主选举、民主协商、民主决策、民主管理、民主监督……(《习近平谈治国理政》第三卷)

译文：We will expand the people's orderly political participation to see that in accordance with law they engage in democratic elections, consultations, decision-making, management, and oversight.

2）原文：<u>法治</u>国家、<u>法治</u>政府、<u>法治</u>社会三者各有侧重、相辅相成。（《习近平谈治国理政》第三卷）

译文：A <u>law-based</u> country, government, and society each have their own areas of focus, allowing them to exert a mutually reinforcing effect on one another.

在上面例 1 中，"民主"连续出现在五个名词短语中，用于修饰后面的名词。通过重复使用该词语，中文原文强调了"民主"对于人民参与政治的重要意义。由于英文中一个修饰语能够同时修饰多个名词，故译文仅使用了一次"democratic"，省略了原文的修饰语重复。在例 2 中，原文使用三个并列名词短语作主语，其中"法治"作为修饰成分连续修饰了三个不同的名词。由于英文中很少单调地重复同一个修饰成分，尤其是主语中成分的重复会使得句子显得头重脚轻，故译文仅使用一次"law-based"同时修饰三个名词，省译了原文的修饰语重复。

7. 省略否定成分

有些重复成分并不充当主要的句子成分比如主语、谓语等，也不是实义词比如名词或形容词，而是功能性成分比如否定词（比如"不是""永不""从未"）。否定词的重复多用于作者明确否认或拒绝做某种（通常不好或不可取的）事情。

1）原文：中国<u>永不</u>称霸、<u>永不</u>扩张、<u>永不</u>谋求势力范围。（《习近平谈治国理政》第二卷）

译文：...China will <u>never</u> pursue hegemony or expansion, nor will it seek to create spheres of influence.

2）原文：当然，自主创新<u>不是</u>闭门造车，<u>不是</u>单打独斗，<u>不是</u>排斥学习先进，<u>不是</u>把自己封闭于世界之外。（《习近平谈治国理政》第二卷）

译文：Of course, we <u>don't</u> mean to make independent innovation behind closed doors or all by ourselves. We shall <u>never</u> reject good experiences from others, from any part of the world.

在上面例 1 中，原文重复了三次否定成分"永不"，通过重复，强调了中国走和平发展道路的决心，同时也向国际社会庄重承诺中国不会走西方霸权主义式的老路。在翻译时，译者将前两个重复词语进行合并，仅使用了一个否定词"never"，避免了重复，但却充分再现了原文的语义。在例 2 中，汉语原文连续使用了四次否定词"不是"，通过否定定义法解释"自主创新"的内涵，凸显了进行"自主创新"过程中需要注意避免的错误倾向。译文将原文拆分成两句话，在每句话中均对否定词进行了合并，两句话分别使用了两个不同的否定词，即"don't"和"never"，前者表示否认，后者表示拒绝。因此，针对原文的否定重复，例 2 译文使用了合并省译和近义替代(见下文)两种翻译方法，在避免重复的同时，增加了译文否定词汇使用的多样性，更加符合英语的行文习惯。

(三) 替代译法

针对汉语的重复修辞，除重复译法和省略译法外，在翻译时，译者还可以采用替代译法。替代译法主要是针对英语形合化特点以及行文上喜好词汇和句法多样化的特点提出的。替代译法可分为近义替代、代词性替代、上义替代三种，以下分别说明：

1. 近义替代

近义替代指针对原文的重复性词语、短语或结构，译者在译文中前后采取词义相近的词语进行替换，意义相近但形式不同，能迎合英文不喜重复、偏好用词多样化的特点。下面的四例中，原文里分别有结构性重复、名词性重复、动词性重复和数量词的重复，在译文中为了照顾英语的行文传统，译者均可以采取近义替代的翻译方法。

1)原文：既<u>不走</u>封闭僵化的<u>老</u>路，也<u>不走</u>改旗易帜的邪<u>路</u>……(《习近平谈治国理政》第三卷)

译文：We must <u>neither retrace our steps</u> to the rigidity and isolation of the past, <u>nor</u> take the wrong <u>turn</u> by changing our nature and abandoning our system.

2)原文：全军要增强忧患<u>意识</u>、危机<u>意识</u>、使命<u>意识</u>……(《习近平谈治国理政》第二卷)

译文：The entire military must be more <u>mindful</u> of potential dangers and crises, and enhance its <u>sense</u> of mission.

3）原文：依法<u>加强</u>网络空间治理，<u>加强</u>网络内容建设……（《习近平谈治国理政》第二卷）

译文：… we must <u>step up</u> our law-based governance of cyberspace, <u>develop better</u> online content …

4）原文：采取<u>一系列</u>战略性举措，推进<u>一系列</u>变革性实践，实现<u>一系列</u>突破性进展……（党的二十大报告）

译文：We have adopted <u>a number of</u> strategic measures, developed <u>a range of</u> transformative practices, and made <u>a series of</u> breakthroughs and landmark advances.

在上面例 1 中，原文中"不走……路"的否定式动宾结构先后出现了两次，属于结构性重复，译文并未模仿原文的结构重复，而是使用了两个语义近似的动宾短语，即"retrace our steps"和"take the … turn"，以及两个并列的否定形式"neither…nor…"，通过变换语言形式避免了重复。在例 2 中，原文的宾语为三个并列的名词短语，其中"意识"作为中心词在三个短语中反复出现。译文并未采用直译的方式翻译"意识"，而是通过改变词性以及合并省略的方法将前两个"意识"统一翻译为英语形容词"mindful"，接着使用了具有近似语义的名词"sense"翻译了第三个"意识"。通过省译、转换译法、近义替代三种翻译方法的结合，译文很巧妙地规避了英译文中选词用词上的重复。

在例 3 中，原文由两个小句组成，其中谓语动词"加强"在两个小句中连续出现，属于谓语重复。实际上，"加强"在汉语中属于应用非常频繁、意义较为虚化的动词，正是如此其搭配力非常强，能够与种类繁多的名词进行搭配。在中国特色话语英译中，译者在很多时候并不会按照"加强"的字面意思将其翻译为英语的"enhance, strengthen, reinforce"等词，而是会根据其所出现的上下文语境和共现的搭配词，选择恰当的译法。在例 3 中，原文的第一个"加强"主要指提高速度方面，第二个"加强"主要指质量方面，因而译者分别采用了两个不同但语义接近的动词短语"step up"和"develop better"进行翻译，二者与译文中的宾语"governance"和"content"分别搭配，非常恰当且地道。通过上述几例我们可以发现，近义替代是处理原文重复表达的巧妙方法。在例 4 中，原文的数量词短语"一系列"在三个连续的小句中接连出现，通过重复，形成了相似的平行结构，增强了语势。译文并未完全遵从原文，采取某一译法进行重复，而是在三个小句中分别翻译成了三个不同形式的近义短语"a number of""a range of""a series of"，很好地避免了重复，增加了用词多样性，迎合了英语行文的语言传统。

2. 代词性替代

另一种替代译法与英语的形合化语言特点有关，由于英语行文不喜重复，所以会经常借助于各种代词(如指示代词、人称代词、关系代词、不定代词)、名词性替代等语言手段来避免某个词语的再次出现。

1)原文：人的命脉在田，田的命脉在水，水的命脉在山，山的命脉在土，土的命脉在树。(《习近平谈治国理政》第一卷)

译文：The lifeline of the people comes from the farmland, that of the farmland comes from the water, that of the water comes from the mountain, that of the mountain comes from the earth, and that of the earth comes from the tree.

2)原文：我在今年年初召开的中央纪委三次全会上，对党的自我净化、自我完善、自我革新、自我提高的内涵作过归纳。这"四个自我"，既有破又有立，既有施药动刀的治病之法又有固本培元的强身之举。(《习近平谈治国理政》第三卷)

译文：I expounded on how to cleanse, improve, and reform the Party at the Third Plenary Session of the 19th Central Commission for Discipline Inspection earlier this year. These measures could help to remove the tumors and enhance the health of our Party.

3)原文：真心爱才、悉心育才、倾心引才、精心用才……（党的二十大报告）

译文：…we value talented people, nurture them, attract them, and put them to good use.

在上面例 1 中，原文包含两类重复：一类是重复每个小句主语中的名词"命脉"，另一类是小句首尾相连重复，即原文五个小句中每个小句的结尾词与下一小句的开始词相同，构成了首尾相连重复。类似的表达还有"召之即来、来之能战、战之必胜""变中求新、新中求进、进中求突破"等。针对原文的首尾相连重复，译者在译文中大致再现了原文的重复，尽管并不是严格的首尾相连重复。然而，针对原文各个小句中主语名词的重复，译文从第二次重复开始采用了指示代词"that"来回指前述的名词"lifeline"。由于译文保留了原文的首尾相连重复，如果再保留原文的名词重复，会在英语中造成冗余，通过使用代词性替代的译法，译文迎合了英语形合化的特点。这也表明了汉英语言偏好的衔接或连贯的方式不同，前者偏爱重复实现衔接，后者偏爱代词指代的衔接。因此，例1的译文既部分再现了原文的重复修辞，起到了强调效果，又通过代词替代译法照顾了英文读者的阅读习惯。

例2中，"自我净化、自我完善、自我革新、自我提高"和后一句的数字缩略语"四个自我"之间构成了重复，译文在第二句话中使用了指示代词"these"和概括性词语"measures"来回指第一句话的表述，实现了上下文衔接的同时避免了再次重复。除了指示代词外，人称代词也经常在英文中用于避免上下文的重复。例3中，原文的"才"字连续出现在四个并列的四字格短语中，具有结构上的重复和押尾韵的双重修辞，强调了我们党对于人才的爱惜和尊重。译文将第一个"才"翻译为"talented people"，随后连续使用了三个人称代词"them"进行回指，在英文中既避免了不必要的冗余，也在一定程度上复现了原文的押尾韵手法。

3. 上义替代

上义替代是指当原文中的两个或两个以上的同类词语（或者说下义词）并列使用并且构成某种重复时，在翻译中为了避免重复，译者可以选用一个概括性的上义词来翻译这两个重复的词语或结构。

原文：动员全体中华儿女围绕实现中华民族伟大复兴中国梦一起来想、一起来干。（党的二十大报告）

译文：… and we will encourage all the sons and daughters of the Chinese nation to dedicate themselves to realizing the Chinese Dream of national rejuvenation.

上例中，原文的"一起来……一起来……"构成了一种结构上的重复，形成了齐整对仗的结构，并且具有一定的口语特征，非常亲和，也给读者以巨大的信心。然而，这种结构性重复在英语中难以找到对应的结构，因而译者在翻译时优先选择了语义上的充分性，部分牺牲了原文的形式特征。原文的两个相对具体的动词"想"（to think）和"干"（to do）大致可看作是"行为/活动"这一语义场中的下义词，译文选择了英语较为抽象、上义的一个动词"dedicate"，因为该词意为"to give a lot of your time and effort to a particular activity or purpose because you think it is important"，包含了"想"和"干"的意思，故可以认为是"想"和"干"的上义词。通过将原文两个下义的结构翻译为英语的一个上义结构，译者在英译文中避免了行文的重复。

(四)阐释性翻译

所谓阐释性翻译，指不拘泥于原文的形式上的重复，而是关注于原文的重复在语境中所传达的深层语义，核心在于再现原文的语义，而非形式上的重复。阐释性翻译适用于要表达的深层语义远高于语言形式产生的修辞意义时，译者可适当牺牲原文的重复修辞，以实现再现原文的精神本质。不同于上节的近义替代，阐释性翻译中几个词语之间不是近义关系，彼此之间意义差异较大，用词较为多样。

> 原文：牢固树立政治意识、大局意识、核心意识、看齐意识……（《习近平谈治国理政》第二卷）
>
> 译文：They should enhance their political integrity, have a broad view, follow the core leadership of the CPC, and act in accordance with the Party's policies.

上例中，原文句子的宾语为四个并列的名词短语，它们共享同一个中心词"意识"。然而，由于"意识"一词在该上下文语境中分别与"政治""大局""核心""看齐"搭配，各自传递着不同的深层语义（尤其是搭配语义），如果译者在译文中将其一概译为"awareness"或"consciousness"，将难以充分传递原文中四个"意识"与不同的搭配词所产生的深刻内涵。实际上，虽然共享同样的名词，这四个搭配短语分别传递着迥异的内涵意义。对此，译者为了保证译文表达的充分性，全面忠实地再现原文的深刻内涵，跳出了原文形式上重复的束缚，采取了阐释性翻译，将四个"意识"分别进行解释，翻译为两个名词"integrity""view"和两个动词"follow""act"，这四个词语彼此意义差异较大，却充分地再现了原文的精神内涵。这也说明，当翻译在形式的充分性和语义的充分性之间发生冲突时，译者应当以语义的翻译充分性为优先考虑，尤其是涉及政治理念时。上例中，通过阐释性翻译，译文对原文深厚语义的再现非常贴切、到位，完美地体现了翻译的充分性，却又通过名词和动词的变换使用，照顾到了目的受众的阅读体验。

二、异形近义重复的翻译

除了同形重复外，中国特色话语中还有丰富多样的异形近义重复。所谓异形近义重复是指，为了形成强调效果，或者为了避免行文过于平铺直叙，把一个复杂的思想，通过不同的形式，多次（两次或以上）进行述说或解释。这些多个不同的形式之间在语义上相互补充、相互说明、相互完善，既可以达到形式上的对称和韵律上的节奏感，又可以起到突出强调、增进理解的修辞效果。异形近义重复可以出现在不同的层面上，既可以是词汇层面（如"繁荣昌盛""长治久安""思想观念""开局破题""借鉴吸收"）、短语层面（如"不断回答中国之问、世界之问、人民之问、时代之问"），也可以是小句的层面（"奠定了……创造了……提供了……"）。相较而言，英语中也有少量的异形近义重复的用法，但远远不如汉语中使用得那么多。由于英语语言规约偏好简洁，针对汉语的异形近义重复，译文也要尽量避免重复。通过对实例的研究总结，我们发现可以主要采取省译和概括性翻译两种翻译方法（Pinkham，2000）。

（一）省译

尽管汉语有时习惯反复诉说同一个意思，为了符合英语的行文习惯，在翻译汉语的异形近义重复时，译者可选取其中一个进行翻译，而省略其他的重复性表述。需要指出的是，省译并不会影响意义的传递，却实现了译文的简洁。

1. 原文：这个新时代，是<u>承前启后</u>、<u>继往开来</u>、在新的历史条件下继续夺取中国特色社会主义伟大胜利的时代……（《习近平谈治国理政》第三卷）

译文：This new era will be an era of <u>building on past successes to further advance our cause</u>, and of continuing in a new historical context to strive for the success of socialism with Chinese characteristics.

2. 原文：坚决破除一切不合时宜的<u>思想观念</u>和<u>体制机制</u>弊端……（《习近平谈治国理政》第三卷）

译文：To reform our Party, we must have a clear picture, be resolute in removing all <u>theoretical</u> and <u>institutional</u> barriers...

3. 原文：因此，我明确讲过，中央贯彻"一国两制"方针坚持两点，一是<u>坚定不移，不会变、不动摇</u>；二是全面准确，确保"一国两制"在香港的实践不走样、不变形……（《习近平谈治国理政》第二卷）

译文：That is why I have made it clear that the central government will <u>never waver in its commitment to</u> "one country; two systems" and make sure that it is fully applied in Hong Kong without any distortion or alteration.

4. 原文：为我们继续前进<u>奠定了</u>坚实基础、<u>创造了</u>良好条件、<u>提供了</u>重要保障……（党的二十大报告）

译文：All this had <u>created</u> solid foundations, favorable conditions, and key underpinnings for our continued progress.

上述四例均在不同的句法成分中出现了异形近义重复。在例 1 中，"承前启后"与随后的"继往开来"均属于汉语成语，二者虽在形式上不同但在语义上相似，通过两个四字格成语的连用，原文在语义上彼此互相补充、互相强化，构成了异形近义重复。在例 2 中，异形近义重复发生了两次，均出现在短语的内部，即"思想"和"观念"为同义，"体制"和"机制"在此语境下意义近似，均构成了四字格的对仗结构。在例 3 中，原文的重复发生在小句层面，一方面"不会变、不动摇"之间构成了否定词相同的重复，另一方面它们又与"坚定不移"构成了异形近义重复。除了形容词、名词和否定词上的重复，还有一些异形近义重复发生在动词上，例 4 原文中的"奠定了……创造了……提供了……"三个动宾结构之间使用顿号相连，形成了一种平行结构，在该语境中具有相似的意义，因而构成了异形近义重复。针对上述四例原文中连续性的重复表达，译文均采取了省译的翻译方法，即仅选择其中之一进行翻译，在确保翻译充分性的前提下照顾到了译文的可接受性。

(二) 概括性翻译

所谓的概括性翻译，是指针对原文的异形近义重复，并不采取翻译其一而省略其他部分的翻译方法，而是对原文多个重复部分所表达的整体性、宽泛性意义进行概括，再翻译出此概括性意义。譬如，党的二十大报告中有一句为"办成了许多事关长远的大事要事"，针对"大事要事"这一具体表述，译文使用了英语抽象名词"achievements"来概括这二者的语义，非常到位。概括性翻译一般适用于原文的多个重复部分难以按字面进行直译的情况，多为文化差异或者语言的形式化差异所造成。下面举例进一步说明：

1. 原文：始终植根人民、造福人民，始终保持党同人民群众的血肉联系，始终与人民心连心、同呼吸、共命运。(《习近平谈治国理政》第一卷)

译文：We should always be part of the people, work for their interests, and maintain close ties and share good and bad times with them.

2. 原文：在党员、干部队伍中，有的不守政治纪律和政治规矩，妄议中央大政方针，当面一套、背后一套，当两面派、做两面人……(《习近平谈治国理政》第三卷)

译文：Some Party members and officials do not abide by political discipline and rules, groundlessly criticizing the Central Committee's major policies, feigning compliance, and practicing duplicity.

3. 原文：全党一定要保持艰苦奋斗、戒骄戒躁的作风，以时不我待、只争朝夕的精神，奋力走好新时代的长征路。(《习近平谈治国理政》第三卷)

译文：All of us in the Party must work hard and live simply, guard against arrogance and impetuosity; and lose no time in progressing along the long march of the new era.

上面三例中，原文加下划线部分均属于异形近义重复，并且均具有较强的汉语文化特色，若直译过去可能难以被英语文化读者理解。例1中，"心连心、同呼吸、共命运"三个短语在字面上有一定的差异，其中前两者属于汉语特有的比喻性表述，由于实际所指（"心"和"呼吸"）的意义比较具体形象但是三者在深层含义上具有相近性。译者在译文中并未对原文进行直译，而是对其深层语义进行概括总结，以较为抽象性的"share good and bad times with them"概括出三者的意义。在例2中，汉语原文的"当面一套、背后一套"和"当两面派、做两面人"均构成了语义重复，是具有汉语口语化特点的表述，非常生动形象，贴近人民生活。这些表述由于具有较强的汉语文化特色，很难被直译为英语，译文根据原文字面意思提取了其深层次的抽象语义，分别选取了两个英语抽象名词"compliance"和"duplicity"，以抽象代具体，概括出了原文异形近义重复的总体性意义。概括性翻译会丢失原文的重复修辞和生动形象的语言，但是能够保证译文简洁性且便于目的读者理解。在例3中，原文的"时不我待"和"只争朝夕"均属于汉语四字格的成语，形式紧缩却表达丰富的意义。二者虽形式不同，但传达了类似的时间紧迫的含义，属于异形同义重复，英语中没有类似的四字格结构。实际上，前者可以被译为"time and tide wait for no man"，后者可以被译为"seize the day and seize the hour"，但均比汉语表达显得冗长，且无法像汉语那样形成平行结构，作为同义反复。译者并未选择二者之一进行翻译，而是将二者概括为"lose no time"（不失时机），虽消解了原文的文化特色和重复修辞特征，但在英文中简洁明了。

三、上下义重复的翻译

所谓的"上下义"重复指的是，一个下义词与其所属的上义词同时出现，下义词也可被称为"成员"（member），上义词也可被称为"范畴"（category），二者在一定的上下文中同时出现，就构成了上下义重复。汉语文章中经常在讲述某件具体事情时，还要加上指明其性质或类别的范畴化词汇，二者在一定程度上就构成了语义重复。比如，"民主政治"是中国特色话语中的一个常见表达，二者构成了上下义重复，因为"民主"实际上就是一种"政治"，后者指明了前者的类属、性质。然而，英语行文不习惯同时使用上下义词。汉译英时，译者需要准确识别出汉语原文的上下义重复，酌情省略其一。根据被省略的部分，此译法可以分为：①省译上义词，②省译下义词。

(一) 省译上义词

上义词的意义通常比较宽泛，指明事物的性质、状态、属性等，携带的信息量不如下义词那么大。中国特色话语中一些常见的上义词包括：工作、措施、关系、现象、态度、情况、状况、局面、任务、过程、水平、问题等。由于上义词的语义信息不够具体，当它们与下义词同时出现构成上下义重复时，译者可以考虑省译上义词，只翻译出下义词。

1. 原文：反对享乐主义，要着重克服及时行乐思想和特权现象……(《习近平谈治国理政》第一卷)

译文：In fighting hedonism we should focus on overcoming indulgence in pleasure and privileges.

2. 原文：对中国经济发展前景，大家完全可以抱着乐观态度。(《习近平谈治国理政》第三卷)

译文：So, when you talk about the future of the Chinese economy, you have every reason to be confident.

3. 原文：要在筹划设计、组织实施、成果使用全过程贯彻军民融合理念和要求……(《习近平谈治国理政》第二卷)

译文：The planning, building and utilization of infrastructure in these fields should be dual-purpose, too.

4. 原文：深入做好组织群众、宣传群众、教育群众、服务群众工作，虚心向群众学习，诚心接受群众监督……(《习近平谈治国理政》第一卷)

译文：We must organize our people, communicate with them, educate them, serve them, learn from them, and subject ourselves to their oversight.

在上面例 1 中，"及时行乐"和"思想"属于上下义关系，因为前者就是一种思想，是属于"思想"这一范畴中的一个成员；同理，"特权"是一种"现象"，后者指明前者所属的类别，因此二者也构成了上下义关系。在例 2 中，"乐观"本身就是一种态度，"态度"明确了"乐观"的性质，二者属于上下义重复。在例 3 中，"军民融合"本身就是一种"理念"和一种"要求"，后二者只是进一步明确了前者的属性。例 4 中，"组织群众、宣传群众、教育群众、服务群众"本身就是一项工作，后面的"工作"一词指明了前几者的性质。由上可见，诸如"思想、现象、态度、理念、要求、工作"等上义词的语义范围较为宽泛，远远不如与其同时共现的下义词的信息量那么大。因此，在翻译中，译者均采取了省译上义词、仅保留下义词的翻译方法，通过阅读译文可知此译法并不影响语义的传达，同时在英文中避免了重复。由于省译上义词具有上述优点，该译法在上下义重复时是常用的翻译方法。

(二)省译下义词

除了省译上义词，有时针对原文的上下义重复译者也可以省译下义词。该译法适用于当下义词描述的某项事情在上下文反复出现的情况，后出现的词语就可以使用下义词替换。

> 原文：会议的主要任务是，贯彻落实党的十八届五中全会精神，分析全面建成小康社会进入决胜阶段脱贫攻坚面临的形势和任务，对当前和今后一个时期脱贫攻坚任务作出部署，动员全党全国全社会力量，齐心协力打赢脱贫攻坚战。(《习近平谈治国理政》第二卷)

> 译文：The major tasks of this conference are to implement the decision of the Fifth Plenary Session of the 18th CPC Central Committee, analyze the current situation, map out our work in the final period of achieving the goal of moderate prosperity, make both present and future plans to carry out the work required, and mobilize all forces of the Party and the nation to win this battle against poverty.

上例中，"脱贫攻坚"和"形势任务"之间构成了上下义关系，前者是属于后者中的一种。"脱贫攻坚"在此句之前的上文中已经出现，并且在该句中出现了两次，符合汉语重复使用相同的词语以表达强调的用语习惯。然而，英语并不习惯在同一句话中重复使用同一个词语，认为相同词语的复现构成冗余表达。鉴于下义词"脱贫攻坚"在上文中已经出现过，在该句话的译文中，译者使用了上义词"the situation"和"the work"来回指上文的下义词，避免了重复性表述。可见，省译下义词的译法适用于下义词在一定的上下文语境中反复出现时，可以在第二次及之后出现时通过借助上义词，避免重复，并且增加词汇使用的多样性。

(三) 拆译法

尽管在大多数情况下，汉语的上下义重复中上义词和下义词同时出现，并扮演类似的语法角色。在翻译时，译者可以运用拆分法，将原文的上义词和下义词拆分开来，使之分别充当不同小句中的不同句法成分，同时保留上义词和下义词，却在英文中不构成重复。

原文：有的基层党组织政治功能不强，弱化、虚化、边缘化问题没有解决……(《习近平谈治国理政》第三卷)

译文：Some grassroots Party organizations are dysfunctional, weak, ineffective or marginalized, and these problems have not been properly addressed.

上例中，"政治功能不强，弱化、虚化、边缘化"就是一种"问题"，后者是前者所属的类别或性质，构成了上下义重复，并扮演着相似的语法角色。译者通过拆译法，将原文的一句话拆分成英文的两个并列小句，将下义成分"政治功能不强，弱化、虚化、边缘化"保留为第一个小句的表语，而将上义词"问题"和增添的指示代词"these"一起转化为第二句话的主语。如此一来，汉语原文的上义词和下义词在译文中同时得到了保留，但是由于充当不同小句中的不同语法角色(表语+主语),可以起到上下文衔接的作用,并不构成重复冗余。

第四节　拟人修辞的翻译

拟人是一种常用的修辞手法,尤其是在文学作品中,指把事物人格化,将本身不具备人的动作和感情的事物变成具有与人一样的动作和感情。拟人手法由于把物写成和人一样的有感情、有语言、有动作,可以使文章更加生动、形象、具体,既可以生动地表达出作者的情感,又能让读者对所描写的事物感到更活泼和亲切。拟人既可以把非生物拟人化,也可以把有生物拟人化,还可以将抽象的概念拟人化。

一、直译为英语的拟人句

由于拟人手法在汉英语言中都存在,对于部分汉语的拟人修辞在确保英语读者理解的前提下,译者可以采取直译的方法翻译为英语的拟人句。

1. 原文:中国国际进口博览会由中国主办,世界贸易组织等多个国际组织和众多国家共同参与,不是中国的独唱,而是各国的大合唱。(《习近平谈治国理政》第三卷)

译文:The CIIE is an event hosted by China with the support of the WTO and other international organizations, as well as a large number of participating countries. It is not a solo performance by China, but rather a chorus by countries from all over the world.

2. 原文:中国对外开放,不是要一家唱独角戏,而是要欢迎各方共同参与……(《习近平谈治国理政》第二卷)

译文:China's opening up is not a one man show; it welcomes joint efforts from other countries…

在例1中,"中国"和"各国"均被赋予了人格,具有了人的行为能力,即作为歌手的"独唱"和"大合唱"。同样,在例2中,"中国"通过拟人手法具备了人的语言能力和动作，即作为一名演员来"唱独角戏"。由于上述两种拟人手法在英语中也比较常见，译文均采取了直译的方法，保留了原文的拟人修辞，充分地再现了原文对事情的生动形象的描述。

二、意译为普通语言

除通用的拟人修辞外，还有一些拟人手法属于汉语特有的，而英语中很少使用，具有中国文化特色，不易为英语读者所理解或者可能因语义不明确而产生歧义。为了使译文语义透明，降低阅读中的困难，译者可以在一定程度上消解原文特有的文化表述，增加译文的可接受性。

1. 原文：中国汶川特大地震发生后，非洲国家纷纷伸出援手……（《习近平谈治国理政》第一卷）

译文：In the wake of the devastating earthquake in Wenchuan, African countries rushed to China's assistance.

2. 原文：既不能忽视和否定这些指标，又不能把这些指标绝对化，被市场牵着鼻子走。（《习近平谈治国理政》第二卷）

译文：We should not overlook or negate these indexes, but neither can we be obsessed with them to the extent of blindly following the market trend wherever it takes us.

3. 原文：各国削减壁垒、扩大开放，国际经贸就能打通血脉；如果以邻为壑、孤立封闭，国际经贸就会气滞血瘀，世界经济也难以健康发展。（《习近平谈治国理政》第三卷）

译文：Efforts to reduce tariff barriers and open wider will lead to inter-connectivity in economic cooperation and global trade, while engaging in beggar-thy-neighbor practices, isolation and seclusion will only result in trade stagnation and an unhealthy world economy.

在上面例 1 中，"伸出援手"是汉语中经常使用的说法，作为一种拟人修辞，"非洲国家"被赋予了人格化特征，具有了人的外表和行为能力。然而，英语中经常使用"aid, assistance, rescue"表示"援手"，故译文使用了英文偏好的抽象名词"assistance"进行翻译，消解了原文的拟人修辞。在例2中，"被市场牵着鼻子走"属于汉语独有的拟人修辞，译者如果在译文中进行直译，英语读者很难理解其中的引申含义，故译者进行了意译，使用直白的语言"blindly following the market trend wherever it takes us"将原文比拟的语义予以透明化。在例3中，原文在两处使用了拟人修辞，即"打通血脉"和"气滞血瘀"，使"国际经贸"具有了人的身体特征，即"血脉"和"气"。然而，该术语是中医中常用的对人体状况的描述，具有很强的中国文化特性，对外国读者来说难以理解，故译文进行了意译，翻译为英文由后缀形式派生的抽象名词"interconnectivity"和"stagnation"，在英语中更为常见。这种消解原文拟人修辞的意译法，使得汉语的具体表述转向英语偏好的抽象表述，平衡了翻译的充分性和可接受性。

三、省译

在有些句子中，原文拟人修辞表达的语义和相连的其他普通语言在语义上相似，此时可考虑删略其一。若原文拟人修辞是汉语特有，直译为英语难以被英语读者理解，则可考虑省略不译。

原文：我国大踏步赶上时代，用几十年时间走完了发达国家几百年走过的工业化进程，跃升为世界第二大经济体……（《习近平谈治国理政》第三卷）

译文：In only a few decades we have achieved a degree of industrialization that took developed countries several centuries. China is now the world's second largest economy.

上例中，"大踏步赶上时代"属于拟人修辞，使得"我国"具备了人的动作能力，既生动地描述出"我国"工业化发展的特点，又有了拟人化之后的具象效果。此外，"时代"在此句中也被赋予了一定的人格化特征，仿佛具有行走能力。然而，该说法在英语中难以找到对应的说法，属于汉语特有。此外，"大踏步赶上时代"和随后的"用几十年时间走完了"在语义上具有近似性，一个属于拟人语言，另一个属于普通语言，二者语义具有一定的重叠。考虑到上述双重原因，译者将原文的拟人修辞进行了省译，仅翻译出"用几十年时间"，却基本未损失原文的语义。

第五节 本章小结

在本章中，我们分析了中国特色话语中的各种修辞手法，包括比喻(明喻、隐喻、借喻)、夸张(扩大夸张、缩小夸张和超前夸张)、重复(同形近义重复和异形近义重复)和拟人。研究发现，在中国特色话语中，比喻修辞和重复修辞丰富多样，夸张修辞和拟人修辞也频繁出现，但总体数量和表现形式不如前两者那么丰富。如此大量多样化的修辞技巧的使用，展现了我国领导人善于运用语言的魅力表达富有丰厚哲学思想的理念，其中蕴含的治国理政智慧和传达的真理，处处洋溢着耀眼的光芒。由于习近平总书记话语的丰富性、深沉性和魅力性，具有形式美和内容美，如何在"融通中外"的要求下，做好对外翻译工作是一项不小的挑战。本章以党代会报告和《习近平谈治国理政》及其英译为对象，认真总结和归纳了针对原文的每一种修辞的翻译方法和技巧，这些技巧主要包括直译法、意译法、省译法、替代译法、阐释性翻译等，系统总结译文如何在翻译的充分性和可接受性之间作好平衡。对于各种汉语修辞所适用的翻译方法的总结，有利于我们未来在译介中国特色话语时，做好汉语修辞语言的对外翻译工作，更好地传播中国文化。

第六章　中国特色话语对外翻译中的读者导向译介策略研究

中国特色话语是在中文语境里产生的话语，本身是写给中文读者看的，因此中文文本主要是照顾了中文读者的感受。由于作者与读者均是中国人，所以二者的立场和视角一致。同时，作者与读者也共享同样的文化背景知识，认可同样的理念和价值观。但是，翻译至英语时，译者除了要克服语言和文化的障碍，另一个不能忽视的问题是立场和视角问题，即译文的读者是否与我们共享同样的立场，具有和我们同样的看待问题的视角。不可否认的是，由于文化和价值观上的不一致性，在不少情况下译文读者的立场与我们并不完全相同。陈明明（2014：9）指出："党政文件从根本上来说，就不是给外国人看的，它有本身固定的'范式'，它的受众就是中国党政干部、党员。政府官员有自己的套路和说法，有自己的表述方法……"黄友义表达过类似的观点，他指出："送到翻译手里的材料在中文写作阶段往往缺少对外针对性研究，中国特色突出，国际交流因素不够。可以是一篇给国内读者阅读的范文，但却缺乏对外沟通性。"（黄友义，2015：6）此外，熊道宏（2018：50）指出，政治报告中经常体现出比较强的宣誓色彩，"一是在语言中暗含强烈的表态决心，这是报告主体决心要做什么事的体现；二是往往带有命令式语气，这是报告主体作为领导层级对非领导层级（或党的中央层级对全体党员干部）命令与要求做什么事的体现。"中文读者对于这种语言特点很熟悉，能够感同身受，且没有理解障碍，但是在对外转换中译者需要思考目的语受众的理解性和接受性。他同时指出，译者除了要把原文本中想要表达的政治信息完整、准确地呈现出来，还需要考虑国外受众的理解能力，尽力展现流畅、地道的译文，即政治文献翻译工作者"一方面要心系祖国，另一方面又要有着对受众的共情理解"（熊道宏，2018：52）。

　　这也提醒了我们，在将对内使用的文本通过翻译用于对外宣传时，译者需要从受众的立场出发进行考虑，即时刻要有目的语读者意识。在预期目的语读者可能反应的前提下，译者在必要时通过适当转换语气与视角，使译文适当适应目的语的语言和文化规约，能够拉近与目的语受众的心理距离，促进目的语读者对于中国特色话语的认可和接受，真正做到打造融通中外的新概念、新范畴、新表述，从而加深国际读者对中国社会的理解、对中国立场的认同。下面以党的十八大以来的党政文献及其英文翻译为关注点，分析研究中国特色话语对外译介中的读者意识，具体包括语气、视角与说理方式的译介策略。

第一节　语气的翻译转换

　　系统功能语言学认为，小句是涉及说话者和听话者的交际事件，在说话中，说话者为自己选择一种特定的言语角色，与此同时为听话者指定了一个互补的角色，也即说话者希望听话者所承担的角色（Halliday, 2000: 68）。语气可分为直陈语气、祈使语气和疑问语气。语气由两部分构成：主语和限定成分，主语可以是名词词组或代词，限定成分指用于表达时态或情态的动词操作词。直陈语气可用于陈述信息或提供服务，而祈使语气则要求听话者提供信息或服务。语气的选择可以建构不同的人际关系，比如祈使语气的使用表明说话者选择了发送命令的角色，与此同时又赋予了听话者服从命令的话语角色，从而构建了不对称的话语关系。Fairclough（1989: 126）指出："在参与者之间的语气模式分布中，系统性的不对称本身就对参与者关系具有重要意义：提问（无论是为了获取行动响应还是信息）通常处于权力地位，提供信息亦是如此——除非这种信息是应他人要求而提供的。"①因此，语气的选择对于表达交际参与者的角色而言非常重要，不同话语角色的指定建构着不同的人际关系。

　　中国特色话语有着自身特有的叙述方式和语气，由于文化上的差异，有时不易为国外读者所接受。张援远（2004: 55）指出："我们的译文老有那么一股'官气'，大话套话、概念术语叠床架屋，阐述立场时不太讲究说理，没有亲和力，

---

　　①　这里的"模式"指直陈语气、疑问语气或者祈使语气。

难以让人产生认同感。"徐明强(2014：12)同样指出："我们的对外政治文件，可以说每句话都像是口号，大多连主语都没有。"有学者指出，汉语原文通常以作者或说话者为中心，较少关注与听话者或读者的互动(Li & Li, 2015：432)。还有学者指出，受传统文化影响，汉语中说话者与听话者之间的权力距离通常较大，汉语原文的语言风格一般较为正式，"凸显权威性而缺少协商性"(李鑫、胡开宝，2013：30)。译者若直接将汉语的叙述方式和语气译为英语，较难让目标语读者产生认同感、亲切感。

一、汉语无主句的翻译

黄友义(2014：5)指出，党的十八届三中全会文件《关于全面深化改革若干重大问题的决定》自发布以来受到国际社会的广泛关注，但是"但按照惯例，只有党的代表大会才安排中英文同步发布，每年的中央全会文件通常不安排全文翻译"。因此，一位牛津大学的研究学者 Rogier Creemers 自行将该文件翻译为英语并在个人网站上发布，在一段时间内在国际上广为流传，直到外文出版社在一个多月后正式推出该文件的官方英文版翻译。除党的十八届三中全会文件外，该学者还翻译了党的十八届四中全会文件《中共中央关于全面推进依法治国若干重大问题的决定》等相关文件。但是，该学者采取了非常贴近字面的字对字翻译方法，"而且很忠实，尽管其中有一些硬译，也有一些'惨不忍读'的情况"(陈明明，2014：10)。下文举例进行对比说明：

1. 原文：牢固树立有权力就有责任、有权利就有义务观念。(党的十八届四中全会文件)

Creemers 译文：Firmly establish the idea that where there is power, there is responsibility, and where there are rights, there are obligations.

官方译文：We need to keep firmly in mind that with power comes responsibility, and with rights come obligations.

上例中，原文没有出现主语，是汉语典型的无主句。Yu & Wu (2018：80)认为，汉语在直陈语气和祈使语气之间没有语法上的区分，直陈句的主语也可以是隐性的，因此，对于汉语无主句，我们既可以将其理解为祈使句，也可以将其理解为省略主语的直陈句。然而，根据吕叔湘（1999：21-22）的观点，汉语的句子在以下四种情况中可以没有主语：①问答，②命令和建议，③主语是"任何人"，④自然现象等。因为本例中的汉语原文并不属于吕叔湘描述的①、③、④情况中的任何一种，并且党的正式文件具有权威性，因此此处的省略主语的句子基本可以被认为是属于情况②，即命令或建议，也即原文句子包含一定的祈使语气。

Creemers 采取了严格的字对字的直译法，在译文中同样省略了主语。因为英文中的祈使句的语法标记就是省略主语，所以该译文会被英文读者解读为祈使句。祈使语气的使用表明作者采取了给予命令的角色，从而赋予了读者服从的角色，因而建构了不那么对称的话语角色。可以说，Creemers 版本的译文语气较为生硬，拉大了与英语读者的心理距离，不利于读者接受。然而，官方翻译中通过主动添加第一人称主语代词"we"和情态动词"need"，将译文表述为陈述语气，避免了给人以命令的感觉。此外，此处的"we"是包容性的（inclusive），将读者包括在内，能让英文读者感觉到一种参与感。由于包容性的"we"可以被解读为说话者是非权威性的（non-authoritative）（Quirk et al., 1985：350），作者只是提议双方要共同做某事，而非单纯命令读者去做某事，因此作者与读者之间的距离被极大地缩短，照顾到了译文读者的感受，构建了更为平衡的人际关系。此外，情态动词"need"的使用也极大地缓和了语气，因为情态动词建构的是肯定极和否定极之间的中间区域（Halliday，2000：88-89），虽然"need"属于高值情态动词，但是"即使高值情态词也没有极性形式那么确定"（Halliday，2000：89）。通过对比可知，仅就语气的翻译而言，官方翻译更胜一筹，更加符合我方立场，有利于打造融通中外的话语，而 Creemers 的译文在某种程度上不易于国外读者接受和国际传播。这也提醒了我们，要主动把握中国话语的对外译介机会，掌握对外定义权，不能完全依赖国外译者的译文。

同样，党的十九大报告的翻译也做了有益的尝试，利用人称代词（特别是第一人称复数）和情态动词对人际功能的建构作用（Halliday，2000），在译文中以更加平和、包容的语气拉近与英语读者的距离，增强了对话性。

2. 原文：要相互尊重、平等协商，坚决摒弃冷战思维和强权政治，走对

155

话而不对抗、结伴而不结盟的国与国交往新路。(党的十九大报告)

译文：<u>We should</u> respect each other, discuss issues as equals, resolutely reject the Cold War mentality and power politics, and take a new approach to developing state-to-state relations with communication, not confrontation, and with partnership, not alliance.

3. 原文：坚持照镜子、正衣冠、洗洗澡、治治病的要求……(党的十九大报告)

译文：<u>We</u> have committed to "examining <u>ourselves</u> in the mirror, tidying <u>our</u> attire, taking a bath, and treating <u>our</u> ailments"…

例2中，原文为无主句，讲话的对象为其他国家或国家的受众，若按字面直译为英语，难免给读者一种生硬的感觉。汉语的无主句可以有三种译法：①英语被动句；②第三人称主语，如"It is important/imperative/necessary to do something"；③译为第一人称主动句(Hu & Li, 2022：15)，例2的译文选择了添加第一人称复数代词"we"作主语，构成直陈句。此处的"we"具有包容性，译文读者能感觉到参与感和直接的对话性，因此能在作者和读者之间建构起共同的立场。相比于翻译为英语被动句(比如"Each other should be respected…")或者以英语第三人称为主语的句子(比如"It is necessary to respect each other…")，译为第一人称主语的直陈句，能够增加文本的主观性和读者的参与感，促进交际双方的团结一致，拉近双方的心理距离，从而有利于获得英语读者的认同。

同样，在例3中，原文也是汉语典型的无主句，使用了比较日常化和口语化的表述，来说明全面从严治党这个严肃的话题。正如原中央编译局翻译专家杨望平(2018：29)所述，"党的十九大报告也是习近平总书记亲自宣读的报告，带有他自己一贯的语言风格，出现很多非常接地气的习式表述"。原文并未出现主语以及任何的人称代词，尽管如此，原文使用了老百姓日常生活中的用语和场景，作者亲和且诚恳的语气跃然于字里行间，具有明显的习式风格。在翻译中，译者除了对原文接地气的话语进行直译，还在句首添加了主语代词"we"，并且在随后增添了一系列的宾语代词和所有格代词，即"ourselves, our, our"，再现了原文口语化的风格。此外，由于此句的几个代词均是包容性(inclusive)用法，将读者囊括在内，从而构建了作者与读者共同的身份，能够缩短与读者的距离，增进了文本的亲和感。通过直译原文的"镜子、衣冠、洗澡"等隐喻，以及增添第一人称复数代词，译文"保留了别具一格的表述，既不影响意思的传递，在语言风格上也与原文一致，与习近平总书记保持与人民群众紧密联系的形象相符"（杨望平，2018：30）。可以说，例3的译文非常完美地实现了将中国特色话语融通中外的要求。

二、人称主语的翻译转换

本节我们主要关注汉语原文第三人称主语的翻译转换。第三人称是指说话者与听话者之外的第三方，第三人称主语既可以是第三人称代词，也可以是人名地名、不定代词、名词或动名词等。在写作中使用第三人称的好处是能够客观地描述事情，且不受时间和空间的限制，描述现实比较灵活自由。但是，使用第三人称也有局限性，不如第一人称那样使读者感到亲切。为了提升中国特色话语国际传播的有效性，有时需要有创造性地利用不同人称主语的优势，不一定非要严格拘泥于原文的人称。

(一) 第三人称转换为第一人称

有时，为了增加英译文对于英语读者的亲和度，译者在译文中可以把汉语的第三人称转换为英语的第一人称，通过使用具有包容性第一人称代词"we"，邀请英语读者积极地参与对话，增强译文的亲近感。

1. 原文：停顿和倒退没有出路，改革开放只有进行时、没有完成时。（党的十八届三中全会文件）

Creemers 译文：There is no way out in pausing and withdrawing, reforming and opening up only has a progressive tense, it does not have a perfect tense.

官方译文：We will reach an impasse if we stall and go into reverse on our path, and reform and opening up only transpires in the progressive sense—there is no end to it.

2. 原文：人类对大自然的伤害最终会伤及人类自身，这是无法抗拒的规

律。(党的十九大报告)

官方译文：Any harm <u>we</u> inflict on nature will eventually return to haunt <u>us</u>. This is a reality <u>we</u> have to face.

例1中，汉语原文的两个小句均使用了第三人称，即"停顿和倒退"和"改革开放"，是一种客观的表述，文章以一种客观视角讲述了一个共识。Creemers 的译文用英语的第三人称表述即"there be"结构作主语，并且"is"属于肯定极性(positive pole)形式，传达一种客观超然且确定的语气，但是亲和度稍显不够。在外文局的官方译文中，译者通过连续添加三个第一人称复数代词"we，we，our"，将第三人称转换为第一人称，将读者包括在对话内，增加了主观性，构建了共同立场，放低了自身的姿态，却拉近了与译文读者的距离。此外，主观性情态词"will"在此例中表达认识情态，表明作者对命题可能性的判断，相较于极性形式的"is"而言降低了确定性程度，缓和了语气。

例2中，汉语原文使用了第三人称主语"人类"，传递一种客观语气，在一定程度上表明作者的权威性。然而，译者若将第三人称直译过去，会导致译文说理性较强，亲和度不高。故英译文转换了人称，使用了主观性的"we"将读者包括在对话内，创建了群体身份，指明作者与读者属于同一群体，拉近了与读者的心理距离。这种亲近的心理距离被随后接连出现的"us，we"再次增强，强调了双方的一致性。此外，情态动词"will"和"have to"在此处的功能均为认识情态(epistemic)，即表明作者对于可能性的判断，因为情态具有缓和作者对于命题的承诺的作用，两处情态词的使用降低了命题的确定性程度，缓和了语气，因此在作者与读者之间建立起了更加平衡的话语关系。

(二)第三人称转换为第二人称

除了转换为第一人称外，有时候汉语原文的第三人称也可以在译文中转换为英语的第二人称，通过直接称呼读者，创造出与读者的直接对话，能让读者感觉到平等性，拉近与读者的距离。

原文：<u>广大青年</u>要坚定理想信念，志存高远，脚踏实地，勇做时代的弄

潮儿，在实现中国梦的生动实践中放飞青春梦想，在为人民利益的不懈奋斗中书写人生华章！（党的十九大报告）

官方译文：To all our young people, you should have firm ideals and convictions, aim high, and have your feet firmly on the ground. You should ride the waves of your day; and in the course of realizing the Chinese Dream, fulfill your youthful dreams, and write a vivid chapter in your tireless endeavors to serve the interests of the people.

上例中，汉语原文使用了第三人称"广大青年"作主语以及多个无主句，表达党对于广大青年的召唤和殷切期望，具有鼓舞读者信心的效果。然而，译者若在译文中按照字面翻译为第三人称，由于文化和语言的差异，英语译文可能会让读者感到亲和度不够，甚至会给英语读者一种命令的感受。官方译文很巧妙地进行了翻译，将原文的第三人称转换为英译文的第一人称和第二人称的结合。句首处出现的"our"一词是具有包容性的，首先表明了作者与读者处于共同的立场，具有相似的身份，一下子拉近了与读者的距离。随后，译文通过反复使用第二人称you 或 your 来直接称呼此处的读者即"广大青年"，因为 you 的使用可以"创造作者与读者的一对一的关系"并且表明作者对于读者的关注和认可(Yu & Wu, 2017: 76)，在译文中实现了与读者的直接对话，放低了自身姿态，增添了亲切感。

可以说，上述几例中官方译文对原文第三人称的翻译，通过对英语人称代词的创造性使用巧妙地转换了人称，在英译文中增强了叙述的故事性，削弱了说理性，强化了与译文读者的共同立场，增进其对我国主张的认同感，有助于促进中国特色话语的国际接受与传播。

第二节　视角立场的翻译转换

汉语原文是针对国内读者，作者和读者立场一致，而英译文是针对国外读者，作者和读者立场可能存在差异。因此，在处理自我指称时，译者应当注意读者对象从中文读者向英文读者转变带来的影响；在进行自我塑造和自我描述时，要注意适当放低自身姿态，以达到和国外读者平等对话的目的；在翻译中文特殊用语时，译者要注意对中文读者和英文读者不同的语用含义。

一、自我指称的翻译转换

就中文文本而言，作者和读者均为中国人（甚至均为党员），身份、立场和视角一致，中文文本本身就是写给中文读者看的，因此会有一些专门的说法用于"自我指称"（self-reference），中文的很多措辞和表述都是基于这样的假设和背景知识。然而，翻译是一个"再语境化"（Fairclough，2003：55）的过程，文本会从其产生的语言和文化语境里脱离，然后被重置于一个新的语言和文化语境里，在此过程中原文表述赖以成立的一些假设或观念就不复存在。基于这样的考量，一些针对中文读者而言恰当的自我指称，若被直接翻译成译文对于英文读者可能就不太合适，因为英文读者的身份和立场与我们不同。此时要注意自我指称的使用，适当向英文读者进行靠拢，因为英语文本是写给英语读者阅读的，要考虑他们的立场和定位，只有被他们理解认可，才能达到传播中国声音、增强中国话语国际影响力的目的。下文将举例进行说明：

(一) 我国

在中文文本里，词语"我国"经常被用于自我指称，因为作者与读者均为中国人，身份和立场一致，该词语的使用具有拉近与读者心理距离的作用，表明共同的立场。然而，在被翻译至英文时，该词语所赖以存在的假设基础就发生了改变：在英文中，英语读者并不是中国人，如果频繁使用"our country"可能会让译文读者觉得我们以自我为中心，甚至会产生一定的疏远感。因此，在对外翻译时，"我国"一词很多时候并不会被按照字面直译，而是被翻译为"China/Chinese"，在自我指称时呈现出更加客观的视角，如下文的例1；或者当该词在一定的上下文内反复出现时，可以省去不译，如下文的例2。

    1. 原文：我国发展仍处于重要战略机遇期……（党的十九大报告）

    译文：China is still in an important period of strategic opportunity for development…

    2. 原文：三者统一于我国社会主义民主政治伟大实践。（党的十九大报告）

译文：These three elements are integral components of socialist democracy.

(二) 祖国

与"我国"类似，"祖国"在中文文本里也经常用于自我认同，因为作者与读者均属中国人，拥有同样的祖国，该词的使用能够强调共同的国民身份，增强读者爱国精神。在翻译为英文文本时，由于英语读者的"祖国"并不与我们一致，译者需要根据情况适当地转换视角，避免在对外宣传时过于强调自我身份，能够更好地增进他们对我方立场的认同。事实上，在党的十九大报告的英译中，"祖国"一词在大多数情况下并未被直译为英语的"motherland"，而是根据具体情况选择不同的对应词，详见下面几例。

1. 原文：香港、澳门回归祖国以来，"一国两制"实践取得举世公认的成功。

译文：Since Hong Kong and Macao's return to the motherland, the practice of "one country, two systems" in both regions has been a resounding success.

2. 原文：坚持"一国两制"，推进祖国统一

译文：Upholding "One Country, Two Systems" and Moving Toward National Reunification

3. 原文：激励人们向上向善、孝老爱亲，忠于祖国、忠于人民。

译文：We will encourage our people to strive for excellence and to develop stronger virtues, respect the elderly, love families, and be loyal to the country and the people.

4. 原文：让香港、澳门同胞同祖国人民共担民族复兴的历史责任、共享祖国繁荣富强的伟大荣光。

译文：With this, our compatriots in Hong Kong and Macao will share both the historic responsibility of national rejuvenation and the pride of a strong and prosperous China.

上例1中，原文的"祖国"是相较于香港、澳门的归属而言的，表明香港、澳门本来就是中国的领土，因此具有特殊的情感和政治含义，译文选择进行直译为"motherland"，在英语中重申了香港、澳门的领土归属，具有强调之意。例2、例3和例4中，"祖国"一词均是针对中文读者而言的，表明作者与读者共同的国民身份，但是意义不如例1那样具有特殊的、具体的强调之意。在翻译时，译者并没有选择直译，而是分别译为"national, the country, China"，并不损害原文意义传达的准确性。相反，如果译者全部进行直译，可能会使译文给英语读者带来一些负面的印象，比如可能让人觉得是否是以自我为中心等，会削弱中国话语的对外传播效果。此外，据外文局前副局长、资深翻译专家王明杰（2020：40-41）解释，"在英美读者的心目中，'motherland'是一个具有非常强烈情感的词，轻易不用……外国专家认为，在英语中反复使用'motherland'，会令人觉得矫揉造作，从而失去阅读兴趣"。

（三）自我

党的十八大以来，党中央反复强调要从严管党治党，"自我"一词经常被用于指代党本身，用于党要管党的一系列的相关表述中，比如"自我革新""自我完善"等。党代会报告的读者主要是广大的党员同志，其次是人民群众，因而"自我"一词的使用能够在作者与读者之间实现身份认同。但是，在将原文翻译至英语时，由于英语读者的身份与我们不同，译者过多地强调"自我"一词可能无法起到增进理解和拉进人际距离的作用。在党的二十大报告的英译中，多处"自我"并未被翻译为"self"或"ourselves"。

> 原文：自我净化、自我完善、自我革新、自我提高能力显著增强……
>
> 译文：We have significantly boosted the Party's ability to purify, improve, renew, and excel itself ...

上例中，原文的"自我"指党自身，即党在全面从严治党方面的建设和成就。尽管"自我"在此处可以被翻译为第一人称的"our Party"或"ourselves"，但译者选择将之翻译为第三人称"the Party"和"itself"，在英文中显得更客观，适当地淡化

"自我所指"，有助于英文读者更好地获得认同感，因为很显然英文读者并非中国共产党党员，并不属于此处"自我"所指的对象，此时减少第一人称使用可以避免给英文读者以自我为中心的感觉，体现了译者的跨文化读者意识。此外，原文的四个"自我"构成了重复，译文通过合并省译，只译出其中一个，也照顾到了英语的行文习惯，却并不影响语义传达。

二、自我塑造的翻译转换

所谓自我塑造指的是对自身或自己所在方的描述和评价。中国特色话语是在中文语境里针对中国情况产生的，所以经常会有对我们国家、党员干部、中国人民、中国社会、中华文化等方面的描述与评价，其中既有自我赞美之词也有自谦的语言。出于受众群体的改变和文化上的差异，一些自我表述的说法在中文语境里比较妥当，但是在被翻译至英语时，译者需要从传播效果的角度进行重新考虑。下面以《习近平谈治国理政》及其英译为例，说明译者应如何翻译自我塑造性的语言，以促进中国特色话语的对外传播。

(一) 自我赞美语言的翻译

在《习近平谈治国理政》中，习近平总书记经常会高度赞美我国人民、中华文化等对象，比如在讲述中华民族的悠久历史时说到，中华民族"为人类作出了卓越贡献，成为世界上伟大的民族"，表达了习近平总书记的宽广胸怀和对民族、对人民的热爱，也是对事实的客观真实反映。中文文本的受众是中国读者，故赞美是作者针对读者发出的，或者是对于作者和读者双方共同的赞美。但是，这些赞美之词在对外翻译时，相对于英语读者而言就构成了对自己或己方的夸赞，而不是对英文读者的夸赞，故译者在翻译时需要考虑译文读者的感受。从语用学的角度来看，言语交流中双方的友好合作是交流顺利进行的必要条件，礼貌是维持双方友好合作的必要条件，对于交际是否成功以及交际的效果至关重要。著名语用学家 Leech(1983) 提出了言语交际中的"礼貌原则"，认为礼貌原则与 Grice (1975) 的"合作原则"是交际所遵循的两项语用原则。"礼貌原则"包括六条准则和一系列的次则，其中"谦逊准则"(Modesty Maxim)的两条次则分别提出要最小限度地赞誉自己和最大限度地贬低自己，该准则以说话人为出发点，体现了要减少对于自己表扬的说法。根据"谦逊准则"，在交际中适当地缓和对自己或者己方的赞誉，是礼貌的体现；相反，自夸往往是不礼貌的，适当放低姿态会显得得体、礼貌，有助于交际的顺利进行。这些语用规则同样适用于跨文化交际。

翻译不仅仅涉及交际载体（语言）的改变，还涉及交际对象（读者群体）的改变，因此需要针对新的受众群体改变礼貌策略，必要时转换交际方式，方能获得最佳的交际效果。外文出版社资深翻译周晓刚（2015：43-44）从做好对外传播工作出发，指出译者在翻译时要尽量"避免夸张自大表述"，他认为谦虚的、不自大的表述有助于读者接受。从跨文化传播的视角而言，译者需要从英语读者的立场出发，适当缓和对己方的赞美，会更有助于中国话语的国际理解和接受，具体可以采取适当改译、隐喻化翻译和省译的翻译方法：

1. 适当改译

适当改译是指译者通过换用其他词语或改变词性等手段，适度缓和原文的自我夸赞性表述，避免在英文译文中给人过于自夸的印象。

1）原文：在五千多年的文明发展历程中，中华民族为人类文明进步作出了<u>不可磨灭的</u>贡献。（《习近平谈治国理政》第一卷）

译文：Throughout 5,000 years of development, the Chinese nation has made <u>significant</u> contributions to the progress of human civilization.

2）原文：既当改革的促进派，又当改革的<u>实干家</u>。（《习近平谈治国理政》第二卷）

译文：They should both promote and <u>take action</u> on reform.

3）原文：这些制度成果，为全球减贫事业贡献了<u>中国智慧和中国方案</u>。（《习近平谈治国理政》第三卷）

译文：With these achievements, we have contributed <u>China's vision and approaches</u> to the global cause of poverty reduction.

例1中，在总结中华民族对于人类文明进步的贡献时，习近平总书记使用了"不可磨灭"一词，这是对于民族的高度赞美。然而，相对于英语读者而言，这就构成了自我夸赞。译文并没有直接翻译成英语对应的"indelible"（不可磨灭的），而是改译为"significant"（重要的），"虽然没有符合准确性要求，但却是最冷静的不自大的表述"（周晓刚，2015：44）。例2中，在提到要谋划落实改革时，习近平总书记使用了"实干家"这一词语来夸赞真抓实干的党员干部，属于对中文（特定）读者的赞美。但是，对我们党员干部的夸赞相对于英语读者而言属于自我夸赞，故译者将之改译为动词性短语"take action"，避免了自我夸赞之意。例3中，在讲到我们的脱贫攻坚制度体系时，"中国智慧和中国方案"是属于对我国和我国人民的夸赞，能让中文读者的自豪感油然而生。但是，译文并未将其直接翻译为"Chinese wisdom and Chinese solutions"，因为该译法可能会让英文读者觉得我们在展现一种优越感（wisdom 和 solutions 均为褒义的赞誉性词汇），而是稍微进行了改动，翻译为"China's vision and approaches"（中国的视角和方式），以一种更加平和、对等的语言进行自我描述，适当照顾了英文读者的感受。

2. 隐喻化翻译

这里的隐喻化翻译是指将原文的非比喻性的语言在翻译中进行比喻化（隐喻化）处理（metaphorization），既可以还原原文的语义内涵，又可以通过比喻性的说法缓和原文的自我夸赞，一举两得，能够增强传播效果。

原文：引导应对气候变化国际合作，成为全球生态文明建设的重要参与者、贡献者、引领者。（党的十九大报告）

译文：Taking a driving seat in international cooperation to respond to climate change, China has become an important participant, contributor, and torchbearer in the global endeavor for ecological civilization.

上例中，原文表达了中国勇于承担全球生态文明建设的责任以及所作出的巨大贡献，其中"引导"和"引领者"两个词表明中国的积极作为和做一个负责任大国的坚定决心，属于褒义词。但是，在对外翻译中，这两个词相对于英文读者来说构成了对己方（即我国）的赞美。译者将这两个词分别翻译为"taking a driving seat"（坐驾驶位）和"torchbearer"（持火炬者），将原文的两个普通词汇进行了比喻化处理，不仅使译文非常形象生动，而且会让译文读者产生积极且正面的联想，将原文含义"传递得到位而不逾越"（杨望平，2018：27）。杨望平（同上）解释道：

"这两处译文巧妙地将原文中比较抽象的概念转化为具体的动作，实化为英文读者日常生活中的场景，而且展现的是积极友好的画面，有利于拉近与读者的距离，增强其对中国地位和立场的认同感，从而为塑造中国形象加分。"可见，比喻化翻译应用得当，有助于得体地定位自身身份，谦逊却又到位，也可以增强对目的语读者的吸引力。

3. 省译

省译是指在不影响原文语义传达的前提下，适当省略原文的自我夸赞性表述，有助于做好充分性与可接受性之间的平衡。被省译的部分通常是作为修饰成分出现。

1)原文：另外，各行各业都有很多值得我们学习的榜样，包括航天英雄、奥运冠军、大科学家、劳动模范、青年志愿者，还有那些助人为乐、见义勇为、诚实守信、敬业奉献、孝老爱亲的好人，等等。(《习近平谈治国理政》第一卷)

译文：Besides, there are many other role models from all professions whose examples we should follow. For example, astronauts, Olympic champions, scientists, model workers, young volunteers, and many other people who are ready to help others or to take on a just cause, and who are honest, trustworthy, filial, or dedicated to their work.

2)原文：攻克了一个又一个看似不可攻克的难关，创造了一个又一个彪炳史册的人间奇迹。(《习近平谈治国理政》第三卷)

译文：Thus we have, time and again, overcome the seemingly insurmountable and created miracle upon miracle.

3)原文：办成了许多事关长远的大事要事，推动党和国家事业取得举世瞩目的重大成就。(党的二十大报告)

译文：... securing many accomplishments that hold major future significance, and achieving impressive advances in the cause of the Party and the country.

在例1原文中，习近平总书记在称赞各行各业的学习榜样时，使用了不少褒扬之词，如"航天英雄""大科学家""好人"，均是对我国人民的由衷赞美，是作者对于读者或读者中的某些特定群体的褒扬。然而，从跨文化的角度出发，中文里对读者的褒扬在英文里就构成了对作者所在方的褒扬，因此译者并没有将用于自我赞美的修饰语"英雄""大""好"翻译出来，而是通过分别翻译为普通用语"astronauts""scientists"以及"people"，省译了上述几个修饰语。例 2 中，在描述我们党带领中国人民实现中华民族伟大复兴的艰辛历程时，习近平总书记使用了"彪炳史册"来高度赞美我们党和我们人民取得的骄傲成绩，对于中文读者而言是极大的鼓励和认可。但是，英文读者的立场与中文读者不一致，对他们而言可能构成了过度自我夸赞，故译文未直接翻译为"the annals of history"，而是进行了省译，在英文中避免了给人以自夸的印象。例 3 的原文是对于我们党在过去五年里带领人民所取得的成就的陈述，是对于读者(广大党员以及普通人民)的夸赞，不吝其词地连续使用了"举世瞩目"和"重大"两个褒义词。然而，针对"举世瞩目"一词，译文并没有按照字面直译为英语"attract worldwide attention"或者"be a focus of world attention"，而是通过省译，将原文的两个修饰词仅翻译为英语的"impressive"(给人深刻印象的)一个词，适当缓和了对己方的赞美之意。根据Leech 的"谦逊准则"，该译法避免了自夸，以一种谦逊的姿态体现了交际中的礼貌，有助于获得对方的好感。

(二) 自谦语言的翻译

在中文文本中，作者虽然经常对读者不吝赞美之词，但是在描述自己或己方时也经常使用自谦语言，即在进行自我评价时自抱谦逊态度。这与中国社会崇尚谦逊、低调的文化紧密相关，认为谦虚是一种美德，在人际交往中自谦的行为会受到尊重。有跨文化研究表明，尽管中西文化都遵从"谦逊准则"，但是不同之处在于中国文化的谦逊体现在"卑己尊人"，而西方文化"尊人"却不"卑己"(李玉梅，2008)。因此，中文文本中经常会对读者表达夸赞，而涉及作者自身时则表达谦逊，是礼貌的一种体现。从跨文化差异来讲，英文中的谦逊主要体现在避免自我夸大，尊重别人也尊重自己，这与英语文化推崇个人主义有关，强调个人的价值和尊严。不同于中文文化的谦逊，在英语的人际交往中不能过于自贬，否则会给人不真诚的感觉，或者会给人缺乏自尊、自信的感觉(李玉梅，2008：209)。

因此，在中文里作者向读者表达自谦是一种可取行为，在英文中需要适当进行调整，以获取更好的交际效果。

1. 原文：主要是：发展不平衡不充分的一些突出问题<u>尚未解决</u>，发展质量和效益<u>还不高</u>，创新能力<u>不够强</u>，实体经济水平有待提高，生态环境保护任重道远……（《习近平谈治国理政》第三卷）

译文：The main ones are as follows. Some acute problems caused by unbalanced and inadequate development <u>await solutions</u>；and the quality and effect of development are <u>not what they should be</u>. China's ability to innovate <u>needs to be stronger</u>, the real economy awaits improvement，and we have a long way to go in protecting the environment.

2. 原文：从我们工作来看，主要是一些地方和单位贯彻党中央决策部署的实施细则和配套措施<u>不够完善</u>，政策尺度把握<u>不够准确</u>，方式方法<u>有些简单生硬</u>，对干部教育引导<u>不够及时到位</u> ……（《习近平谈治国理政》第二卷）

译文：In some local governments and units，the measures and supporting policies to implement the Central Committee's plans <u>are yet to be put in place</u>，and <u>adjustment is needed</u> in order to ensure that the guiding principles are correctly understood. Our officials <u>need time to understand</u> the decisions and plans of the central leadership，and our Party organizations <u>need to offer timely guidance</u> to the officials.

3. 原文：有法不依、执法不严等问题<u>严重存在</u>……（党的二十大报告）

译文：... and，<u>all too often</u>，we saw laws being ignored or not being strictly enforced.

上例 1 中，习近平总书记在谈及过去五年里我们党的工作时，指出了存在的一些不足之处和困难挑战，使用了几个评价性词语"尚未解决""还不高""不够强"等。因为这些表述是对于党的工作的评价，也即对自身的评价，相对于广大人民、相对于普通读者而言是一种自谦性语言，表达了习近平总书记谦逊、真诚、严于律己的态度。由于汉英语言在自谦文化上存在差异，译者在翻译中并未完全进行直译，而是进行了稍许的改译，分别翻译为"await solutions"（等待解决）、"not what they should be"（不是应有的样子）、"needs to be stronger"（需要更强），避免在英文中给人过于自贬的印象，照顾了英语的文化规约。例2中，习近平总书记同样是对于我们党工作的一些中肯评价，相对于广大普通读者、人民群众而言，"不够完善""不够准确""有些简单生硬""不够及时到位"是对于我们党自身的自我评价，因此在汉语原文中属于自谦性语言。考虑到英语中较少使用自谦性语言，译者进行了一定的改译，分别翻译为"are yet to be put in place"（还要付诸实施）、"adjustment is needed…correctly understood"（需要调整以确保正确理解）、"need time to understand"（需要时间去理解）、"need to offer timely guidance"（需要提供及时的引导），既使表达谦逊又不过度自贬，又较好地适应了英语的语用规范，有助于中国特色话语的海外接受。

例3原文来自党的二十大报告，在陈述问题时使用了"严重存在"这一短语，用词较为犀利、直接，反映了我们党对于全面从严治党的严格要求和高标准，并不吝于自我反思、自我批评，勇于发现并承认自身工作中存在的不足，同时也是汉语谦虚文化的一种体现。或许是考虑到跨文化的差异，译者将之翻译为"all too often"（时常，经常），在一定程度上缓和了原文的自谦和自我批评之意，就英语交际中的关于礼貌的语用规约而言，原文意义传递到位却不过度，有助于译文得到读者的接受和认可。

三、特殊用语的翻译转换

在汉语文本中，有时为了鼓舞读者信心，经常会使用一些军事化的语言，如党的二十大报告中的"打响改革攻坚战""面向经济主战场""打赢关键核心技术攻坚战""持续深入打好蓝天、碧水、净土保卫战""增强党内政治生活政治性、时代性、原则性、战斗性""把基层党组织建设成为有效实现党的领导的坚强战斗堡垒""打赢反腐败斗争攻坚战、持久战"等。这些语言实际上与军事并无直接关系，而只是一种比喻性、象征性的说法，用于鼓舞读者"士气"，或者增进读者的理解。由于中文里作者与读者的立场一致，故此类说法能起到增进团结、鼓舞斗志的作用，具有积极意义。但是，翻译至英文中，英语读者由于处于不同的视角，可能会产生不同的阅读感受。黄友义（2004：27）指出，美国人"看了我们一些从中文直译过来的文章后却错误地认为，'中国人比美国人更好战'"。这主要是由于跨文化差异和视角的不同，外国人不了解中文里这种特殊用语的语用含义，经常从字面上想当然，带来的文化误解。因此，为了避免误导，"翻译成外文就应该注意多用一些平实的词句"（黄友义，2004：28），译者从外国受众的角度出发，在翻译中适当转换视角，可以使译文起到更好的对外宣传效果。经过对军事化比喻相关用法的翻译的总结，我们可以发现：如果比喻针对的是某种积极意义或积极现象（比如"抢占科技竞争和未来发展制高点"），这时的军事化语言多是一种比喻性说法，而非真正的军事性行动，此时可以采用意译法和省译法，在英文中适当消除与军事有关的意象。

（一）意译为普通语言

由于英语中很少使用类似的军事化的表述，因此可以采取意译的方法，将原文隐含的意义用普通语言直接表述出来。

1. 原文：持续实施大气污染防治行动，打赢蓝天保卫战。（《习近平谈治国理政》第三卷）

译文：We will continue our campaign to prevent and control air pollution to make our skies blue again.

2. 原文：勇于攻坚克难、追求卓越、赢得胜利，积极抢占科技竞争和未来发展制高点。（《习近平谈治国理政》第二卷）

译文：They must strive to surmount all difficulties on the way to triumph, and gain an edge in scientific and technological competition and future development.

3. 原文：是在全党全国各族人民迈上全面建设社会主义现代化国家新征程、向第二个百年奋斗目标进军的关键时刻召开的一次十分重要的大会。（党的二十大报告）

译文：It takes place at a critical time as the entire Party and the Chinese people of all ethnic groups embark on a new journey to build China into a modern socialist country in all respects and advance toward the Second Centenary Goal.

4. 原文：形成为人民所喜爱、所认同、所拥有的理论，使之成为指导人民认识世界和改造世界的<u>强大思想武器</u>。（党的二十大报告）

译文：... to develop theories that they like, accept, and adopt and that become <u>powerful tools</u> guiding them in understanding and changing the world.

例1中，"打赢蓝天保卫战"是一种比喻性说法，在中文中可用于激发读者斗志，强调决心。但是，英语读者的视角与我们并不一致，因此译者将之意译为非常普通平实的语言"make our skies blue again"，非常简洁有力，这一英语译文也不会引起读者的误解。例2中，原文的"制高点"是军事化的用语，译者如果将其直译为"seize the high ground"，英文普通读者由于缺乏相关的背景知识，可能难以理解，甚至会对中国人产生一种喜战好斗的误解。实际上，该表述也只是一种比喻性说法，因此译者将之翻译为比较直白的语言"gain an edge"（获得优势），在一定程度上消除了原文的比喻修辞，却不会让读者产生误解。例3的原文的"进军"是一种比喻性说法，将向着目标"前进"比喻为打仗时的"进军"，同时"征途"一词由于和"进军"共同使用，也带有一些军事化用语的色彩，显示出巨大的决心，也给读者以强大的信心。译者将这两个词语均翻译为普通词语，即"journey"和"advance"，读者在译文中虽然看不出原文的比喻性说法，却不容易造成误解，也不影响意义的传达。例4的原文形象地把所形成的理论比喻成一种"强大思想武器"，是一种隐喻的用法，非指真正的武器。译者并未将原文中"武器"一词直接翻译为英文的"weapons"，而是翻译为普通语言"tools"（工具），将军事化用语转换成了日常生活中的用语。

原中央编译局资深翻译专家童孝华（2013：105）指出，此类表述是由于作者经常"过多地使用与自己的专业领域和出身背景相关的术语，而这完全是领导人本人或中国的特色，在翻译时，译者可以根据情况处理，不必完全拘泥原文"。翻译中的这些考虑正是为了达到融通中外的目的，以更好地宣传中国特色话语，传播好中国声音。

（二）省译

鉴于汉语中很多军事化的表述是比喻性的说法，故译者可以只把本体翻译出来，而把军事化用语的喻体省略不译，且并不会损害原文的语义。

1. 原文：就是要把各级党组织建设成为坚守正确政治方向的<u>坚强战斗堡垒</u>，教育广大党员、干部坚定不移沿着正确政治方向前进。(《习近平谈治国理政》第三卷)

译文：Three, we must build Party organizations at all levels in such a way so as to firmly safeguard the correct political direction, and guide all Party members and officials accordingly.

2. 原文：能源消费总量和强度双控制度对节约能源资源、<u>打好污染防治攻坚战</u>发挥了积极作用。(《习近平谈治国理政》第三卷)

译文：Fourth, we should improve the system for dual control over the amount and intensity of energy consumption. This system has played a positive role in energy conservation and pollution prevention and control.

上面例 1 中，"坚强战斗堡垒"比喻"各级党组织"，是用于鼓舞士气的形象说法，译文进行了省译。例 2 原文把"污染防治"工作比喻成了"攻坚战"，译文同样进行了省译。这种省译主要是考虑到英文读者的视角立场与中文读者不一致，片面地理解可能会带来误导，进行省译是适应跨文化传播的需要，有助于我国话语的走出去。

(三)直译

尽管在针对一些积极语义或积极现象时，对于军事性比喻的用法，译者在翻译中可以采用意译法和省译法，但是若该军事性比喻针对的是某种不好的现象，译者在可以根据情况保留原文的比喻性说法，既可以把这种不好的现象比喻为"需要攻克的战斗"或"需要对付的敌人"，也比较容易为外国读者理解。下面以党的二十大报告及其英译为例进行说明：

1. 原文：突出保障和改善民生，集中力量<u>实施脱贫攻坚战</u>……(党的二十大报告)

译文：We have ensured and improved public wellbeing as a matter of priority and pooled resources to <u>wage a critical battle</u> against poverty.

2. 原文：只要存在腐败问题产生的土壤和条件，反腐败<u>斗争</u>就一刻不能停，必须永远吹冲锋号。（党的二十大报告）

译文：As long as the breeding grounds and conditions for corruption still exist，we must keep <u>sounding the bugle</u> and never rest，not even for a minute，in our <u>fight</u> against corruption.

在上述两例中，与军事相关的用语均是针对某种不好的或需要克服的现象，即分别为"贫困"和"腐败"，原文通过把"脱贫"和"反腐败"分别比喻为"一场战斗"和"一种斗争"，使用隐喻把"贫困"和"腐败"比喻为我们需要面对的（抽象的）敌人，可谓非常形象生动。考虑到这种隐喻在英语中并不难被读者理解，并且所涉及的本体均是不好的、需要攻克的现象，与"战斗"或"斗争"这种喻体具有较大的相似性，因此将其直译也不难为英语读者所理解，并且也不会产生其他不好的联想，还可以表达作者的坚定决心。此外，例2中的"吹冲锋号"是汉语中经常使用的比喻性说法，也常被直译为英语的"sound the bugle"，因为此语境中针对的是"腐败"这一不好的现象，所以该比喻不会对英文读者造成误解。上述两例中，通过采用直译法，译文均较好地实现了融通中外的目的。

（四）多种译法灵活结合

除了单独采用直译法、意译法和省译法外，有时在特定的语境中译者也可以结合使用两种不同的翻译方法，保持译文的简洁性，或者实现译文用词的多样化。

1. 原文：坚决打赢反腐败斗争<u>攻坚战持久战</u>……（党的二十大报告）
译文：Winning <u>the tough and protracted battle</u> against corruption.

2. 原文：开展抗击疫情<u>人民战争、总体战、阻击战</u>，最大限度保护了人民生命安全和身体健康……（党的二十大报告）

译文：In launching <u>an all-out people's war to stop</u> the spread of the virus，we

173

have protected the people's health and safety to the greatest extent possible...

上述例 1 中，"攻坚战、持久战"均为较具体的军事化用语，本义指代某种特定类型的战斗，比如"攻坚战"指进攻型战斗的一种形式。对于"攻坚战"一词，译者并没有在译文中按字面意思将其直译为"storming of heavily fortified position"，而是采用了意译法，将其简化翻译为"tough battle"，但是对于"持久战"一词，译者则采取了直译法将其翻译为"protracted battle"。此外，"攻坚战、持久战"中的"战"构成了词尾重复，译者采取了省译法进行合并，只翻译出其中一个，照顾到了英语简洁的行文规范。因此，例 1 的译文将意译法、直译法与省译法结合运用，可谓非常地巧妙。在例 2 中，"人民战争、总体战、阻击战"中的三个词语的中心词构成了词语重复，译者进行了省译，仅翻译成了一个单词"war"。此外，对于"人民战争、总体战"，译者基本按照字面意思进行了直译，即将其译为"an all-out people's war"。但是，"阻击战"一词本义指防御战斗的一种，译者并没有按字面意思将其直译为"blocking action in a battle"，而是将其意译为普通性的语言"stop"，虽在一定程度上消解了原文的文化特色，但是在译文中实现了语言的简练。因此，例 2 的译文结合使用直译法、意译法和省译法，达到了较好的翻译效果，既在一定程度上部分保留了原文的比喻性修辞，也照顾到了译文语言的习惯和特点，真正实现了融通中外。

第三节　说服修辞的翻译转换

不同于第五章所讲的狭义上的修辞(figure of speech)，本章所讲的修辞(rhetoric)是广义上的，泛指有效使用语言的艺术或技巧，包括写作方式或说话技巧，目的在于说服或娱乐他人。对比语言学的研究表明，汉语和英语两种语言的话语偏好和修辞传统存在明显差异(Hu & Cao, 2011; Kong, 2005; Liao & Chen, 2009)。具体而言，英语书面语提倡偏对抗性的表述方式，即作者需要考虑可能存在的相反观点或例外情况，认为话语是用于和读者"建构知识和接近真理的空间"，不应把话讲得过于绝对，避免夸张性表述并预期到读者的反馈(Hu & Cao, 2011: 2805)。相较而言，汉语的修辞传统更偏好以无争议性的方式表述观点，认为话语是"宣称知识和断言真理"的空间(同上),作者措辞上的确信性和肯定性通常作为修辞方式来建立作者相对于读者的权威性,以达到说服的目的。这种修辞传统上的差异,可以体现在两种语言对不同类别词语的选取上,比如一些常见的动词,"优化""健全""完善""规范""保障""合理化"等。

上述列举的汉语动词均传达了一种确定性和终极性,在中文文本中频繁使用,属于汉语偏好的修辞方式,具有树立作者可信性和提升读者信心的双重修辞效果。但是以上词语若被直译为英语,就英语的修辞偏好而言就构成了夸大性表述。例如,陈明明(2014:10)指出,一些词语"如'完善''合理化''优化''保障'等,在文件翻译时使用的对应词都用了过头的表述,这一问题需要解决"。诚然,修辞传统本身并无好坏之分,无关对错,只是不同文化在历史发展的长河中造就了不同的偏好或习惯。但是,在对外译介中国特色话语时,从融通中外的视角出发,译者需要注意此类修辞差异。鉴于此类语言传统所偏好的表达通常无关政策性,为了达到更好的修辞和传播效果,译者可以适当改译汉语偏好的修辞方式,尽量适应英语的修辞传统和写作规范。这种取舍并不会影响我国文化和政策的传播,却在说理方式上更容易为目的语读者所接受。下面以"优化""规范""完善"和"健全"的翻译为例进行说明:

一、动词"优化"的翻译

"优化"本身指"采取一定措施使变得优异"的意思。该词在中国特色话语中经常被使用,表明了我们党和国家做事精益求精的态度,努力使事情变得更好、直至最好的决心。"优化"直接对应英语的"optimize"一词,后者表示"to make sth as good as it can be",表达一种强有力的承诺,语力比较绝对。尽管"优化"在较早的政治文献英译中曾经被忠实地翻译为"optimize",但是近些年在推动中国特色话语走出去的背景下,通常并不采用该译法。比如,在党的十九大报告的英译中,该词通常会根据上下文语境被处理为不同的对应词。

1. 原文:优化区域开放布局,加大西部开放力度。(党的十九大报告)

译文:We will improve the balance in opening our different regions, and open the western region wider.

2. 原文：支持传统产业<u>优化</u>升级，加快发展现代服务业，瞄准国际标准提高水平。(党的十九大报告)

译文：We will support traditional industries in upgrading themselves and accelerate development of modern service industries to elevate them to international standards.

上面例 1 中，尽管"优化"可以被直译为"optimize"，但是译者选择了承诺程度较低的"improve"一词。例 2 对"优化"进行了省译。我们可以发现，不管是例 1 的改译法还是例 2 的省译法，均缓和了原文动词较强的语力，降低了给予承诺的程度。

二、动词"规范"的翻译

"规范"一词原义指使符合约定俗成或明文规定的标准。在政治文本中，"规范"经常被用来形容使特定对象或行为等符合法律或法规的要求。该词直接对应英语的"standardize"一词，后者指"cause to conform to standard or norm"，传达较强的语力。尽管该词在政治文献英译中曾被忠实地翻译为"standardize"，但是新时期以来，该词通常会根据情况被稍作改译，以降低话语的绝对性。在党的十九大报告的英译中，该词均未被直译为"standardize"。

1. 原文：建设法治政府，推进依法行政，严格<u>规范</u>公正文明执法。(党的十九大报告)

译文：We will build a rule of law government, promote law-based government administration, and see that law is enforced in a strict, <u>procedure-based</u>, impartial, and non-abusive way.

2. 原文：支持和<u>规范</u>社会力量兴办教育。(党的十九大报告)

译文：We will support the <u>well-regulated</u> development of private schools.

上面例 1 中，"规范"被翻译为"procedure-based"(按照程序的)，例 2 中该词根据语境被翻译为"well-regulated"(合理调控的)，相较于"standardize"传递的生硬语力，此种译法显得更加平和、朴实，符合英语的修辞传统，易于为英语读者所接受。

三、动词"完善"和"健全"的翻译

"完善"指使事物趋于完美的意思。与"完善"意思相近的另一个动词是"健全"，表示"使没有欠缺"的意思。这两个动词在中国特色话语中被频繁使用，表达党和政府想要尽心尽力把各种事情办到最好的态度，以及全心全意为人民利益和福祉服务的坚定决心，符合汉语偏好的修辞方式。汉语的"完善"基本对应于英语的动词"perfect"，即"to make something perfect or as good as you can"；汉语的"健全"基本对应于英语的动词"complete"，即"to make something whole or perfect"，均传达一种极高的确定性。然而，英语的修辞偏好不同于汉语，不喜使用过于确定的表述，上述两个英语动词在英文同类文本中使用的频率较低。

1. 原文：互联网建设管理运用不断完善……（党的十九大报告）

译文：The development, administration, and functioning of internet services have been enhanced.

2. 原文：必须坚持和完善中国特色社会主义制度，不断推进国家治理体系和治理能力现代化……（党的十九大报告）

译文：We must uphold and improve the system of socialism with Chinese characteristics and continue to modernize China's system and capacity for governance.

3. 原文：开放型经济新体制逐步健全……（党的十九大报告）

译文：The new institutions of the open economy have been steadily improved.

上面例 1 和例 2 中，对于两个动词"完善"，译者均没有按字面直接翻译为英文动词"perfect"，而是分别改译为了"enhance"（增强）和"improve"（提高），这两个译法避免了"perfect"一词隐含的终极性，降低了论断的绝对性程度。同样，例 3 中原文的"健全"也未被直译，而是被改译为"improve"，避免了英文动词"complete"一词所传达的绝对性。可以说，相对于原文确定无疑的语力而言，译

文在动词的使用上缓和了原文的语力，避免了绝对性的表述，更加符合英语偏好的修辞说服方式，却并不损害原文语义的传达，在充分性与可接受性之间达到了平衡，有助于中国特色话语的海外接受。

第四节　本章小结

本章研究了中国特色话语对外译介中的读者导向译介策略，是超越词汇、短语、句子、语篇和修辞手段等层面的一个更高层面上的翻译策略，或者说更加侧重语用方面，关注译文在目的语文化语境可能产生的语用意义（pragmatic meaning）。事实上，要推进中国特色话语的海外传播，译者不仅要关注字面意义的传达，还需要考虑译文对于译文读者可能产生的语用效果。需要指出的是，哪怕是同样的字面意义，同一文本对于中文读者和对于英文读者所产生的语用效果也可能不同，因而在对外翻译中，译者需要有读者意识，考虑语用意义的产生。具体而言，本章探讨了汉语语气的翻译转换、原文的视角立场的翻译转换以及说服修辞的翻译转换等内容。这些内容与其说关注翻译的充分性，不如说更加关注翻译的可接受性，目的在于分析如何提升中国特色话语对外翻译的感染力、亲和力和理解力，为更好地打造"融通中外"的中国特色话语服务，从而产生更好的外宣效果。

第七章　新时代中国特色话语核心概念在海外英语学术界的接受传播：基于文献计量的分析(2012—2022)

第一节　引　　言

进入新时代以来，以习近平同志为核心的党中央在我国外交实践中提出一系列的重要概念和表述，体现了我国对外交往中的新思维、新路径。对外话语既体现国内的执政理念，也表明对外交往态度，对外话语的传播既有助于加深世界对于中国的理解和认识，也对分享中国发展经验、解决世界问题贡献中国方案。其中，"中国梦"和"人类命运共同体"这两个概念于2012年被提出，中国梦的基本内涵是实现中华民族的伟大复兴，具体表现为实现"两个一百年"奋斗目标，并且习近平总书记强调，中国梦不仅要造福中国人民，也要造福世界人民。"人类命运共同体"强调了在实现本国发展过程中兼顾他国合理关切，在实现自身发展的同时加强合作，实现共同发展。"一带一路"倡议于2013年被提出，包括"丝绸之路经济带"和"21世纪海上丝绸之路"两个组成部分。在过去的十余年里，"一带一路"倡议既发挥了带动沿线地区经济发展的作用，同时也表现了中国和平发展和重视多边合作交流的外交理念，在世界范围内产生巨大影响力。同时，海外学术界也从多个学科的视角开展较多的讨论与研究。

已有的研究聚焦官方机构和新闻媒体在传播中国外交话语中发挥的作用，但局限于对某一学科的讨论，选取的文献数量有限，不能对外交话语的传播现状作较全面的描述。有学者指出，外交话语传播研究需要借助定量研究以弥补定性分析不全面、具有主观性的不足(胡开宝、李婵，2018)。已有的关于中国外交话语海外传播的研究主要关注中国外交话语在海外新闻媒体的传播情况，如胡开宝和张晨夏(2021)借助语料库工具讨论了海外英文媒体对"一带一路""中国梦"和"人类命运共同体"等话题的报道，并认为面对国外媒体对中国外交话语核心概念的曲解，我们需要创新传播方式与传播形式，从而实现中国外交话语的对外传播。但是，目前关于中国对外话语在学术界研究现状的分析并不多，并且已有的研究主要集中在对国内学术界研究现状的分析讨论。其中，"一带一路"的学术传播研究获得了一定关注，而对"中国梦"和"人类命运共同体"的传播研究主要停留在对国内研究成果的文献计量分析上，并且对最新发表成果的关注不足。赵永华和王睿路(2022)借助 CiteSpace 讨论了国内新闻传播学领域关于"一带一路"的期刊、研究热点、机构发文情况和学者合作情况，指出国内"一带一路"研究在新闻传播学领域的未来突破方向。刘培东和吴志成(2022)使用 CiteSpace 分析了国内学术界对于"人类命运共同体"的研究现状，并强调了明确相关概念、创新研究方法、加强学界合作和研究不同国家对人类命运共同体的认知的重要性。莫艳清和陈柳裕(2014)则对 2014 年国内的"中国梦"研究成果进行了计量分析。可以说，国际知名期刊和海外科研机构对中国特色话语研究的关注不足。

　　仅有个别学者对中国对外话语在海外学术界的传播进行了分析，而国内关于中国特色外交话语相关概念的阐述在不断丰富，相关概念在海外学界的传播研究也需要体现相关政策和理念的时效性。如陈风华(2018)讨论了截至 2018 年的国内外核心期刊"一带一路"的研究现状，发现国内学术界已取得了较多成果，但国际核心期刊关于"一带一路"的研究成果数量远远少于国内。杨敏敏和 McAllister(2020)将计量分析与文本细读相结合，主要讨论了 Web of Science 中 2014—2018 年"一带一路"研究的期刊分布、研究热点和学科分布情况。目前中国外交话语传播现状的研究工具除了语料库外，还有 VOSviewer 和 CiteSpace 等可视化工具和主题模型，如汪顺玉和陈顺哲(2022)使用主题模型的文本挖掘方法对外文期刊中的"一带一路"主题词进行提取分析，并侧重分析主题词在各地区的分布情况和研究热度，但没有讨论各个地区和研究机构之间的合作情况以及"一带一路"研究的学科分布。随着越来越多的国家和地区加入"一带一路"倡议，及时且全面地反映在 2018 年之后海外学术界对"一带一路"的认识发生了哪些变化以及发展趋势显得尤为重要。除了关注各个地区的"一带一路"研究成果外，各个国家、地区和机构之间的合作情况也需要得到进一步讨论，从而为促进外交话语的传播与理解提供指导意见。

　　总体而言，国内学术界在研究中国对外话语的学术传播中存在的问题包括：第一，文献来源复杂，包括普通期刊和核心期刊；第二，相关研究集中在某一学科，对在不同学科中的分布和研究现状讨论不足，不能反映对外话语在海外学术界传播的整体情况；第三，以国内研究成果为主，对国际期刊发表现状关注不足。CiteSpace 和 VOSviewer 等可视化工具能够将文献之间的联系可视化，关键词共现、学者合作网络、机构和国家/地区合作网络等功能能够揭示大量文献之间的主题联系以及合作情况。本研究通过收集以"一带一路""中国梦"和"人类命运共同体"为主题的外文文献并导入可视化软件，分析关于这些词的热点话题，分析哪些国家和地区对相关话题较为关注以及其学术合作情况，并以图表形式呈现中国特色外交话语的海外学术传播情况。

第二节　数据来源与研究方法

　　本研究收集关于"一带一路""中国梦"和"人类命运共同体"的期刊文献，数据选自 Web of Science 的核心合集，选择社会科学引文索引（Social Sciences Citation Index），选择的学科类别包括区域研究、经济学、国际关系、政治学、公共管理、法学、传播学、社会学和语言学等 13 个学科，选择的文献类型为 Article，语言设置为英语。使用的是可视化软件 CiteSpace 6.1.R2 版本和 VOSviewer 1.6.18 版本。在检索"一带一路"的外文文献时，输入的检索关键词包括我国官方翻译及其他译名 Belt and Road initiative，BRI initiative，silk road，OBOR initiative，One Belt and One Road，论文发表时间设置为 2012 年 1 月至 2022 年 7 月，检索获得 1265 篇文献。随后通过细读标题、关键词和摘要进行人工筛选，剔除了缺少摘要的文献和不相关文献之后，通过 Web of Science 导出的文献共 617 篇，导出的内容包括论文标题、摘要、关键词、作者、机构、发表期刊、引用信息和国家/地区等。

　　"人类命运共同体"相关文献的检索关键词包括 2015 年前后的四个官方译文 a community with shared future for mankind, a community with shared destiny for mankind, a community with common future for mankind, a community with common destiny for mankind，获得 880 个检索结果，剔除学习群体、社区治理等不相关论文和缺少摘要的检索结果，最后获得 24 篇文献。关于"中国梦"的检索关键词包括 Chinese dream, dream of China, China dream 和 Xi's dream，获得 461 个检索结果，去除研究梦境的不相关文献和缺少摘要的文献，最后获得 85 篇文献，并导入 VOSviewer 和 CiteSpace 进行可视化分析。通过分析年发文量的变化，生成的关键词，国家/地区机构共现图谱和学科分布，拟回答以下几个问题：

第一，关于"一带一路""中国梦"和"人类命运共同体"的研究在 2012—2022 年有哪些趋势变化？

第二，关于"一带一路""中国梦"和"人类命运共同体"的主要研究话题有哪些？相关文献主要分布在哪些学科中？

第三，哪些国家/地区和机构对于"一带一路""中国梦"和"人类命运共同体"的关注度较高？

第三节　"一带一路"海外英语学术文献的可视化分析

本节从年发文量，文献主题，国家/地区、机构和学者合作网络以及学科分布等四个方面系统分析"一带一路"在海外学术界的研究和传播现状。

一、"一带一路"研究的年发文量变化

从图 7-1 可以看出，"一带一路"论文的发文量整体呈现逐年增长的趋势，从 2013—2021 年保持增长，并且增长速度较快(从 2013 年的 1 篇逐步增长至 2021 年的最高点 160 篇)，这说明"一带一路"的相关研究经历了一个从无到有、快速发展的过程，在过去的九年里获得海外学界持续关注。其中，2018—2021 年，"一带一路"的相关发文量急剧增长(分别为 62 篇、123 篇、149 篇和 160 篇)，这可能与"一带一路"诸多项目的成熟落地以及改革开放四十周年有关，"一带一路"这一中国特色倡议在促进地区合作中发挥的作用得到了更多关注。由于文献的检索时间截至 2022 年 7 月，2022 年的数据(75 篇)不代表全年发文量。通过图 7-1，我们可以看到，在总体上"一带一路"的国际学术研究热度呈逐年上升趋势，

相关成果不断增长，可能尚未达到峰值，在未来数年仍有继续不断上涨的空间。

（发文量）

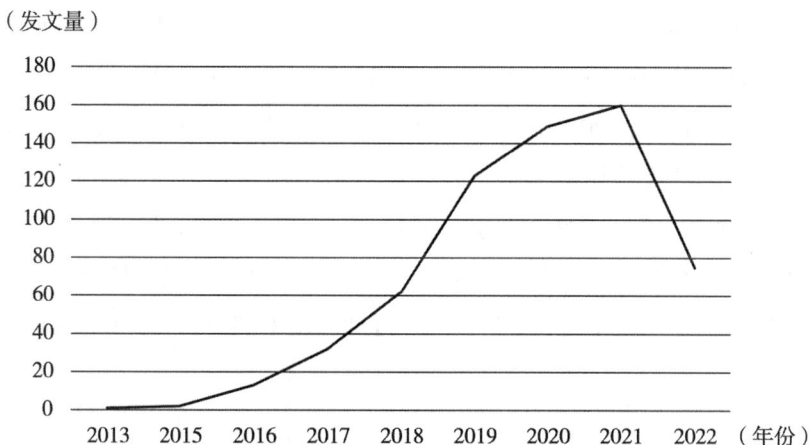

图 7-1 2013—2022 年"一带一路"研究的年发文量变化

二、"一带一路"研究的文献主题

关键词共现图谱用于说明和"一带一路"相关的研究有哪些主题得到较多关注。在时间—关键词共现图谱中，关键词出现的时间早晚与聚类颜色深浅对应，颜色越深表示关键词出现时间越早，颜色越浅则出现时间越晚。在 VOSviewer 时间—关键词共现图谱中，关键词年份取关键词出现的最早时间和最晚时间的平均值，而"一带一路"的 SSCI 发表集中在 2018—2022 年，关键词的出现时间以 2020 年为分界线，所以选取 2019 年 1 月至 2020 年 12 月这一时间范围进行分析。图7-2 显示，"一带一路"的研究不断深入，由其政治和外交意义的讨论，延伸到经济贸易、国际关系、生态保护、科技创新等多个领域。首先，出现时间最早的一批关键词，主要讨论"一带一路"的外交和政治意义，主要关键词包括：政治经济学（political economy）、外交（diplomacy）、区域一体化（regional integration，integration）、互联互通（connectivity）。其次，出现时间稍后的一批关键词，涉及地缘政治（geopolitics）、经济贸易、科技创新类的，关键词包括如东盟（ASEAN）、非洲（Africa）、亚洲（Asia）、老挝（Laos）、欧盟（European Union）、印度（India）、多边主义（multilateralism）、合作、可持续发展（sustainable development, sustainability）、国际贸易（international trade）、安全（security）、基础设施建设（infrastructure）、供应链（supply chain）、物流（logistics）、外商直接投资（foreign direct investment，FDI；outward foreign direct investment，OFDI）、制度距离（institutional distance）。最后，出现时间最晚的一批关键词中，除了经济贸易、政治、外交、地理等领域的关键词外，还包括生态建设碳排放（CO_2 emissions，carbon emissions）、能源消费（energy consumption）等。可见，"一带一路"相关研究在过去十年里经历了丰富完善的过程，从一开始最相关的个别学科，逐步拓展至更宽范围的其他学科中去，在研究的广度和深度上都得到了持续增强。

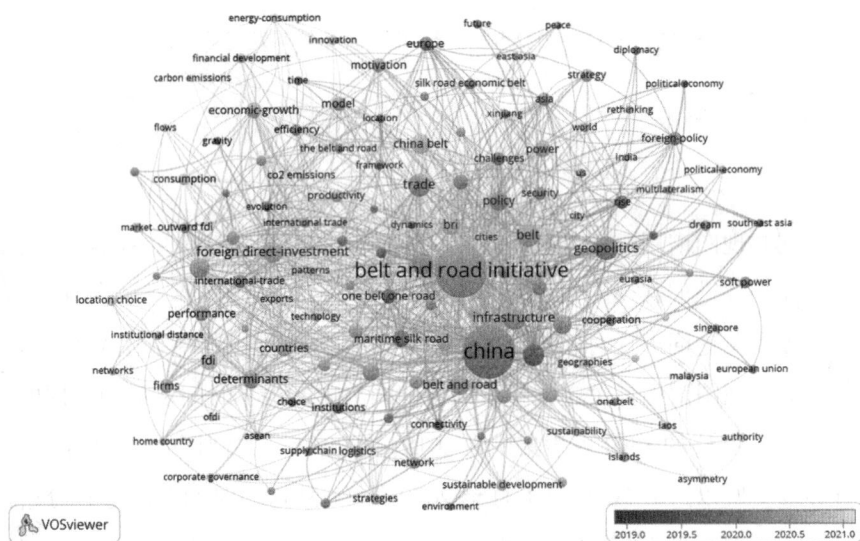

图 7-2　"一带一路"时间—关键词共现图谱

三、"一带一路"研究的国家/地区、机构和学者合作网络

国家/地区合作共现图谱说明有哪些国家或地区进行了"一带一路"研究的论文发表以及国家/地区之间的合作情况。数据提取共获得 57 个节点，即总共有 57 个国家或地区发表过关于"一带一路"的文献。随后，将阈值设置为 3，即统计发

文量在三篇及以上的国家或地区，获得 31 个节点。从图表来看，加入"一带一路"倡议的国家，如新加坡、马来西亚、巴基斯坦，表现出对"一带一路"的高度关注，除此之外，美国、英国、澳大利亚、德国等国家/地区也十分关注"一带一路"倡议。从发文数量看（见表 7-1），中国的文献发表最多（327 篇），约占总体发文量的一半，其次是美国、澳大利亚、英国和新加坡（发文均在 48 篇以上）。除此之外，"一带一路"也得到了德国、加拿大、法国、比利时、荷兰（发文量均在 9 篇及以上）等其他西方国家，以及马来西亚、巴基斯坦、日本、韩国（发文量均在 10 篇及以上）等亚洲国家/地区的关注。此外，图 7-3 多数节点之间的连线表明，国家地区之间关于"一带一路"的研究呈现出跨国/跨地区合作趋势，但也有目前没有进行跨国/跨地区合作联系的国家如哈萨克斯坦、以色列。可见，目前"一带一路"的相关研究成果主要集中在欧美地区、亚洲和澳大利亚，非洲、南美洲国家的参与相对不足。

表 7-1   "一带一路"发文量在 8 篇及以上的国家/地区统计

序号	国家/地区	发文量	序号	国家/地区	发文量
1	中国大陆	327	10	马来西亚	11
2	美国	95	11	巴基斯坦	10
3	澳大利亚	61	12	日本	10
4	英国	58	13	韩国	10
5	新加坡	48	14	比利时	9
6	德国	18	15	意大利	9
7	加拿大	16	16	波兰	9
8	中国台湾	15	17	法国	8
9	荷兰	15	18	丹麦	8

机构合作共现图谱主要说明研究机构间的合作情况。通过对发文机构和其发文数量的统计，我们一共得到 601 个节点，即共有 601 个机构以独作或合作的方式发表了"一带一路"的相关论文。将阈值设置为 5，即选取发文量在五篇及以上

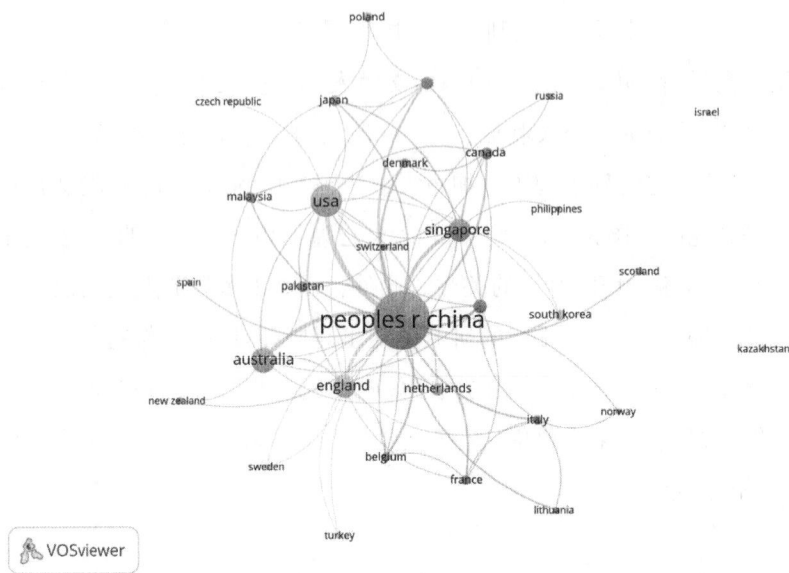

图 7-3 "一带一路"的发文国家/地区合作共现图谱

的研究机构，得到 35 个节点。从表 7-2 和图 7-4 可以看到，国内外高校和科研院所为发文主体，从发表数量看，发文量靠前的国内机构有浙江大学(22 篇)、北京师范大学(12 篇)、山东大学(12 篇)、中国科学院(10 篇)、厦门大学(10 篇)等科研机构。此外，我国港澳台地区的高校发文量也较可观，其中发表数量较多的机构包括香港理工大学(10 篇)、香港中文大学(9 篇)、台湾大学(8 篇)、香港大学(8 篇)。发文量较多的国外机构有新加坡国立大学(27 篇)、南洋理工大学(14 篇)、澳大利亚国立大学(13 篇)、剑桥大学(5 篇)和世界银行(5 篇)等高校和国际组织。相比之下，欧美地区学术界对"一带一路"研究成果的数量多，但分散在多个高校和国际组织，需要指出的是多数欧美机构的发文量为 1 至 2 篇。新加坡和澳大利亚等研究成果则主要集中在少数高校。通过上述数据分析，我们可以发现，在中国特色话语核心概念的海外学术传播中，高校、国际组织、智库和科研院所等主体都发挥了一定作用。

表 7-2   "一带一路"发文量在 8 篇及以上的机构统计

序号	发文机构	发文量	序号	发文机构	发文量
1	新加坡国立大学	27	12	济南大学	10
2	浙江大学	22	13	上海交通大学	9
3	南洋理工大学	14	14	对外经济贸易大学	9
4	澳大利亚国立大学	13	15	武汉大学	9
5	北京师范大学	12	16	香港中文大学	9
6	山东大学	12	17	中央财经大学	9
7	中国科学院	10	18	北京大学	9
8	厦门大学	10	19	复旦大学	8
9	华东师范大学	10	20	中国人民大学	8
10	中国科学院大学	10	21	台湾大学	8
11	香港理工大学	10	22	香港大学	8

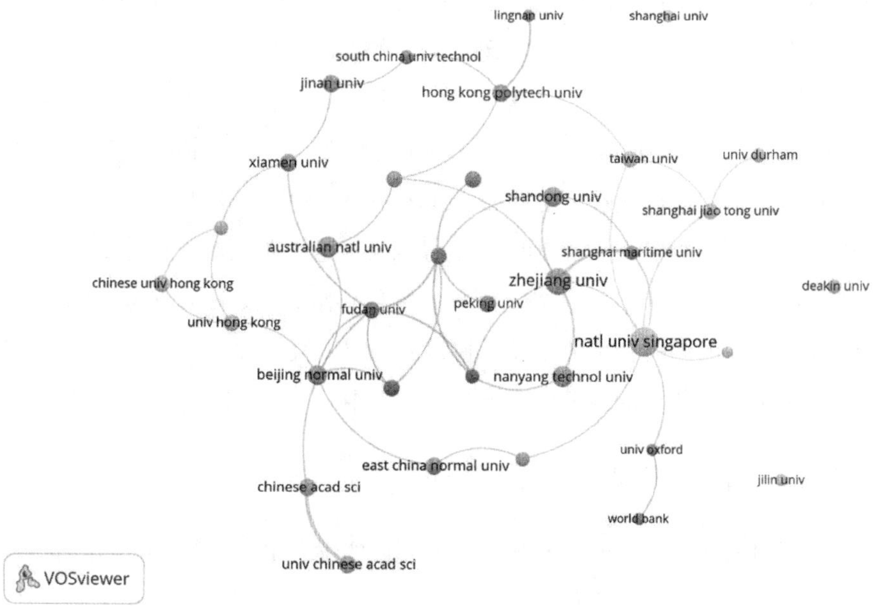

图 7-4 "一带一路"的发文机构合作共现图谱

将数据导入后共获得 1205 个节点，即共有 1205 位学者单独或合作发表相关论文，说明大量学者关注了"一带一路"这一话题并开展了相关研究。为检验"一带一路"相关研究的学术合作现状，使用普赖斯定律(Price, 1989)的计算结果确定"一带一路"研究的核心作者发文量阈值。普莱斯定律主要用于衡量学科领域核心作者群，计算公式是 $m = 0.749 * (N_{max})^{1/2}$，$N_{max}$ 是成果产出最多的学者发文总量。发文量最多的作者发文量是 7 篇，经计算得到 $m = 1.98$，取整数为 $m = 2$，即发文量在两篇及以上的学者可以被看作核心作者，将阈值设置为 2，一共获得 121 个节点。从图 7-5 我们可以看到，"一带一路"研究具有形成成熟作者群的趋势，核心作者之间存在一定合作联系。同时，在 121 位作者中，目前没有形成较大规模的学术合作网络，多数学者只发表了 1 至 2 篇与"一带一路"相关的论文，表明缺少该领域的引领性学者。其中，发文量最多的学者分别是浙江大学的 Lee, Paul Tae-woo(7 篇)，研究内容包括"一带一路"沿线基础设施建设如铁路、物流系统对于区域发展的意义；新加坡国立大学的 Woon Chih-yuan(5 篇)研究"一带一路"的地缘政治叙事；台湾大学的 Sheu Jiuh-biing(5 篇)研究了"一带一路"沿线地区的水陆交通和物流系统建设；新加坡国立大学的 James D. Sideway(4 篇)研究"一带一路"的地缘政治意义；南洋理工大学的 Liu Hong(4 篇)从政治经济学角度研究"一带一路"框架下中国和东南亚国家的双边关系；西澳大学的 Winter Tim(4 篇)研究"一带一路"的地缘政治、文化和外交意义。通过对主要核心作者的研究领域和地区分析我们可发现，主要核心作者集中在中国、新加坡和澳大利亚，且他们多关注"一带一路"的政策影响和地缘意义。这说明在对外宣传中我们也需要重视"一带一路"的政策阐述和外交理念的解释工作，在鼓励和促进国际学术界进行相关学术研究的同时，也要主动掌握对外的定义权和解释权，将中国特色话语核心理念的解释和传播的主导权掌握在自己手中。

四、"一带一路"研究的学科分布

从学科分布我们可以看出有哪些研究领域的学者更关注"一带一路"话题，为相关学科建设和外交话语宣传方向提供反馈性意见。"一带一路"相关研究涉及的学科以社会科学为主，也有部分理工类等学科如交通、环境科学的学者，对"一带一路"沿线的基础设施建设现状和意义进行考察。表 7-3 列出了文献数量在前

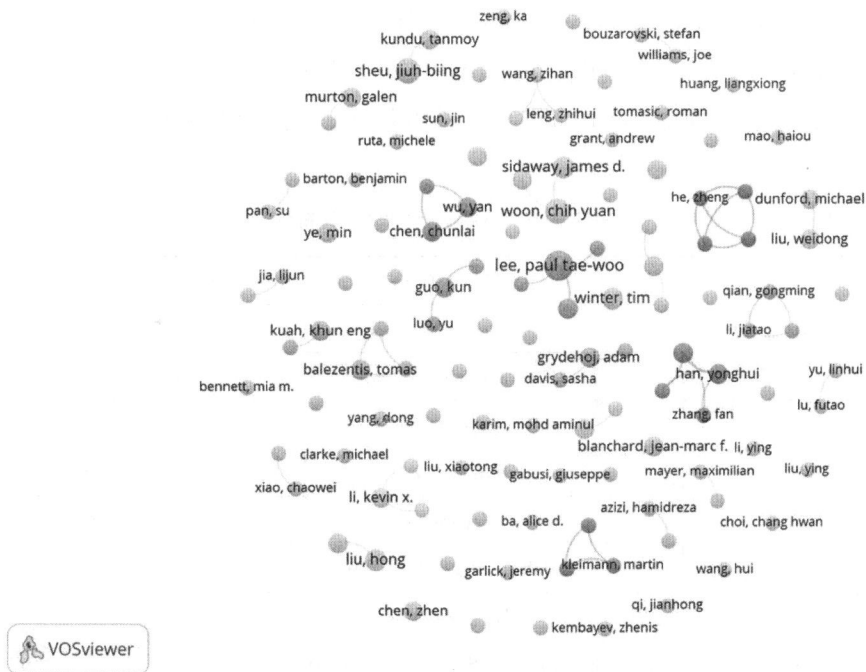

图 7-5 "一带一路"主要发文作者和学者合作共现图谱

10 的学科，可以看到，"一带一路"的相关研究主要分布在商科、国际关系、区域研究、政治学/法学和地理学领域，其中商科和经济类的文献占比最高。这表明，国际学术界对于"一带一路"相关政策和项目在经济和贸易中的作用最为关注，其次是解读中国提出的"一带一路"倡议对于某个地区和国际局势的影响（如Weil，2023），可以看到多个学科的学者从区域经济发展、地缘政治、基础设施建设、文化传播等多个方面讨论了"一带一路"的影响，"一带一路"的具体内涵进一步丰富，得到多个学科学者的关注。例如，Foo，Lean 和 Salim（2020）认为"一带一路"倡议带动了东盟和中国的多边贸易增长，对于地区经济发展具有重要意义。Jackson 和 Skeptylo（2021）用贸易数据表明中国的"一带一路"倡议促进了中国和欧盟的出口，并减少了因中美贸易摩擦产生的消极影响。另一方面，在看到"一带一路"倡议得到众多学科学者的关注之外，也需要关注有相关研究但成果较少的学科。如语言学(3 篇)讨论了"一带一路"共建国家的语言教育政策、媒体关于"一带一路"报道的话语分析、中国文化海外传播中的概念隐喻和概念转喻，包含"一带一路"的政治语篇的解读较少，对于话语本身的阐述不足。上述结果既说明了多个学科对"一带一路"相关研究主题进行挖掘，产生了较丰富的议题，也表明需要关注发文量较少的学科，进一步挖掘该学科的学术话题。

表 7-3　　　　　　　"一带一路"相关文献的学科分布统计

序号	学科类别	文献数量
1	Business & Economics	250
2	International Relations	159
3	Area Studies	147
4	Government & Law	99
5	Geography	88
6	Social Sciences-Other Topics	42
7	Transportation	33
8	Environment Sciences & Ecology	24
9	Development Studies	16
10	Communication	13

第四节　"人类命运共同体"海外英语学术文献的可视化分析

一、"人类命运共同体"的年发文量变化

"人类命运共同体"的国际发表起步较晚，成果产出数量并不稳定。虽然"人类命运共同体"这一外交概念于 2012 年被提出，但图 7-6 显示在 2012—2015 年没有相关成果在 SSCI 期刊发表，在 2015 年"人类命运共同体"的官方译名由"Community of Common Destiny for Mankind"改为"Community of Shared Future for Mankind"后，2016 年开始有 2 篇相关论文发表，2018 年的发表数量增加至 5 篇，2019—2020 年发文量保持相对稳定，每年发文量均为 3 篇，2021 年发文量增长

至 6 篇，2022 年的发表数量和 2021 年接近(目前为 5 篇)，总的来说与"人类命运共同体"相关的国际发表成果相对较少，这说明我们需要加强对"人类命运共同体"这一概念的对外阐释、研究和推广工作，增加相关研究成果在国际学术界的发文量。

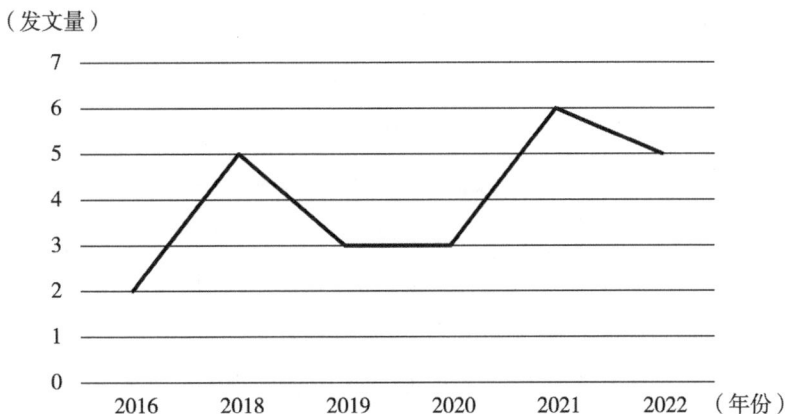

图 7-6 2016—2022 年"人类命运共同体"研究的年发文量变化

二、"人类命运共同体"研究的文献主题

将关键词共现频率设置为≥1，共获得 121 个节点，其中有 78 个存在联系的节点，随后选择有关联的节点生成关键词图谱(见图 7-7)。从"人类命运共同体"的关键词共现图谱来看，"人类命运共同体"的相关研究内容较丰富，涉及经济贸易、文化教育、话语体系建设、外交关系等领域主题。其一，经济贸易的关键词包括高铁出口(high-speed rail export)、中日经济合作(Sino-Japanese economic cooperation)、银行(bank)、"一带一路"倡议(Belt and Road Initiative)等。其二，文化教育涉及教育体制(education mechanism)和中华优秀传统文化如孟子思想(Mencius)。其三，话语体系建设涉及批评话语分析(Critical Discourse Analysis)、中国政治思想(Chinese political ideas)、马克思主义(Marxism)、意识形态(ideology)、哥本哈根学派(Copenhagen School)的安全研究分析方法、话语建构(discursive construction)、社会建构(social construction)、认同(agreement)和话语

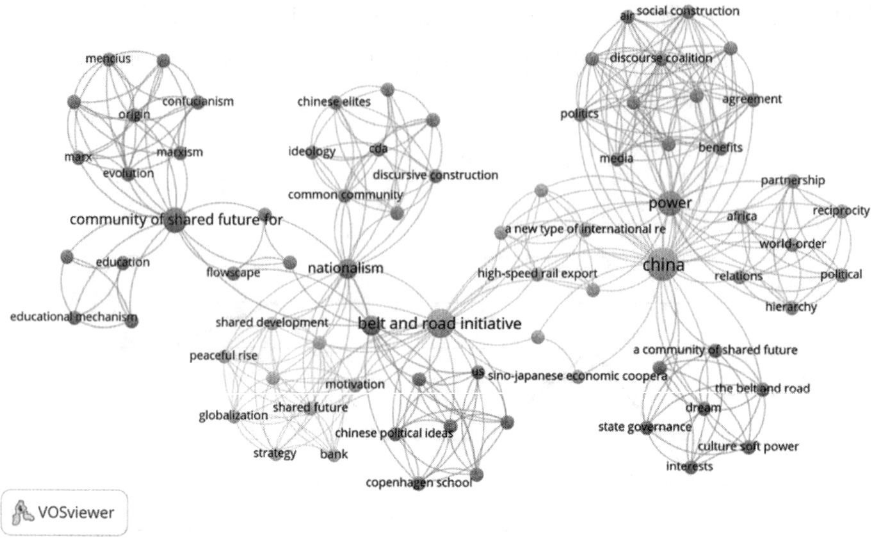

图 7-7　"人类命运共同体"关键词共现图谱

联盟(discourse coalition)。其四，外交关系方面则强调中国的和平崛起（peaceful rise）、互惠互利（reciprocity）、伙伴关系（partnership）、共同发展（shared development）、世界秩序(world order)、非洲(Africa)、关系(relation)。值得注意的是，一些"人类命运共同体"的研究将中国同其他国家的友好往来解读为利用经济贸易和往来合作形成利益联盟，形成以中国为中心的等级秩序(hierarchy)，谋求霸权地位，例如美国圣母大学的学者 Eisenman（2023）在讨论中非关系时将人类命运共同体解读为采取经济、政治手段让非洲"服从"中国，刻意歪曲了中国的和平外交与平等交流意愿，试图误导国际学术界对于该理念的正确理解，形成错误解读，混淆视听。这种解读与中国独立自主的和平外交政策相悖，也提醒了中国学者在对外话语传播中需要注意对"霸权主义"的论调进行反驳，阐述西方认识中的国际关系与中国在儒家思想影响下形成的世界观的差异。例如，詹德斌（2017）解读了中华人民共和国成立以来和周边国家"好邻居""好伙伴"关系的意义，并指出中国和周边国家的平等外交关系同西方理解的国家间结成利益联盟的差异，用西方的国际关系理论解读中国外交而忽视中国的历史文化传统是不正确的。对"人类命运共同体"的部分研究体现了少数西方学者对于中国政治问题的偏见，一方面需要在官方话语的传播中反驳诸如霸权主义、利益联盟之类的论调，另一方面需要思考如何结合中华历史文化传统，阐发"人类命运共同体"的独特文化内涵，让中国对外话语体系更具合理性和说服力。

三、"人类命运共同体"研究的国家/地区和机构合作网络

图 7-8 显示，一共有 7 个国家或地区发表了关于"人类命运共同体"的论文，在共现图谱中，有 5 个存在联系的节点。发文量最多的是中国大陆（19 篇），其次是美国（3 篇）、比利时（2 篇）、英国（2 篇）和中国台湾（2 篇），此外加拿大和巴基斯坦也各有 1 篇相关论文发表（见表 7-4）。除了加拿大和比利时的"人类命运共同体"相关成果为本国作者独立发表外，中国大陆和美国、巴基斯坦、英国、中国台湾都有一定的合作联系。从国家与地区合作情况来看，关注"人类命运共同体"这一外交概念的国家和地区数量比较有限，并且国家和地区之间的合作趋势比较弱。这意味着，在未来的学术研究中，学者们需要加大力度推进"人类命

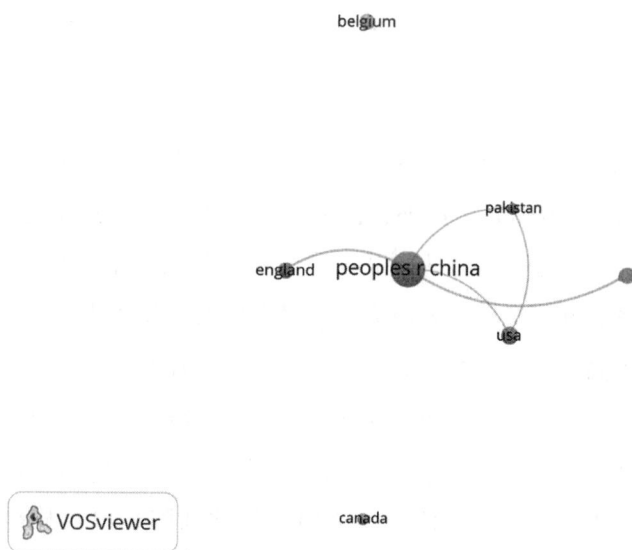

图 7-8 "人类命运共同体"的发文国家/地区合作共现图谱

运共同体"概念和内涵在各个国家和地区的介绍与传播，让更多国家和地区了解关注这一概念，并加强同其他国家和地区的学术合作交流，共同推动"人类命运共同体"的海外学术传播，增强该理念在国际学术界的传播力和影响力，进而增强中国特色话语的国际学术影响力。这也是中国学者需要肩负的责任和义务，争取更多的学术合作和交流机会，加大力度并且丰富形式，去推动更大的国际学术群体共同参与相关的讨论中。

表 7-4　　　　　　　"人类命运共同体"的发文国家/地区分布统计

序号	发文量	国家/地区
1	19	中国大陆
2	3	美国
3	2	比利时
4	2	英国
5	2	中国台湾
6	1	加拿大
7	1	巴基斯坦

　　"人类命运共同体"的论文发表主要集中在国内和英美两国的高校，也有部分其他欧洲院校(见图 7-9)。此外，相关研究存在科研院所和政治组织、国内外高校之间的合作，如全国政协(CPPCC)和中国社会科学院有共现联系，浙江大学与天普大学有共现关系，暨南大学与丹麦罗斯基勒大学有共现关系。发文机构主要以国内高校和欧美高校为主，前者涵盖大连海事大学、浙江大学、武汉大学、北京师范大学、安徽财经大学、广东外语外贸大学、西安交通大学、东南大学、大连理工大学等，后者主要包括英国利兹大学、美国哥伦比亚大学、圣母大学、天普大学等。此外，个别其他欧洲院校或机构组织也有所贡献，譬如比利时根特大学、安特卫普管理学院以及加拿大多伦多大学等。其中，哥伦比亚大学的 Nathan 和 Zhang(2022)阐述了"人类命运共同体"及相关宣传在海外的影响和解读，并以此讨论了中国的外交政策。比利时根特大学的

Zhang 和 Orbie（2021）分析了中国在气候变化这一议题中使用的叙事策略，并讨论了"人类命运共同体"在领导人讲话、新闻报道等材料中如何体现中国在全球治理中的地位。这些讨论有助于提升"人类命运共同体"概念在海外学术界这一特殊群体中的关注度。

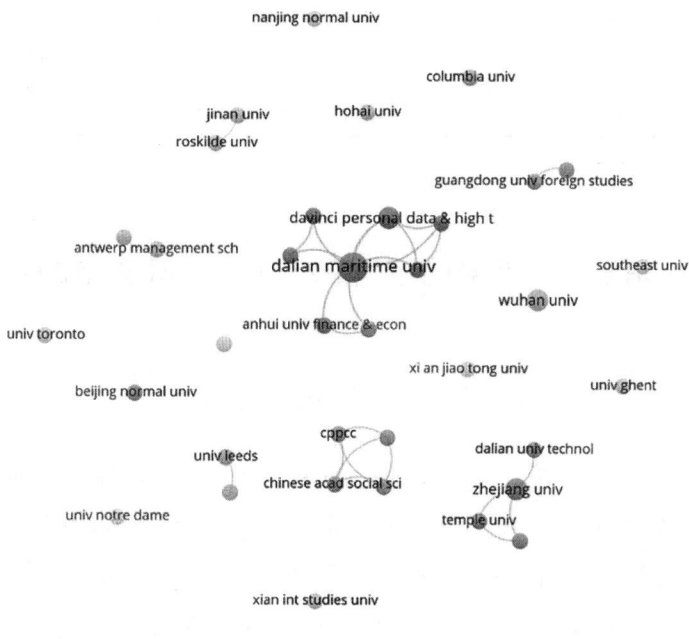

图 7-9 "人类命运共同体"的发文机构合作共现图谱

四、"人类命运共同体"研究的学科分布

通过表 7-5 的数据统计我们可知，对于"人类命运共同体"这一主题，国际关系学科的论文发表量最多（9 篇），其次是环境研究（6 篇）、区域研究（5 篇）、社会科学（其他话题）（3 篇）、经济学（2 篇）、教育学（2 篇）等。除此之外，传播学、文化研究等学科也有论文发表，但相对数量较少。总体而言，上述数据表明"人类命运共同体"这一概念和相关话题仍有充足的讨论空间，譬如在语言学、法律、外交学等领域学者都可以继续进行更多的讨论和拓展。

表 7-5　　　　　　　"人类命运共同体"相关文献的学科分布统计

序号	学 科 类 别	文 献 数 量
1	International Relations	9
2	Environmental Studies & Ecology	6
3	Area Studies	5
4	Social Sciences-Other Topics	3
5	Business & Economics	2
6	Education & Educational Research	2

第五节　"中国梦"海外英语学术文献的可视化分析

一、"中国梦"研究的年发文量变化

从 2013—2022 年的发文量变化看，2013—2022 年每年都有"中国梦"的相关论文发表(见图 7-10)。在"中国梦"这一概念于 2012 年被首次提出后，随后的 2013—2015 年出现了相关研究较快增长的趋势，发表数量于 2015 年达到第一个高峰(11 篇)。随后两年中，相关论文发表数量有所回落，但从 2018—2019 年再次出现快速增长趋势，在 2019 年达到了最高点(22 篇)，随后出现一定的下降趋势，这说明国际期刊对"中国梦"概念的关注度有所下降，学者们需要为中国梦的宣传和研究寻找新思路，在宣传中国梦时将中国特色与国际关切相结合，创新思路讲好中国故事。出现该趋势可能有以下几个原因：第一是国内对于"中国梦"的讨论主要集中在其作为中国特色社会主义理论体系的一部分进行讨论，或是关注国内的具体政策，虽然也有学者对中国梦与世界梦之间的联系进行了阐述，如成龙和姚立兴(2020)指出中国梦扎根于中华优秀传统文化和中国特色社会主义实践，在建设人类命运共同体的背景下，中国梦与世界人民的梦是统一的，中国的成功实践经验为世界其他国家和地区提供借鉴，但总体来说对相关国际议题的讨论和发掘不够充分。第二是对最新的研究成果介绍不足，促进中国对外话语的传播需要有持续性的研究深化对某一主题的讨论，并且推介最新的研究成果，不断

更新海外对中国对外话语的认识，而实现这一点也需要国内有一定数量的创新研究支持，但从中国知网"中国梦"的检索结果看，2012 年至 2022 年 7 月，"中国梦"相关主题的发文量呈现逐年下降趋势，2012 年为 174 篇，在 2013 年达到8905 篇后，逐年下降到 2022 年 7 月的 822 篇，而核心期刊和中文社会科学引文索引的文献经历了 2012—2014 年的增长后，便从 2014 年的 1454 篇下降到 2022年 7 月的 77 篇。可以看到，"中国梦"的研究增长和新政策的提出密切相关，但在政策提出一段时间后热度开始下降，这说明在响应政策、研究政策内涵之外，还需要学者们挖掘"中国梦"的与时俱进的议题和具有国际意义的话题，为相关理念的研究设置新的议题，方能保持较为持续的国际学术关注度。

（发文量）

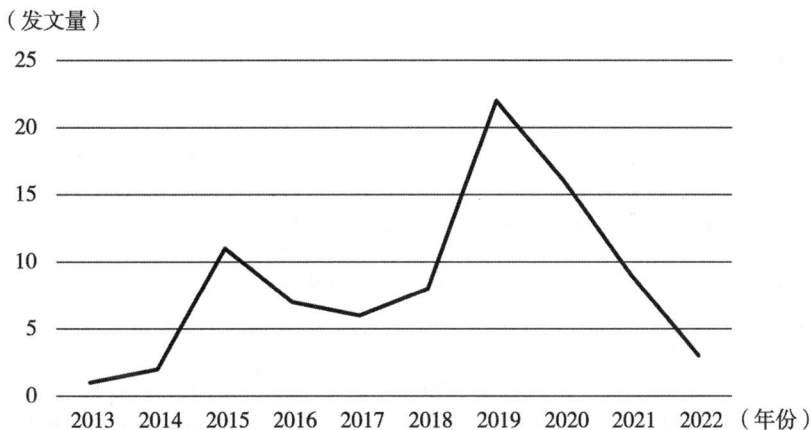

图 7-10　2013—2022 年"中国梦"研究的年发文量变化

二、"中国梦"研究的文献主题

将关键词共现频率设置为≥2，共获得 48 个有关联的关键词（见图 7-11）。在该共现图谱中，与"中国梦"研究相关的关键词主要涉及党的领导、经济建设、文化和意识形态建设、社会发展和国际政治等方面，党的领导关键词如习近平（Xi Jinping）、中国共产党（Chinese Communist Party）（该表述为海外学术文献中对于"中国共产党"一词的译法，而我国官方翻译为"the Communist Party of China"）。经济建设关键词如经济改革（economic reform）、全球化（globalization），文化和意

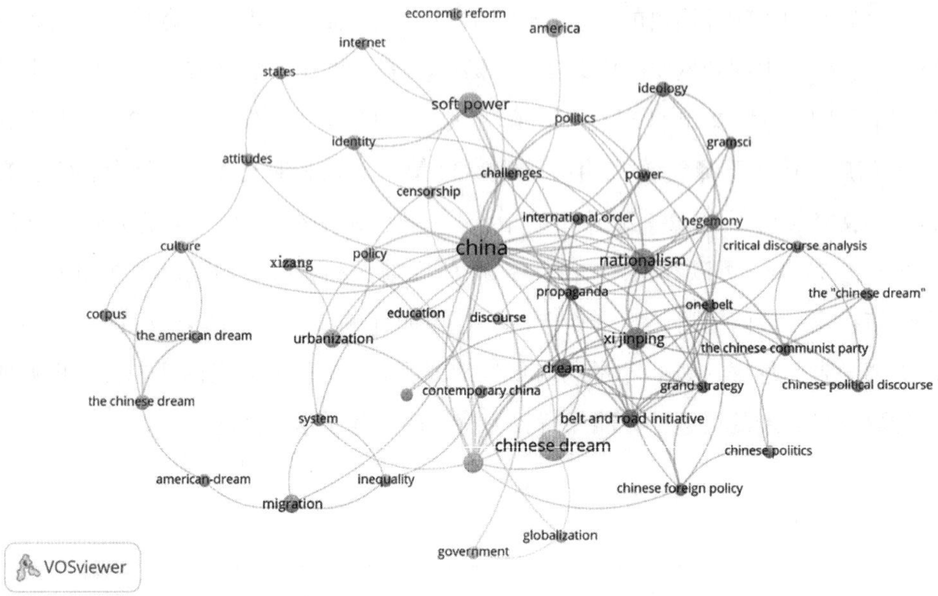

图 7-11　"中国梦"关键词共现图谱

识形态建设的关键词如民族主义（nationalism）、外宣（propaganda）、中国政治话语（Chinese political discourse）、审查（censorship）、批评话语分析（Critical Discourse Analysis）、文化（culture）、软实力（soft power）、教育（education）、身份认同（identity）、意识形态（ideology）等。社会建设类的关键词如城镇化（urbanization）、农民工（migration）、不平等现象（inequality）。国际政治类关键词如地缘政治（hegemony）、国际秩序（international order）、霸权主义（hegemony）、中国外交政策（Chinese foreign policy）、中美各自执政理念（Chinese dream & American dream）。通过对关键词的分析，我们注意到"中国梦"的相关研究中既有对中国发展成果的介绍，也有对国内和对外政策的带有偏见的负面解读，如民族主义（nationalism）、宣传（propaganda）、审查（censorship）、霸权主义（hegemony）等，其中 propaganda 虽然意思是"宣传"，但带有夸大宣传的负面含义；censorship 意为"审查"，但在英语中含有一定的消极意义；nationalism 可以表示爱国主义，但在英语语境中带有本国高于其他国家，将某种思想或者文化强加在其他国家或群体身上的消极意义；hegemony 更是强调国家或政府对其他国家的强势态度和不平等关系。通过这几个关键词我们可以看出，关于中国梦的负面解读带有"中国至上"的意味，并将中国与其他国家和地区的关系看作是不平等的，并片面认为中国试图将自己的文化和思想强加给其他国家，这是对中国平等外交理念的误解。一方面，这些关键词体现出"中国威胁论"下西方舆论对中国形象的抹黑，需要思考在西方话语体系占主导地位的国际环境中如何让中国话语体系更具严谨性和说服力，从而说明中国对外交往理念和西方理解的中国外交的差异；另一方面，在对外传播中也需要注意中国特色话语的翻译表达，如在英语中寻找对等的表达或是创造特色词语英译时，思考在译文英语语境中是否会有负面消极含义，从而影响其在英语语境中的理解和接受效果。

三、"中国梦"研究的学科分布

表 7-6 表明，"中国梦"的相关文献主要分布在区域研究（28 篇）、国际关系（15 篇）、政府与法律（15 篇）、社会科学（其他话题）（10 篇）等学科，其中文献数量最多的是区域研究。此外，传播学（9 篇）、文化研究（5 篇）、工商管理与经济学（5 篇）等学科也有与"中国梦"相关的研究成果，从外交、政治、经济、文化等多个角度介绍讨论了"中国梦"的内涵和影响。这些数据表明，"中国梦"概念在不同的学科领域中均得到了一定的关注和讨论，产生了一定的国际学术影响力。但数据同时表明，一些其他学科的讨论仍需进一步加强，比如社会学、人类学、语言学、哲学等学科，目前的相关论文发表数量偏少。

表 7-6   **"中国梦"相关文献的学科分布统计**

序号	学科类别	文献数量
1	Area Studies	28
2	International Relations	15
3	Government & Law	15
4	Social Sciences-Other Topics	10
5	Communication	9
6	Cultural Studies	5
7	Business & Economics	5

四、"中国梦"研究的国家/地区和机构合作网络

生成的国家/地区合作共现图谱共有 20 个节点，即共有 20 个国家或地区的学者发表了与"中国梦"的相关论文(见表 7-7 和图 7-12)。其中，中国大陆(38篇)的发文量最多，其次是美国(19 篇)、英国(13 篇)、澳大利亚(10 篇)和新加坡(6 篇)，许多欧洲国家如德国(2 篇)、挪威(1 篇)、意大利(1 篇)、瑞典(1篇)、比利时(1 篇)、丹麦(1 篇)、捷克(1 篇)、荷兰(1 篇)也表现出对"中国梦"的关注。在亚洲，除了新加坡的发文量较多外，日本(1 篇)、韩国(1 篇)、土耳其(1 篇)和中国台湾(2 篇)也有所发表。此外，非洲国家加纳也有 1 篇相关论文发表。在国家/地区合作情况方面，中国和美国、英国、德国、加纳、韩国等有合作关系，但和部分欧洲国家比如荷兰、丹麦、比利时等没有明显的合作联系。这说明，在宣传"中国梦"的过程，中国学者可以加强同更多国家或地区之间的合作联系，了解各国关于"中国梦"的认识差异，从而为"中国梦"的国际学术传播提供改进思路，将"中国梦"相关研究推广到更多国家和地区。

表 7-7　　　　　　　　　"中国梦"的发文国家/地区分布统计

序号	国家/地区	发文量	序号	国家/地区	发文量
1	中国大陆	38	11	比利时	1
2	美国	19	12	加拿大	1
3	英国	13	13	捷克	1
4	澳大利亚	10	14	土耳其	1
5	新加坡	6	15	丹麦	1
6	德国	2	16	加纳	1
7	中国台湾	2	17	瑞士	1
8	挪威	1	18	荷兰	1
9	意大利	1	19	日本	1
10	瑞典	1	20	韩国	1

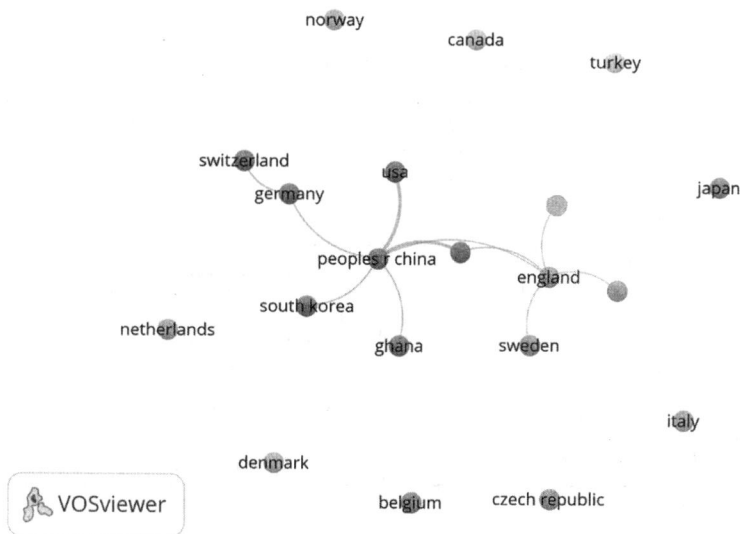

图 7-12 "中国梦"的发文国家/地区合作共现图谱

　　相关数据表明，一共 112 个机构发表了以"中国梦"为主题的论文。将阈值设置为≥2，选取发文量在 2 篇及以上的组织生成发文机构共现图谱(见图 7-13)，一共得到 14 个节点(见表 7-8)。除国内高校外，国外发文量较多的高校包括英国拉夫堡大学(2 篇)、美国哈佛大学(2 篇)、英国伦敦政治经济学院(2 篇)、澳大利亚悉尼大学(2 篇)、新加坡南洋理工大学(2 篇)和新加坡国立大学(2 篇)、英国兰卡斯特大学(2 篇)和剑桥大学(2 篇)。从图 7-13 我们可以看到，高校在"中国梦"的学术研究与传播中发挥主要作用，以中国、英国、美国、澳大利亚和新加坡的高校为主。与"人类命运共同体"概念相比，"中国梦"概念在整体上得到更多海外高校的关注。在相关讨论中，"中国梦"和中国的经济发展联系在一起，而国际社会高度关注中国经济的快速发展，对"中国梦"这一构想及其对国家治理和民族认同中的影响也表现出较大的兴趣。图 7-13 表明，关于"中国梦"的国际学术发表成果相对分散，并且各个机构之间没有表现出明显的合作联系(未显示共现关系)，这说明在未来可以鼓励不同科研机构之间开展更多的合作，关注海外高等院校、智库和其他科研院所对于"中国梦"的评价和认识，拓展思路、创新方式，共同讲好中国故事。

表 7-8　　　　　　　　**"中国梦"相关文献的发文机构统计**

序号	机构名称	发文量	序号	机构名称	发文量
1	聊城大学	4	8	悉尼大学	2
2	济南大学	3	9	南洋理工大学	2
3	中山大学	2	10	新加坡国立大学	2
4	拉夫堡大学	2	11	香港中文大学	2
5	哈佛大学	2	12	兰卡斯特大学	2
6	上海交通大学	2	13	剑桥大学	2
7	伦敦政治经济学院	2	14	西南财经大学	2

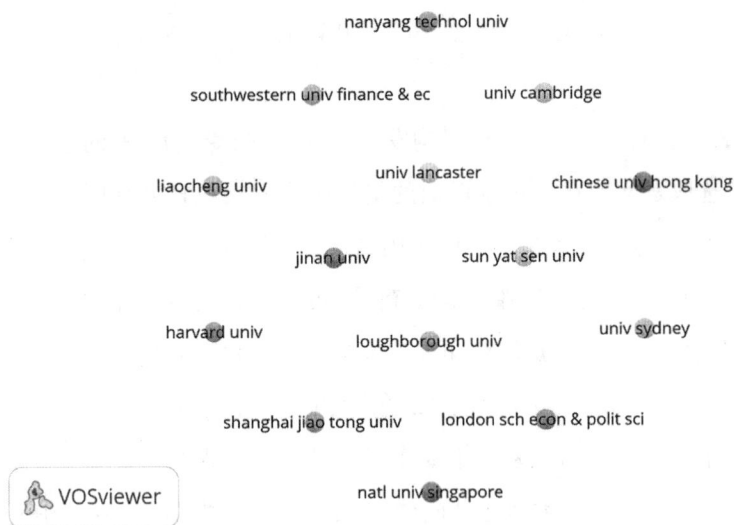

图 7-13　"中国梦"的发文机构共现图谱

第六节　讨　　论

基于上述几节对于相关数据的分析结果，本节主要从传播范围和研究主题两个层面进行概括并讨论其启示意义，以期为未来的学术研究提供指导方向和参照。

一、传播范围及其启示

"一带一路""中国梦"和"人类命运共同体"概念自被提出以来，在国内外学术界得到了广泛关注，尤其是美国、英国、新加坡和澳大利亚以及部分欧洲和亚洲国家的学者们用学术话语讨论了"一带一路""中国梦"和"人类命运共同体"的内涵和意义。目前，"一带一路""中国梦"和"人类命运共同体"的海外学术传播表现为以中国积极对外介绍这三个外交概念的学术意义为主，并且多个国家或地区参与"一带一路""中国梦"和"人类命运共同体"的相关讨论中来。从参与相关研究的国家和地区的数量和分布看，中国外交话语核心概念在海外学术界的传播取得了一定的成效，并且呈现出范围扩大的趋势。但与此同时，值得注意的是，除了中国之外，进行相关研究的国家和地区以发达国家为主，相较而言广大发展中国家参与不足。例如，在"一带一路"相关研究中，有许多"一带一路"共建国家（比如伊朗、伊拉克、土耳其、叙利亚、约旦、黎巴嫩、以色列、巴勒斯坦、沙特阿拉伯、阿联酋、哈萨克斯坦、乌兹别克斯坦、土库曼斯坦、塔吉克斯坦、吉尔吉斯斯坦等）在"一带一路"的学术研究中参与并不充分，一方面与这些国家本身学术研究并不活跃、在国际学术界的可见性不足有一定的关系，另一方面也说明这些议题对于这些国家学术界的吸引力还需提高。此外，在看到"一带一路""中国梦"和"人类命运共同体"的相关研究逐渐增加的同时，我们也需要明确对外话语传播中的传播对象，并关注不同传播对象的态度与评价。对于高度关注中国对外话语和国内建设成果但存在误解偏见的国家和地区，我们需要重视对外话语的内涵和文化差异的阐述，主导对外定义权和解释权；对于其他国家和地区，我们也可以加强合作，增强中国特色话语的影响力和传播力。"一带一路"倡议为共建国家带来了更多发展机遇，并推动了地区的友好交流与合作，让更多发展中国家和"一带一路"共建国家参与"一带一路""中国梦"和"人类命运共同体"的相关讨论，有助于传播中国的友好外交理念，推动中国外交话语的传播。

二、研究主题及其启示

从关键词共现图谱看，"一带一路""中国梦"和"人类命运共同体"的相关研究覆盖多个领域研究，涉及经济学、国际关系、管理学、外交学、政治学、语言学、传播学、法学等多个研究领域，包括地缘政治、多边贸易，文化教育等多个主题。相关研究主要围绕国内国情和国际局势，基于中国国情的研究涉及经济建设、中国话语体系建设、文化教育、城镇化和党的领导等多方面内容，国际局势则包括双边及多边贸易、外交关系如中美关系和中巴关系、地区安全研究等，并且在"一带一路""中国梦"和"人类命运共同体"的讨论中，都涉及地缘政治，关注中国对地区和国际局势的影响。结合学科分布情况来看，国际上关于"一带一路""中国梦"和"人类命运共同体"的研究更关注对外政策带来的经济效益，肯定中国在国际贸易中的积极作用。同时，对于"一带一路""中国梦"和"人类命运共同体"相关话语的政治影响，正面评价和负面评价共存，既关注中国实现经济快速发展的治理经验，又受西方的意识形态影响，部分学者质疑中国的对外交往是否是以建立利益结盟、建立以中国为主导的世界格局为目的，体现出了少数西方学者的狭隘思维和片面理解，戴着有色眼镜解读我国核心理念，试图在学术界混淆视听。例如，Mulvad（2019）认为"中国梦"提升了中国的国家凝聚力，"一带一路"倡议促进了中国的经济发展，在中国的国家治理中具有积极意义，但同时又将实施相关政策的目的解读为试图改变现有的国际秩序，既看到了我国相关政策对于国际社会的积极作用，但又体现出一定的提防心态。需要看到的是，这种正面夸奖和负面评论同时存在的情况还将长期持续下去，也提醒了中国学者有必要加大力度打消相关国外学者的疑虑心理。

再者，目前关于"一带一路""中国梦"和"人类命运共同体"的研究从文化角度阐述中国外交理念的成果相对较少，而文化层面的阐述对于正确理解中国外交理念有着重要意义。詹德斌（2017）在讨论中国对外关系的差序格局时指出，中国传统文化尤其是儒家思想对于中国外交理念的形成具有重要作用，中国在对外交往中践行正确义利观，并且中国的儒家思想文化和西方思想体系有根本上的差别，并不能完全依赖西方的理论和话语体系来建构和解释中国外交话语体系。秦亚青(2020)讨论中国国际关系理论与全球国际关系学的关系时指出，形成中国国际关系理论需要重视对西方和其他非西方理论和论述的借鉴，让中国外交话语体系的逻辑更完善、更具说服力，有助于解决当下面临的西方话语霸权困境。也有其他研究介绍了人类命运共同体体现的儒家的仁政和大同社会思想，揭示了中国传统文化对于中国外交理念的影响(Khan，Wang & Ali，2021)。在中国外交话语的国际传播过程中，我们也需要注意对外话语的翻译和阐释并推广官方翻译的使用，避免西方语境对于中国外交理念先入为主的解读，在国家传播中保持主动，避免引起歧义并规范外交术语的表达、统一译名，在学术传播中争取更多话语权。如"一带一路"的官方英译确认为 Belt and Road Initiative，但仍有少数文献使用了 China's New Silk Road 等不同表达，混淆了美国前国务卿希拉里于 2011 年 7 月提出的跨区域经济计划的概念，即所谓的"新丝绸之路计划"(New Silk Road Plan)，不利于"一带一路"概念的海外传播。关于"人类命运共同体"的译名，也有部分文献使用的是 Community of Shared Interests，这一表达在西方语境中的解读具有较为明显的消极含义，该用法更强调因利益而结盟，和"人类命运共同体"本身的和平意图和中国的不结盟原则背道而驰，容易让西方将中国外交解读为通过利益交换干涉别国内政，不利于建立友好的中国形象。在传播中国外交话语的同时需要规范外交术语的翻译和使用，并促进国际社会不同群体采用标准译法。在讨论"一带一路"话语体系时，马丽蓉(2021)表示，"一带一路"话语体系建设需要避免将学术问题"政治化"，即用对待政治问题的态度讨论"一带一路"相关的学术问题，并警惕使用具有政治偏见和消极意义抹黑"一带一路"的学术话语。目前，"一带一路""中国梦"和"人类命运共同体"更多关注政策本身的国内和国际影响，在理论建设和话题挖掘等方面仍有完善空间，进一步发掘中国与世界的联系，发掘国际学术界感兴趣的中国议题，将中国对外话语放在更具体的情境中讨论，从而促进国际学术界对中国对外话语的理解，并且丰富和完善国内相关理论基础，建立起系统严谨的对外话语体系。此外，海外传播也需要重视宣传最新的研究成果，重视国际学术发表和相关专著的翻译和海外出版，尤其是在权威期刊和出版社的发表。

第七节　本 章 小 结

通过 2012—2022 年发表的关于"一带一路""中国梦"和"人类命运共同体"的 SSCI 索引期刊文献的文献计量学分析，我们可以看到中国特色外交话语的海外学术传播取得了一定成果，有较稳定的成果产出，并且获得了欧美、亚洲、澳大利亚等多个国家或地区的关注。关于中国外交话语的研究，除了对其政治和外交意义的讨论，也扩展到了对文化和经济影响等的讨论，涉及中国文化、经济改革、意识形态、中美关系等多个话题。在中国外交话语的学术传播中，学者们需要在学习西方理论的同时，促进本土如政治学、国际关系相关理论的发展，为中国外交话语体系提供更有力的理论支持，及时回应西方对于中国外交理念的偏颇解读，并重视阐述外交理念的文化渊源，促进西方对于中国传统文化的了解，进而促进西方对中国外交理念的理解，消除西方将中国视为地区威胁的错误印象。海外学术传播需要重视国际学术发表，并且加强与其他国家的合作交流，在学术传播中规范使用外交术语，在宣传中国特色的同时介绍相关政策对于周边国家地区的积极意义，在国际学术交流中争取更多话语权和国际影响力。

同时，需要指出的是，由于本研究收集的数据仅限于 Web of Science 数据库中的英文文献，对于其他语言(比如法语、德语、西班牙语、阿拉伯语等)数据库收录的文献没有关注，可能部分非英语国家的学术界(比如伊朗、土耳其、以色列、哈萨克斯坦)使用其本国语言对"一带一路""中国梦"和"人类命运共同体"进行了一定的相关学术研究但并未使用英文进行国际发表，因此未能在本研究收集的数据中得到体现，此为本研究的第一个局限。此外，就英文文献本身而言，本研究收集的数据限定为 SSCI 索引的国际期刊，但是需要说明的是国际上还有其他较为有影响力的索引如 A&HCI 索引、Scopus 索引、欧洲 ERIH 索引等，这些其他索引收录的期刊以及更多的未被任何索引收录的普通期刊中的相关文献仍需要在未来的研究中得到关注，以使得相关数据更加全面，得到的结果更加可靠，这是本研究的第二个局限。最后，一些文献计量研究(如 Gile, 2005: 85; Zhu & Aryadoust, 2023: 169)表明，在某些领域比如翻译研究领域中，最有影响力或被引用最频繁的出版物是书籍而非期刊论文，因此仅关注国际期刊中的文献不足以完全代表国际学术界的研究焦点和兴趣所在。鉴于上述局限性，未来的文献计量研究可拓展至其他语言的数据库中，更多地关注其他索引收录的期刊甚至是普通期刊，以及关注期刊论文以外的其他文献形式（比如专著、论文集、会议论文、报告等）。另外，本研究的数据收集截至 2022 年 7 月，随着时间的推移，数据收集的范围也需要不断进行更新，以反映最新的发展变化和趋势，提高我们的应对能力。

第八章　结　语

第一节　研究总结与创新之处

在本书中，我们以新时代中国特色话语的官方翻译为研究对象，主要考察和总结对外译介的策略和方法，着重关注如何翻译才能实现"融通中外"，从而更好地为讲好中国故事、传播好中国声音服务，为"加强我国国际传播能力建设"（习近平，2021）尽一份绵薄之力，最终服务于提升中国的国际话语权。在呈现主要研究内容之前，本书概括介绍了中国特色话语的定义内涵和对外翻译的现状，随后梳理了当前学术界对中国特色话语翻译的研究，包括翻译原则的探讨、译名的确定、特定翻译技巧的讨论以及海外传播与接受的研究等，并在此基础上总结了当前研究存在的不足之处。接下来，本书分别从翻译的五个不同层次或方面展开了具体研究：第一，在词汇层面上，我们逐次分析了中国特色政治概念的翻译、中国特色文化词汇的翻译、中国特色科技词汇的翻译、常用普通词汇的翻译、常用词缀的翻译以及各种修饰语的翻译，并将其中应用到的翻译策略按类别进行归类；第二，我们关注了中国特色话语在句法及语篇层面的翻译策略与方法，具体分为短语内部逻辑关系的翻译、小句之间或句子之间关系的翻译、篇章衔接的翻译，并将主要的翻译策略进行总结归类和例示分析；第三，我们分析了中国特色话语在修辞层面的译介策略，具体分为比喻修辞、夸张修辞、重复修辞和拟人修辞的翻译，并分别针对每种修辞语言总结可以采用的英译策略；第四，从"融通中外"的宏观视野出发，我们将视线聚焦于中国特色话语的语气和视角的翻译，具体包括语气的翻译转换、视角立场的翻译转换、说服修辞的翻译转换等，总结如何翻译才能既忠实于原文，又能吸引目的语读者。第五，为了进一步了解中国特色话语在海外不同社会或特定群体中的传播现状，我们选择新时代中国特色话语核心概念在海外英语学术界中的接受传播为个案进行分析，通过使用计量语言学的工具方法提取并统计相关概念的学术发表的数据，考察了这些重要概念在海外英语学术界的不同学科领域中的研究状况和分布特征，以期深化中国故事和中国声音的全球化表达、区域化表达、分众化表达方面的研究，从而为我们的对外翻译工作提供一些基于实证调查的反馈，更有效地指导对外翻译实践。通过上述考察，本书致力于系统探讨和总结"融通中外"视域下的中国特色话语的对外译介策略和方法，以期为相关研究者、翻译和传播实践工作者和教学工作者提供一定的参考启示。

总结而言，相较于现有的研究，本书在研究对象的选取、研究内容、研究方法以及研究视角上具有一定的创新之处。

首先，本书的研究对象聚焦于新时代中国特色话语的对外翻译，主要为党的十八大以来的党政文献翻译以及习近平总书记的著作《习近平谈治国理政》的英译，具有较强的时代性和针对性。尽管前人研究已经有不少针对党政文献为主的中国特色话语翻译，但是新时代中国特色话语出现了不少新特征、新概念、新表述(譬如习近平总书记针对同发展中国家交往提出的"真、实、亲、诚"和正确义利观的外交理念，以及习近平总书记本人亲民的话语风格)，这些新时代话语与之前的话语既有共通之处，也有很多创新发展。此外，新时代我国的外宣理念和对外交往原则也发生了一定的转变，不仅仅是韬光养晦，在面对新状况、新挑战的新环境下还强调"奋发有为"和责任担当，努力谱写中国特色大国外交新篇章，在对外交往中保持锐意进取、奋力开拓，这些外交理念的转变也对翻译实践产生了一定影响。另外，尽管也有越来越多的研究以新时代中国特色话语的翻译为研究对象，但是以个案性、零散式的分析为主，缺乏对新时代中国特色话语对外翻译的系统性和全面性研究。因此，翻译学者需要紧跟时代步伐，聚焦于国家发展和时代发展的要求，针对新时代以来产生的中国特色话语进行更具时效性和实用为导向的翻译研究。本研究属于该方面的初步尝试。

在研究内容上，一方面，本研究提供较为丰富的双语实例，涵盖不同的语言层次和语言现象，并进行深入的分析，能够为新时代以来提出的一些复杂难懂的说法、概念、范畴等提供权威的参考译法。另一方面，本书并不局限于对某个词语、结构或句子的译法或译名的讨论，超越个案式研究的局限，而是试图从不同层面、全方位地总结新时代中国特色话语对外译介中的策略和方法，深入挖掘并总结翻译中的规律性，力争做到举一反三，致力于对同类语言现象和语言范畴的翻译提供统一的、具有相互借鉴性的翻译解决方案，研究具有系统性和全面性。此外，本书不仅系统总结英译的策略方法，还在分析中结合对比语言学、翻译学等学科理论知识，阐释翻译方法选取背后的学理依据，让读者不仅知其然，还知其所以然。因此，就研究内容而言，本书既可以为翻译研究提供借鉴，也可以为翻译实践提供参考。

在研究方法上，本书借助于自建的中国特色话语大型汉英平行语料库开展系统性的研究，具有时间和效益上的双重优势。大型语料库的使用为开展翻译研究提供了丰富的物质基础和技术保障：一方面语料库收集的大量文本能够为我们的研究提供丰富多样的例子，本书针对每一语言范畴的翻译分析均提供了丰富的例子，能够说明翻译方法应用的系统性而非偶然性，有助于了解翻译的本质和规律性特征；另一方面借助语料库软件的使用能够快速检索、定位和即时提取大量的双语例子，免去了传统上纯手工分析数据的费时费力以及碎片化分析的局限性，能够获取更为全面的数据，更加有利于翻译规律的总结。比如，针对中国特色话语中常用的汉语词语(比如"建设""坚持""创新""全面")的翻译，本研究在语料库工具的辅助下，系统总结了其在不同语境下所有的不同译法，能够为未来我国外宣话语中相关词汇的灵活翻译提供基于实证的系统性借鉴。

在研究视角上，本书与其他同类研究的显著区别之一在于着眼点不同，本书并非只是对翻译策略与方法的简单分析，而是将重点放在如何"融通中外"上，也即如何翻译才能实现平衡翻译的充分性与可接受性。具有翻译背景的学者和实践者都知道，翻译本身并无绝对的标准，一个原文通常并不只有一个译文，而是存在不同的翻译方法以及相应的不同的译文。对于翻译的评价并不只是简单的对与错的问题，而是哪种更为恰当，更能实现翻译的特定目的。近年来，习近平总书记多次在全国宣传思想工作会议等重要场合强调"要着力打造融通中外的新概念、新范畴、新表述"，成为了对外翻译工作中的重要指示。因此，翻译中的一个重要问题不仅仅是翻出去的问题，还是如何翻、怎么翻才能够让外国读者听得懂、愿意听，才能更好地服务于对外输出中国文化、传播中国思想的目的。鉴于此，本书在研究分析如何翻译策略时，无不从如何实现"融通中外"的角度进行考虑，深入分析如何翻译才能够让读者看得懂、乐于接受，同时还能忠实于原文的语义和精神思想，分析既从实践出发，还结合相关理论知识。这是本书在研究视角上与其他同类研究的一大不同之处。

第二节　研究局限性与未来研究方向

尽管本书致力于全面地研究新时代中国特色话语对外译介的策略和方法，但由于时间和能力所限，仍然存在一定的局限和不足之处。

首先，本书研究虽然覆盖了词汇、句法语篇、修辞等多个层面的语言范畴的翻译方法，但是需要指出的是本研究并非有穷尽性，因受各种原因所限，仍然有不少语言范畴未被囊括其中。比如，在词汇层面上，尽管本书重点关注了一些最频繁使用词汇的翻译，但是中国特色话语中的常用词汇远远不止于此，并且会随着时代的发展而产生新的提法、新的概念和新的表述。此外，本书重点关注了比喻、重复、夸张、拟人等中国特色话语最常见的修辞手法及其翻译，但是中国特色话语中还包含了其他各种各样的修辞手段，譬如对偶、排比、借代等。由于客观困难、时间和精力所限，本书并未一一研究各个语言层次上的所有语言范畴，但是它们却是中国特色话语的有机组成部分，研究这些语言范畴的译法也是对外传播中的重要工作。这些未涉足之处仍有待未来进行进一步的探索。

其次，如何最好地实现融通中外，是一个需要不断探索、难以一概而论的问题，因此本书对于翻译策略和方法的探究并非定论性的，而是试图总结概括一些可行的解决方案，以供对外翻译和传播的研究者、实践工作者进行参考。尽管本书从融通中外的视角进行了研究分析，但是翻译永远有更好的、语境更恰当的解决方案，时代在不断发展进步，翻译理念也在不断更新，这就需要我们不断摸索，在过去的基础上继往开来，在翻译策略和翻译方法上永远保持与时俱进，在追求最佳译法的道路上孜孜不倦、开拓进取。外文局前副局长黄友义（2015：7）指出："翻译永远像一个仆人，同时要服务好两个主人。翻译的这种使命，是两种文化不同造成的自然结果。"因此，找到翻译的充分性与可接受性之间的最佳平衡点是一个永无止境的探索过程，仍然需要持续不断的投入。

再次，本书虽然考察了新时代中国特色话语在海外(英语)学术界的传播现状，但是出于客观困难和条件所限，未考察中国特色话语的翻译对于非英语(譬如法语、德语、阿拉伯语等)的学术界以及国外更广大的普通读者的接受现状和接受度为何。诚然，随着中国跃升至世界第二大经济体，中国的国际影响力不断扩大，中国话语的传播范围不仅仅局限于西方国家，还辐射至广大的亚非拉国家。应当承认，要了解新时代中国特色话语的海外影响力和传播力，需要考察其在更广泛的普通读者和更多国家地区的理解与接受。此外，对于新时代中国特色话语在海外学术界的传播，本书仅选取并研究了几个核心概念英译的接受状况，也即局限于词汇或短语层面，并未上升至话语层面的海外接受。因此，要想了解新时代中国特色话语对外传播的系统性，需要在话语层面上研究其如何被海外学术界及其他读者群体所接受，这是下一步需要深入研究的课题。

最后，本书尽管系统研究了中国特色话语的对外译介策略，并且考察了几个核心概念的海外学术界研究现状，但是受研究目的的限制，并未考察翻译策略与海外接受效果的关联，即前者对后者的影响为何。由于实践是检验真理的唯一标准，考察现有译法和策略的海外接受效果是对我们采取的翻译策略方法是否恰当的最佳反馈，研究对外译介策略只是走出去的第一步，只有将译文读者的接收端和翻译的生产端有机地结合起来，形成研究的闭环，才能更好地反馈并指导我们的翻译实践，才能更好地为中国特色话语走出去服务。这也是我们未来的研究致力发展的方向，即将海外传播效果研究与翻译策略研究结合起来，更好地将读者接收端和源语的生产端进行对接，形成动态的良性互动，以接受效果指导翻译实践、以翻译实践促进海外接受，从而有效地开展对外翻译实践和传播工作。

尽管国际上通认的翻译规律是提倡把外语翻译成母语，甚至有人认为把母语译成外语是一种错误的选择，但是黄友义(2014：7)一语中的地指出："对于中国的翻译界而言，长期以来能够从事中译外的外国翻译人员少之又少，中国的翻译人员从事中译外不是'错误的选择'，而是'唯一的选择'。"其中部分原因在于，一是能够掌握中文、特别是具备中文读写能力的外语母语者本身数量极为有限，二是由于翻译本身是一项极为辛苦的脑力与体力活动，目前市场上翻译人员的报酬普遍不尽如人意。正是由于能够且愿意从事中译外的外国译者的严重不足，我们目前只能依赖自己的译者进行中译外任务。同理，如何在"融通中外"目标的指导下把中国特色话语有效地翻译出去，如何系统总结和探索中国特色话语对外译介中的规律性和策略方法，同翻译任务本身一样重要，能够指导和启发我们未来的翻译实践。对中国特色话语译介策略的研究，也不能完全指望外国译者或者学者，而是需要我们中国译者和学者自己付出巨大的精力和时间进行充分的研究，这是时代和国家赋予我们的崇高使命。

参 考 文 献

Eisenman, Joshua. 2023. Locating Africa in China's community of shared future for mankind: A relational approach [J]. *Journal of International Development*, 35 (1): 65-78.

Fairclough, Norman. 1989. *Language and Power* [M]. New York: Longman.

Fairclough, Norman. 2003. *Analyzing Discourse* [M]. London: Routledge.

Foo, Nam, Hooi Hooi Lean & Ruhul Salim. 2020. The impact of China's one belt one road initiative on international trade in the ASEAN region [J]. *North American Journal of Economics and Finance*, 54: 1-12.

Gile, Daniel. 2005. Citation patterns in the T&I didactics literature [J]. *Forum*, 3 (2): 85-103.

Grice, Paul. 1975. Logic and Conversation [A]. In *Syntax and Semantics* 3: *Speech Acts* [C]. edited by Peter Cole and Jerry Morgan, 41-58. New York: Academic Press.

Gu, Chonglong & Rebecca Tipton. 2020. (Re-) voicing Beijing's discourse through self-referentiality: A corpus-based CDA analysis of government interpreters' discursive mediation at China's political press conferences (1998-2017) [J]. *Perspectives: Studies in Translation Theory and Practice*, 28(3): 406-423.

Halliday, Michael Alexander Kirkwood. 2000. *An Introduction to Functional Grammar* [M]. Beijing: Foreign Language Teaching and Research Press.

Hu, Guangwei & Feng Cao. 2011. Hedging and boosting in abstracts of applied linguistics articles: A comparative study of English- and Chinese-medium journals [J]. *Journal of Pragmatics*, (43): 2795-2809.

Hu, Kaibao & Xiaoqian Li. 2022. The image of the Chinese government in the English translations of *Report on the Work of the Government*: A corpus-based study [J]. *Asia Pacific Translation and Intercultural Studies*, 9(1): 6-25.

Jackson, Karen & Oleksandr Shepotylo. 2021. Belt and road: The China dream? [J]. *China Economic Review*, 67, 1-44.

Khan, Uzma, Huili Wang & Ishraq Ali. 2021. A Sustainable Community of Shared Future for Mankind: Origin, Evolution and Philosophical Foundation [J]. *Sustainability*, 13(16): 1-12.

Kong, Kenneth C. C. 2005. Linguistic resources as evaluators in English and Chinese research articles[J]. *Multilingua*, (3): 275-308.

Koskinen, Kaisa. 2008. *Translating Institutions: An Ethnographic Study of EU Translation* [M]. Manchester: St. Jerome.

Koskinen, Kaisa. 2011. Institutional Translation [A]. In *Handbook of Translation Studies* (Volume 2) [C], edited by Yves Gambier and Luc van Doorslaer, 54 – 60. Amsterdam: John Benjamins.

Leech, Geoffrey. 1983. *Principles of Pragmatics* [M]. London: Longman.

Li, Jingjing & Saihong Li. 2015. New trends of Chinese political translation in the age of globalization [J]. *Perspectives: Studies in Translation Theory and Practice*, 20(3): 424-439.

Li, Yang & Sandra L. Halverson. 2020. A corpus-based exploration into lexical bundles in interpreting[J]. *Across Languages and Cultures*, 21(1): 1-22.

Liao, Ming-Tzu & Ching-Hung Chen. 2009. Rhetorical strategies in Chinese and English: A comparison of L1 composition textbooks [J]. *Foreign Language Annals*, (42): 696-720.

Mossop, Brian. 1988. Translating institutions: A missing factor in translation theory [J]. *TTR: traduction, terminologie, rédaction*, 1(2): 65-71.

Nathan, Andrew J. & Boshu Zhang. 2022. 'A Shared Future for Mankind': Rhetoric and Reality in Chinese Foreign Policy under Xi Jinping [J]. *Journal of Contemporary China*, 31(133): 57-71.

Pan, Feng, Yi Fu & Tao Li. 2024. Institutional translators' mediation of CPC Work Reports diachronically through personal pronouns: A corpus-based discourse analysis approach [J]. *Perspectives: Studies in Translation Theory and Practice*, 32 (5): 924-941.

Pan, Feng & Tao Li. 2021. The retranslation of Chinese political texts: Ideology, norms, and evolution [J]. *Target: International Journal of Translation Studies*, 33 (3): 381-409.

Pan, Feng, Kyunghye Kim & Tao Li. 2020. Institutional versus individual translations of Chinese political texts: A corpus-based critical discourse analysis [J]. *The Journal of Specialized Translation*, 34(1): 51-77.

Pinkham, Joan. 2000. *The Translator's Guide to Chinglish* [M]. Beijing: Foreign Language Teaching and Research Press.

Price, Derek de Solla. 1989. *Little Science, Big Science and Beyond* [M]. New York: Columbia University Press.

Quirk, Randolph, Sidney Greenbaum, Geoffrey Leech & Jan Svartvik. 1985. *A Comprehensive Grammar of the English Language* [M]. London: Longman.

Song, Qijun & Junfeng Zhang. 2023. Ideological Mediation: Metaphor Shifts in Translating the Communist Party of China's Centenary Speech [J]. *Critical Arts: South-North Cultural and Media Studies*, 37(6): 1-17.

Toury, Gideon. 1995. *Descriptive Translation Studies and Beyond* [M]. Amsterdam: John Benjamins.

Toury, Gideon. 2000. The nature and role of norms in translation [A]. In *The Translation Studies Reader* [C]. edited by Lawrence Venuti, 198-211. New York: Routledge.

Venuti, Lawrence. 1995. *The Translator's Invisibility: A History of Translation* [M]. London: Routledge.

Weil, Stefanie. 2023. China's discourse on the belt and road initiative: a hidden threat to European security logic? [J]. *Journal of Contemporary European Studies*, 31 (4): 1147-1163.

Yu，Hailing & Canzhong Wu. 2018. Images of the Chinese government projected in its work reports：Transformation through translation［J］. *Lingua*，（214）：74-87.

Zhang，Yunhan & Jan Orbie. 2021. Strategic narratives in China's climate policy：analyzing three phases in China's discourse coalition［J］. *The Pacific Review*，34（1）：1-28.

Zhu，Xuelian & Vahid Aryadoust. 2023. A scientometric review of research in translation studies in the twenty-first century［J］. *Target：International Journal of Translation Studies*，35（2）：157-185.

陈风华 . 2018. "一带一路"研究的知识图谱演进分析——对国内外核心期刊的考察［J］. 宁夏社会科学，（1）：156-164.

陈琳、胡燕 . 2022. 学术话语对外翻译传播的逻辑、问题与策略［J］. 上海翻译，（5）：58-64.

陈明明 . 2014. 在党政文件翻译中构建融通中外的新概念新范畴新表述［J］. 中国翻译，（3）：9-10.

陈明明 . 2018a. 以与时俱进的精神做好十九大报告的英文翻译（一）［J］. 英语世界，37（3）：4-6.

陈明明 . 2018b. 以与时俱进的精神做好十九大报告的英文翻译（三）［J］. 英语世界，37（5）：4-6.

陈明明 . 2018c. 以与时俱进的精神做好十九大报告的英文翻译（五）［J］. 英语世界，37（7）：4-7.

陈以定 . 2012. 当代中国外交中意识形态建设与国际话语权建构——基于中国外交话语分析视角［J］. 学术界，（7）：79-87.

陈勇 . 2020. 中国领导人著作翻译规范及其嬗变的话语分析［D］. 天津：天津外国语大学.

成龙、姚立兴 . 2020. 海外对中国梦的多向度解读［J］. 国外社会科学，（2）：23-31.

程镇球 . 1983. 翻译十二大文件的点滴体会［J］. 中国翻译，（1）：23-28.

程镇球 . 2003. 政治文章的翻译要讲政治［J］. 中国翻译，（3）：18-22.

窦卫霖、祝平 . 2009. 对官方口号翻译有效性的实证研究［J］. 中国翻译，（5）：

61-65.

窦卫霖.2016. 政治话语对外翻译传播策略研究——以"中国关键词"英译为例[J]. 中国翻译,(3):106-112.

杜占元.2023. 携手建强高端翻译人才队伍 推动建设适应新时代国际传播需要的国家翻译能力——在全国翻译专业学位研究生教育 2022 年会上的致辞[J]. 中国翻译,42(1):5-6.

"中国时政话语翻译基本规范·英文"编写组.2023. 中国时政话语翻译基本规范·英文(第一版)[M]. 北京:外文出版社.

范勇、俞星月.2015. 英语国家受众对中国当代政治宣传语官方英译文接受效果的实证研究[J]. 山东外语教学,36(3):92-99.

管永前.2015.《习近平谈治国理政》海外传播效果初探——以海外馆藏为例[J]. 对外传播,(9):54-56.

管永前.2017.《习近平谈治国理政》海外传播效果再探[J]. 对外传播,(10):14-16.

桂田田.2015. 中央编译局眼中哪些词最难翻[N]. 北京青年报,来源:http://epaper.ynet.com/html/2015-05/04/content_130926.htm?div=-1.

贺文照、李德凤、何元建.2017."中国梦"英译的历时演变与共时差异——基于网络语料的考察[J]. 外国语文,33(1):110-118.

胡开宝、陈超婧.2018. 中国特色大国外交术语英译在英美印等国的传播与接受研究——以"一带一路"英译为例[J]. 外语电化教学,(2):43-50.

胡开宝、李婵.2018. 国内外外交话语研究:问题与展望[J]. 外语教学,39(6):7-12.

胡开宝、张晨夏.2019. 基于语料库的"中国梦"英译在英美等国的传播与接受研究[J]. 外语教学理论与实践,(1):89-97.

胡开宝、张晨夏.2021. 中国当代外交话语核心概念对外传播的现状、问题与策略[J]. 浙江大学学报(人文社会科学版),(5):99-109.

胡壮麟.2011. 语言学教程(第四版)[M]. 北京:北京大学出版社.

黄鑫宇、董晓娜.2019."中国特色话语对外翻译标准化术语库"数据加工标准研制[J]. 中国翻译,40(1):98-103.

黄友义.2004.坚持"外宣三贴近"原则,处理好外宣翻译中的难点问题[J].中国翻译,(6):27-28.

黄友义.2011.中国特色中译外及其面临的挑战与对策建议——在第二届中译外高层论坛上的主旨发言[J].中国翻译,(6):5-6.

黄友义.2014.重视党政文献对外翻译,加强对外话语体系建设[J].中国翻译,(3):5-7.

黄友义.2015.中国站到了国际舞台中央,我们如何翻译[J].中国翻译,(5):5-7.

黄友义.2018.40年见证两轮翻译高潮[J].中国翻译,41(5):9-14.

黄语生.2015."一带一路"译法刍议[N].中国社会科学报,来源:http://www.cass.net.cn/xueshuchengguo/guojiyanjiuxuebu/201508/t20150813_2117590.html.

季智璇.2018.保密环境下CAT技术的应用探索——以党的十九大文件翻译为例[J].天津外国语大学学报,25(2):53-61.

贾毓玲.2003.从《政府工作报告》的翻译谈如何克服"中式英语"的倾向[J].上海科技翻译,(4):26-28.

贾毓玲.2011.对中央文献翻译的几点思考[J].中国翻译,35(1):78-81.

贾毓玲.2013.从断句谈如何提高外宣翻译的可读性——《求是》英译体会[J].中国翻译,(4):110-112.

贾毓玲.2015.对融通中外话语体系建设的几点思考——《求是》英译体会[J].中国翻译,(5):93-95.

李贺.2010.现代汉语数字缩略语新探[D].南京:南京师范大学.

李晶.2020.文明互鉴·文明互译——第五届"中央文献翻译与研究论坛"嘉宾对谈录[J].天津外国语大学学报,27(2):149-156.

李鑫、胡开宝.2013.基于语料库的记者招待会汉英口译中情态动词的应用研究[J].外语电化教学,(151):26-32.

李鑫、漆薇.2023.新时代外交口译的特征、原则和挑战——徐亚男大使访谈录[J].中国翻译,(2):121-129.

李玉梅.2008.中西方对"谦逊"的不同理解及对跨文化交际的启示[J].考试周

刊，（38）：208-209.

连淑能.2006.英译汉教程［M］.北京：高等教育出版社.

梁娜.2019.社会语言学视阈下中央文献外译的译者立场研究——以2018年《政府工作报告》英译为例［J］.天津外国语大学学报，26(2)：81-92.

刘和平，王茜，文俊，等.2018.中央文献对外翻译协调机制初探——以中央文献重要术语的英、法、日语外译为例［J］.东方翻译，35-43.

刘奎娟.2021.《习近平谈治国理政》第一至三卷英译探析［J］.中国翻译，42(1)：139-146.

刘培东、吴志成.2022.人类命运共同体研究的发展进路与思考——基于CiteSpace知识图谱的可视化计量分析［J］.教学与研究，(1)：70-81.

刘润泽、丁洁、刘凯.2019.中国特色术语库标准化构建的创新实践与方法论意义［J］.中国翻译，40(1)：104-110.

刘璇.2019.中央文献英译接受效果的话语研究——一项基于中美新闻报道的案例分析［J］.天津外国语大学学报，26(5)：45-57.

卢敏.2002.如何做好中央文献翻译工作［J］.中国翻译，23(5)：48-51.

罗莹、卿学民.2020.中央文献对外翻译［A］.语言生活皮书——中国语言文字事业发展报告(2020)［P］.北京：商务印书馆有限公司.

罗莹、张士义、卿学民.2021.中央文献对外翻译［A］.语言生活皮书——中国语言文字事业发展报告(2021)［P］.北京：商务印书馆有限公司.

吕叔湘.1999.现代汉语八百词［M］.北京：商务印书馆.

马丽蓉.2021.基于丝路学视角的"一带一路"学术话语研究［J］.新疆师范大学学报(哲学社会科学版)，42(4)：62-78.

马晴、张政.2018."形式主义"不完全等于"formalism"［J］.中国科技术语，20(6)：59-66.

马庆株.1995.现代汉语词缀的性质、范围和分类［J］.中国语言学报，(6)：101-137.

莫艳清、陈柳裕.2016.2014年度国内"中国梦"研究的文献计量分析［J］.观察与思考，(2)：92-112.

秦亚青.2020.全球国际关系学和中国国际关系理论［J］.国际观察，(2)：27-45.

卿学民 . 2020. 作为一项系统工程的党政文献对外翻译——以党的十九大文件外译工作为例 [J]. 中国翻译，35 (1)：42-44.

盛美娟、王姗 . 2020. "宏观调控"英译辨析 [J]. 中国翻译，(3)：136-142.

施燕华 . 2009. 外交翻译 60 年 [J]. 中国翻译，(5)：9-12.

唐义均 . 2012. 党政文献汉英翻译中搭配冲突的调查 [J]. 中国翻译，(1)：87-91.

唐义均 . 2013. "邓小平理论"就是 Deng Xiaoping Theory 吗？——从词语搭配的视角谈 [J]. 上海翻译，(1)：61-65.

童孝华 . 2013. 翻译是一门创意艺术——十八大翻译实证解析 [J]. 中国翻译，(2)：101-108.

童孝华 . 2014. 翻译的主体意识——2014 年政府工作报告翻译心得 [J]. 中国翻译，(4)：92-97.

汪顺玉、陈瑞哲 . 2022. 基于结构主题模型的"一带一路"倡议国际学术话语文本挖掘：主题、变迁与差异 [J]. 外语教学，43 (4)：8-14.

王刚毅 . 2014. 政治文件翻译的几点思考和建议 [J]. 中国翻译，35 (3)：8.

王雷鸣 . 2014. 关于中央文献对外翻译传播的几点思考 [J]. 马克思主义与现实，(4)：12-13.

王丽丽 . 2018. 中央文献翻译的立场、路径与策略——以党的十九大报告英文翻译为例 [J]. 天津外国语大学学报，25 (2)：17-25.

王丽丽 . 2023. 论党政文献翻译的忠实原则——以党的二十大报告英译为例 [J]. 中国翻译，(6)：116-123.

王明杰 . 2020. 高标准翻译出版领导人著作——以英文版《习近平谈治国理政》为例 [J]. 中国翻译，(1)：36-41.

王弄笙 . 1991. 外事汉英翻译中的几点体会 [J]. 中国翻译，(3)：6-11.

王弄笙 . 2002. 近年来汉英翻译中出现的一些新问题 [J]. 中国翻译，(1)：23-28.

王平兴 . 2008. 政治文献翻译新探索 [J]. 中国翻译，(1)：45-50.

王平兴 . 2014. 汉英翻译中的政治考量 [J]. 中国翻译，(5)：97-101.

魏向清、杨平 . 2019. 中国特色话语对外传播与术语翻译标准化 [J]. 中国翻译，(1)：91-97.

巫和雄 . 2012.《毛泽东选集》英译中的策略变化 [J]. 上海翻译，(4)：23-27.

吴文子 . 2005. 2005 年《政府工作报告》英语译文中一些值得商榷的译例[J]. 上
　　海翻译，（2）：76-78.

吴赟、顾忆青 . 2019. 国家对外话语战略的内涵与规划[J]. 语言文字应用，11
　　（4）：44-53.

武光军、赵文婧 . 2013. 中文政治文献英译的读者接受调查研究——以 2011 年
　　《政府工作报告》英译本为例[J]. 外语研究，（2）：84-88.

武光军 . 2010. 2010 年政府工作报告英译本中的迁移性冗余：分析与对策[J]. 中
　　国翻译，（6）：64-68.

谢桥 . 2009. "科学发展观" 英译探微[J]. 中国翻译，（1）：71-72.

熊道宏 . 2018. 答疑与翻译——对政治语言与工作机制的思考[J]. 天津外国语大
　　学学报，25（2）：43-52.

徐明强 . 2014. 外宣翻译的苦恼[J]. 中国翻译，（3）：11-12.

杨红燕、王旭年 . 2020. 政治术语翻译过程中的认知识解——以 "新型大国关系"
　　英译为例[J]. 外国语文研究，（3）：69-77.

杨敏敏、Gretchen McAllister. 2020. 国际学界 "一带一路" 研究的热词与最前
　　沿——基于 Web of Science（2014—2018）的文本计量与细读[J]. 西南民族大
　　学学报（人文社科版），41（5）：234-240.

杨明星、李志丹 . 2015. "政治等效" 视野下 "宙访" 译法探究[J]. 中国翻译，
　　（5）：88-92.

杨明星 . 2012. "政治等效" 理论框架下外交语言的翻译策略——以 "不折腾" 的译
　　法为例[J]. 解放军外国语学院学报，35（3）：73-77.

杨明星 . 2015. "新型大国关系" 的创新译法及其现实意义[J]. 中国翻译，（1）：
　　101-105.

杨望平 . 2018. 以我为主，兼收并蓄——以党的十九大报告英文翻译为例[J]. 天
　　津外国语大学学报，（2）：26-32.

尹海良 . 2011. 现代汉语类词缀研究[M]. 保定：河北大学出版社.

尹佳 . 2016. 从读者接受理论看外宣翻译中的读者关照——黄友义、徐明强访谈
　　录[J]. 中国翻译，（5）：76-80.

詹德斌 . 2017. 试论中国对外关系的差序格局——基于中国 "好关系" 外交话语的

分析[J]. 外交评论,(2):13-37.

张生祥、张苗群. 2018. 国家领导人话语在美国的传播与中国国际话语权提升——以《习近平谈治国理政》英译本为例[J]. 外语教学,39(1):91-96.

张颖. 2019. 对重要政治文献翻译的几点思考[J]. 中国翻译,(4):150-155.

张援远. 2004. 谈谈领导人言论英译的几个问题[J]. 中国翻译,(1):55.

赵祥云. 2018. 国家领导人著作英译规范的嬗变研究[D]. 上海:华东师范大学.

赵永华、王睿路. 2022. 新闻传播学领域"一带一路"研究的知识图谱[J]. 厦门大学学报(哲学社会科学版),(2):88-98.

周晓刚. 2015. 如何做好中国领导人话语的对外传播——对比分析习近平就职演讲稿的英译文[J]. 对外传播,(10):42-44.

周忠良. 2020. 政治文献外译须兼顾准确性和接受度——外交部外语专家陈明明访谈录[J]. 中国翻译,(4):92-100.

朱纯深、张峻峰. 2011. "不折腾"的不翻译:零翻译、陌生化与话语解释权[J]. 中国翻译,(1):68-72.

朱明炬. 2013. 也谈"邓小平理论"的英译——兼与唐义均先生商榷[J]. 上海翻译,(3):52-55.

朱义华. 2012. 从"争议岛屿"来看外宣翻译工作中的政治意识[J]. 中国翻译,(6):96-98.

附录1 党的十九大报告中前300位 高频词词表(AntConc 软件检索)

1~60		61~120		121~180		181~240		241~300	
词语	频次	词语	频次	词语	频次	词语	频次	词语	频次
的	696	更	38	贯彻	23	变化	16	就	13
和	376	群众	38	开放	22	四	16	广泛	13
发展	221	世界	37	治国	22	国防	16	引	13
人民	198	思想	37	三	21	坚定	16	执政	13
党	195	提高	37	二	21	增长	16	日益	13
中国	176	教育	37	人	21	成为	16	梦想	13
建设	163	重大	37	从	21	来	16	突出	13
社会主义	146	问题	37	全	21	水平	16	管	13
是	142	全党	36	全国	21	澳门	16	腐败	13
坚持	131	加快	35	力量	21	理想	16	自然	13
国家	108	历史	35	同志	21	积极	16	长期	13
社会	108	民族	35	目标	21	美好	16	马克思主义	13
在	98	依法	34	管理	21	者	16	两	12
全面	94	对	34	要求	21	落实	16	之	12
制度	93	法治	34	一个	20	质量	16	会	12
新	93	到	33	一切	20	走	16	作为	12
政治	90	坚决	33	党内	20	革命	16	全民	12
要	90	大	33	力	20	与	15	全球	12
实现	85	有	33	建立	20	保证	15	公平	12

续表

1~60		61~120		121~180		181~240		241~300	
词语	频次	词语	频次	词语	频次	词语	频次	词语	频次
为	81	监督	33	支持	20	协调	15	勇于	12
推进	81	复兴	32	统筹	20	同胞	15	参与	12
特色	80	保障	31	个	19	巩固	15	变革	12
文化	79	共同	30	作用	19	方针	15	地区	12
体系	77	事业	29	保持	19	方面	15	城乡	12
伟大	76	军队	29	创造	19	梦	15	将	12
加强	72	团结	29	利益	19	稳定	15	工程	12
改革	69	奋斗	29	和平	19	纪律	15	布局	12
时代	67	政策	29	基层	19	结合	15	带领	12
经济	65	环境	29	多	19	绿色	15	扩大	12
我们	64	等	29	小康	19	都	15	本领	12
必须	61	能力	29	开展	19	领	15	权	12
以	60	促进	28	强化	19	香港	15	核心	12
完善	57	保护	28	强国	19	中国共产党	14	深刻	12
安全	54	精神	28	政府	19	主体	14	现代	12
民主	54	国际	27	全体	18	传统	14	繁荣	12
领导	54	健全	26	关系	18	共	14	胜利	12
创新	52	同	26	反对	18	军	14	认识	12
不	51	好	26	发挥	18	军事	14	进行	12
我国	50	干部	26	方式	18	农业	14	阶段	12
推动	47	组织	26	治	18	各	14	中央	11
现代化	47	机制	25	科学	18	向	14	任何	11
生活	47	构建	25	道路	18	就业	14	做	11
工作	44	根本	25	重要	18	强大	14	党员	11
把	44	维护	25	两岸	17	持续	14	具有	11
更加	44	人类	24	中华	17	收入	14	区域	11
中华民族	43	协商	24	也	17	新型	14	各国	11

续表

1~60		61~120		121~180		181~240		241~300	
词语	频次	词语	频次	词语	频次	词语	频次	词语	频次
生态	43	合作	24	五	17	没有	14	各种	11
不断	42	年	24	产业	17	活动	14	培育	11
了	42	服务	24	们	17	理念	14	当家作主	11
基本	41	理论	24	始终	17	确保	14	政党	11
增强	41	解决	24	性	17	祖国	14	格局	11
战略	41	化	23	意识	17	自信	14	民生	11
上	40	基础	23	有效	17	自觉	14	活力	11
中	40	实施	23	深入	17	高	14	生产	11
体制	40	实践	23	科技	17	人才	13	矛盾	11
深化	40	建成	23	而	17	使命	13	面临	11
一	39	强	23	让	17	健康	13	一国两制	10
治理	39	形成	23	农村	16	充分	13	下	10
统一	39	斗争	23	原则	16	命运	13	任务	10
文明	38	最	23	取得	16	和谐	13	优化	10

附录 2　党的二十大报告中前 300 位
高频词词表（AntConc 软件检索）

1～60		61～120		121～180		181～240		241～300	
词语	频次	词语	频次	词语	频次	词语	频次	词语	频次
的	562	历史	32	发挥	18	绿色	13	存在	10
和	351	实施	32	各	18	自信	13	宪法	10
发展	218	民主	32	就业	18	自我	13	尊重	10
坚持	170	思想	31	斗争	18	要求	13	布局	10
建设	150	对	30	水平	18	走	13	强军	10
人民	134	我国	30	资源	18	一切	12	意识形态	10
中国	123	改革	30	二	17	也	12	成为	10
是	123	精神	30	共同	17	健康	12	执政	10
社会主义	114	要	30	关系	17	原则	12	指导	10
新	110	伟大	29	强化	17	奋斗	12	收入	10
体系	109	构建	29	格局	17	开放	12	改革开放	10
国家	109	马克思主义	29	科学	17	引领	12	最大	10
推进	107	人才	28	稳定	17	成果	12	有效	10
全面	101	干部	28	解决	17	新型	12	百年	10
加强	92	中	27	长期	17	方式	12	网络	10
我们	87	中国共产党	27	从	16	现代	12	能源	10
现代化	85	坚定	27	体制	16	生活	12	一国两制	9
制度	76	好	27	党中央	16	用	12	与	9
完善	73	理论	27	民族	16	监督	12	中心	9

227

续表

1~60		61~120		121~180		181~240		241~300	
词语	频次	词语	频次	词语	频次	词语	频次	词语	频次
安全	72	中华民族	26	重要	16	突出	12	产业	9
为	67	等	26	高质量	16	规范	12	价值观	9
在	66	统筹	26	一	15	不少	11	优秀	9
推动	61	不断	25	作用	15	中国式	11	传统	9
党	58	大	25	党和国家	15	任务	11	依法治国	9
以	56	强国	25	化	15	保持	11	党员	9
实现	55	更	25	反对	15	党的建设	11	全	9
政治	55	领域	25	各国	15	党的领导	11	农业	9
时代	55	保护	24	和平	15	全体	11	加大	9
社会	53	实践	24	始终	15	全国	11	势力	9
健全	52	生态	24	最	15	全过程	11	坚定不移	9
问题	52	群众	24	根本	15	具有	11	担当	9
加快	51	上	23	着力	15	创造	11	更为	9
特色	51	事业	23	确保	15	向	11	权益	9
创新	49	优化	23	管理	15	国防	11	牢牢	9
世界	48	统一	23	道路	15	地位	11	矛盾	9
文化	47	全球	22	重点	15	市场	11	系统	9
治理	47	力量	22	风险	15	广泛	11	而	9
工作	45	基层	22	一个	14	引导	11	自然	9
战略	45	复兴	22	全党	14	强大	11	高水平	9
能力	44	形成	22	军事	14	把握	11	两岸	8
经济	42	提升	22	区域	14	挑战	11	中华	8
促进	39	支持	22	建成	14	提出	11	从严治党	8
领导	39	深入	22	服务	14	方面	11	作出	8
不	38	落实	22	核心	14	澳门	11	全民	8
必须	38	同	21	特别	14	青年	11	共同体	8
深化	38	坚决	21	积极	14	面临	11	共同富裕	8

续表

1~60		61~120		121~180		181~240		241~300	
词语	频次	词语	频次	词语	频次	词语	频次	词语	频次
了	37	基础	21	组织	14	革命	11	农村	8
重大	37	贯彻	21	融合	14	一些	10	反腐败	8
国际	36	人	20	香港	14	一系列	10	台湾	8
增强	36	协调	20	企业	13	三	10	增长	8
教育	35	人类	19	党内	13	主体	10	多	8
基本	34	依法	19	军队	13	人民军队	10	大国	8
提高	34	到	19	利益	13	优势	10	导向	8
机制	34	协商	19	城乡	13	分配	10	常态	8
维护	34	取得	19	培养	13	历史性	10	广大	8
保障	33	合作	19	开展	13	各族人民	10	才能	8
把	33	巩固	19	弘扬	13	四	10	扩大	8
更加	33	政策	19	持续	13	团结	10	拓展	8
法治	33	文明	19	更好	13	国内	10	改进	8
科技	33	有	19	环境	13	地区	10	权力	8